MÉTHODE DE FRANÇAIS **B2**

CAHIER D'ACTIVITÉS

F. Vittet

Les documents audios sont accessibles
sur l'espace digital **odyssee.cle-international.com**
ou avec le **QR Code** ci-dessous.

Crédits photographiques (de gauche à droite et de haut en bas) :

p. 5 : Picture Partners/Adobe Stock – **p. 7** : ansosyns/ Adobe Stock – **p. 9** : pikoso.kz/ Adobe Stock – **p. 16** : Tierney/ Adobe Stock – **p. 18** : pathdoc/ Adobe Stock – **p. 22** : pressmaster/ Adobe Stock – **p. 27** : pressmaster/ Adobe Stock – **p. 32** : Nuthawut/ Adobe Stock – **p. 34** : Patrick P. Palej/ Adobe Stock – **p. 41** : OceanProd/ Adobe Stock – **p. 42** : Sergey Nivens/ Adobe Stock – **p. 44** : Karl-Heinz Strüdel/ Adobe Stock – **p. 45** : Adrien/ Adobe Stock – **p. 47** : © CG Cinema - Tribus P Film - Scope Pictures - Wrong Men Productions - COLLECTION CHRISTOPHEL – **p. 49** : ksena32/ Adobe Stock – p. 57 : dennizn/ Adobe Stock – **p. 61** : James Steidi/ Adobe Stock – **p. 67** : spaxiax/ Adobe Stock – **p. 74** : camophotographie/ Adobe Stock – **p. 76** : Ana Gram/ Adobe Stock – **p. 79** : PhotoSG/ Adobe Stock – **p. 81** : OceanProd/ Adobe Stock – **p. 82** : Yu Lan/ Adobe Stock – **p. 88** : LigiGraphie/ Adobe Stock – **p. 91** : marisa/ Adobe Stock – **p. 94** : ink drop/ Adobe Stock – **p. 96** : Sergey Peterman/ Adobe Stock – **p. 102** : luismolinero/ Adobe Stock – **p. 106** : evannovostro/ Adobe Stock –

Direction éditoriale : Béatrice Rego
Marketing : Thierry Lucas
Édition : Brigitte Marie
Mise en page : Aude d'Ortho
Enregistrements : Vincent Bund

© CLE INTERNATIONAL, SEJER, 2022
ISBN : 978-209-035584-0

Sommaire

UNITÉ 1	C'est la vie	P. 4
UNITÉ 2	Réenchanter le travail	P. 16
UNITÉ 3	Sciences infos	P. 28
UNITÉ 4	Pour l'amour de l'art	P. 40
UNITÉ 5	Jeux de lois	P. 52
UNITÉ 6	Consciences en éveil	P. 64
UNITÉ 7	Hypothèque sur la planète	P. 76
UNITÉ 8	En quête du passé	P. 88
UNITÉ 9	Envies d'évasion	P. 100
DELF	Delf blanc 1	P. 112
	Delf blanc 2	P. 118

UNITÉ 1 — C'est la vie

LEÇON 1 • Du berceau à la tombe

VOCABULAIRE

1 Reliez chaque mot à sa définition.

a. La naissance
b. Les rites
c. Les coutumes
d. Les étapes
e. La majorité

1. Les différentes périodes ou phases d'un événement
2. L'âge auquel on est considéré comme responsable
3. Le début de la vie
4. Ensemble de pratiques et de cérémonies de caractère sacré, religieux ou symbolique
5. Ensemble des conduites habituelles d'un groupe social

GRAMMAIRE

2 Complétez ces phrases avec le pronom qui convient.

a. Au Nigéria, les grands-mères jouent un rôle important dans la vie du nouveau-né. C'est une des grands-mères (ou les deux) qui .... donne(nt) son premier bain.

b. Selon une coutume maya, le bébé doit porter une cordelette rouge pour éloigner le mauvais esprit. Il doit .... porter dès sa naissance et autour de ses poignets.

c. Les dragées sont des sucreries associées aux fêtes religieuses comme le baptême, la communion, le mariage. On .... offre à chaque convive pour partager ce moment de bonheur.

d. En Grèce, les mariées inscrivent le nom de leurs amies célibataires sur la semelle de leurs chaussures pour .... porter bonheur et si possible .... aider à trouver un mari.

PHONÉTIQUE

3 🔊 01 Écoutez les phrases et dites si la personne hésite ou n'hésite pas.

	La personne hésite.	La personne n'hésite pas.
a.		
b.		
c.		
d.		
e.		
f.		

COMPRÉHENSION ORALE

4 🔊 02 Écoutez et répondez aux questions.

a. En Amérique latine, fêter ses 15 ans …
   1. veut dire recevoir de somptueux cadeaux. ☐
   2. marque le passage à l'âge adulte. ☐
   3. vaut tous les sacrifices. ☐

b. Pour Claudia, cette étape veut dire être plus …
   1. libre. ☐
   2. heureuse. ☐
   3. sérieuse. ☐

c. Catalina est …
1. mexicaine. ☐   2. colombienne. ☐   3. américaine. ☐

d. La tradition de la quinceañera…
1. génère beaucoup d'argent. ☐   2. favorise le tourisme. ☐   3. se célèbre au Mexique seulement. ☐

e. La tradition de la quinceañera …
1. est récente. ☐   2. est ancienne. ☐   3. date du XVème siècle. ☐

COMPRÉHENSION ÉCRITE

5 Lisez le texte et répondez aux questions.

FUNÉRAILLES ET RITES À LA FAÇON DE L'OUEST CAMEROUN

La période allant de novembre à mars est toujours mouvementée à l'Ouest Cameroun. Le culte aux morts y prend tout son sens, avec des danses et des agapes* grandioses.

À ne pas confondre avec les cérémonies d'enterrement ou obsèques comme définies dans les dictionnaires français, les funérailles sont dans la région de l'Ouest Cameroun des moments où les morts, anciens et nouveaux, sont célébrés de la façon la plus grandiose et joyeuse.

À cette occasion, des cérémonies rituelles exécutées généralement côté jardin par la famille en mémoire des disparus consistent à verser un peu de sel, d'huile de palme, de sang de chèvre, de sauce jaune sur le(s) crâne(s) du ou des morts concernés qui parfois ont été préalablement déterrés, sous la conduite d'un grand marabout du village.

Côté cour, durant ces moments prévus souvent les week-ends, plusieurs activités sont mises en œuvre pour accompagner les festivités : danses traditionnelles (zin, nkana, mbéa, makonguè pour citer le cas des Bamboutos).

La cérémonie est agrémentée de multiples cadeaux offerts aux successeurs des familles qui célèbrent leurs morts. Dons en nature selon la tradition tels que les couvertures, les casiers et cartons de boissons, les bouteilles de vin, les coqs et des assiettées de taro** ou de nkondrè*** au porc à la chèvre pour les belles-familles du défunt. […]

* agapes = très grands repas
** taro = tubercule consommée au Cameroun
*** nkondrè = plat traditionnel camerounais

D'après https://www.lavoixdupaysan.net/funerailles-et-rites-a-la-facon-de-louest-cameroun/

a. À l'ouest du Cameroun, les cérémonies pour les morts sont …
1. les mêmes que … ☐   2. différentes de … ☐   3. inspirées de … ☐
celles d'enterrement ou d'obsèques.

b. Ces cérémonies sont …
1. somptueuses. ☐   2. tristes. ☐   3. modestes. ☐

c. Un des rituels consiste à verser des choses ….
1. sur certains os des défunts. ☐   2. dans le jardin des défunts. ☐   3. dans la tombe des défunts. ☐

d. Elles ont souvent lieu …
1. en mars. ☐   2. en novembre. ☐   3. le week-end. ☐

e. Les familles des personnes défuntes reçoivent …
1. des cadeaux. ☐   2. de la renommée. ☐   3. des condoléances. ☐

PRODUCTION ÉCRITE

6 « La maturité ne dépend pas de l'âge mais de ce que l'on a vécu ».

Vous lisez cette phrase dans un magazine et vous décidez d'écrire au courrier des lecteurs pour donner votre opinion. Vous faites part de votre expérience personnelle et expliquez ce qui, selon vous, démontre la maturité de quelqu'un. (250 mots environ)

UNITÉ 1

LEÇON 2 • Us et coutumes

VOCABULAIRE

1 Complétez avec les mots suivants.

fière – froids – détendu – perplexe – enthousiastes – exaspéré – stressé

a. À la cérémonie, j'étais .... je ne comprenais pas leur attitude, je n'avais pas les codes.

b. La veille de son mariage, il était .... mais le jour-même, il est apparu .... ses mains tremblaient même !

c. Cette histoire de dot l'agaçait, il était .... par les demandes de sa belle-famille.

d. Elle est .... de ses origines dont elle continue de suivre les traditions.

e. Les gens étaient assez .... au début, mais, après les premières danses, ils étaient ....

GRAMMAIRE

2 Complétez ces phrases avec des double pronoms COD ou COI.

a. L'alliance qu'il avait offerte au mariage, elle .... a rendue quand ils se sont séparés.

b. Cette tradition l'a surpris, parce qu'elle ne .... avait pas parlé avant.

c. La chèvre, vous .... avez donnée en guise de dot ?

d. Quant aux invités, nous avons choisi des plats traditionnels pour .... servir pendant le repas.

COMPRÉHENSION ORALE

3 🔊 03 Écoutez et répondez aux questions.

a. Odyssée est ...
   1. l'amie d'Alexandra. ☐
   2. une application fictive. ☐
   3. une guide touristique. ☐

b. Parmi ces affirmations, laquelle est vraie ?
   1. On a toujours célébré les anniversaires. ☐
   2. La fête d'anniversaire est une tradition qui vient de la Grèce antique. ☐
   3. La célébration change en fonction du pays. ☐

c. Dans presque tout le monde entier, pour célébrer un anniversaire ...
   1. on souffle des bougies. ☐
   2. on offre des cadeaux. ☐
   3. on se réunit en famille. ☐

d. Le paradoxe de l'anniversaire, c'est que dans un groupe de 57 personnes, il y a de grandes chances de trouver 2 personnes ...
   1. qui sont nées le même jour et la même année. ☐
   2. qui sont nées le même jour. ☐
   3. qui fêtent leur anniversaire. ☐

COMPRÉHENSION ÉCRITE

4 Lisez le texte et répondez aux questions.

LE CARNAVAL EN FRANCE : DU NORD AU SUD

Tout a commencé au début du XVIIème siècle, avec les fêtes organisées en l'honneur des marins dunkerquois avant leur départ en mer pour pêcher la morue au large de l'Islande. Au fil du temps, ces fêtes de pêcheurs se sont mêlées aux traditions de carnaval pour devenir la « Visscherbende » (bande des pêcheurs). De nos jours, chaque année pendant plus de deux mois, entre janvier et mars, la région de Dunkerque devient celle du carnaval, une fête populaire qui réunit des milliers de personnes déguisées qui parcourent la ville, en chantant et en se poussant, au son de la fanfare et de ses fifres*, tambours et cuivres.

À Nice, la première mention retrouvée du carnaval remonte à 1294. Sa version modernisée avec ses célèbres cortèges de chars date de la fin du XIVème siècle. Puis apparaissent les Batailles de Fleurs, à l'origine de simples échanges de fleurs qui sont devenus, au fil du temps, l'expression poétique et élégante du carnaval et la vitrine des producteurs locaux.

Aujourd'hui, le carnaval de Nice est le premier carnaval de France. Il se déroule chaque hiver, au mois de février et attire plusieurs centaines de milliers de spectateurs, français et internationaux. La fête se caractérise par les arts de la rue : 50 troupes d'artistes locaux, nationaux et internationaux et des danseurs, acrobates, et artistes des cirques sont en charge de l'animation des cortèges.

* Un fifre = une petite flûte

D'après : https://www.dunkerque-tourisme.fr/decouvrir/top-10-des-evenements/le-carnaval-de-dunkerque/les-origines-du-carnaval-de-dunkerque/ et https://www.nicecarnaval.com/le-carnaval

a. Reliez la colonne de gauche à celle de droite, attention, il y a un intrus.

D'après le texte, ...

1. Le carnaval de Dunkerque est ...
2. Le carnaval de Nice est ....

a. populaire.
b. bourgeois.
c. le plus important de France.
d. organisé en hiver.
e. accompagné de musique.
f. animé en partie par des artistes de rue.

b. À l'origine le carnaval de Dunkerque était une fête dédiée ...
1. aux pêcheurs. ☐   2. au peuple. ☐   3. à la mer. ☐

c. Le carnaval de Nice permet de mettre en valeur les ....
1. produits de la région. ☐   2. fleurs de la région. ☐   3. artistes de la région. ☐

PRODUCTION ÉCRITE

5 Décrire un rituel de mariage.
Vous travaillez pour une agence spécialisée dans l'organisation de mariages qui souhaite proposer aux futurs mariés des rituels originaux pour enrichir leur cérémonie. Vous écrivez un mail à votre direction pour lui proposer un rituel qui existe déjà ou que vous avez imaginé. Expliquez en quoi consiste ce rituel, et pourquoi vous le considérez adapté aux mariages d'aujourd'hui. (250 mots)

UNITÉ 1

LEÇON 3 • Vivre avec son temps

VOCABULAIRE

1 Complétez les phrases avec les mots suivants.

retour – se sont délesté – ont changé – se sont tournés – fil - accord

a. Au .... des générations, le rôle de la femme dans la famille a évolué.

b. Ils .... vers un habitat plus économique, la maison écologique étant trop chère.

c. Lassés par leur vie citadine, ils .... de vie et vivent aujourd'hui sur un voilier.

d. Elle est plus en .... avec elle-même depuis son .... à un mode de vie plus traditionnel.

e. Elles .... de la plupart de leurs affaires en passant d'une maison de 80m2 à une *tiny house*.

2 Lisez les phrases et déduisez le sens de ces expressions québécoises.

se mettre en colère - faire les magasins - uni(e) par un lien fort - facturer - être doué(e) pour quelque chose

a. Tu as déjà goûté le couscous de Driss ? Il **a vraiment le tour** avec la cuisine !

→ ....

b. Ils **chargent** 10 dollars l'entrée au concert.

→ ....

c. Depuis qu'il habite à la campagne, il ne peut plus **magasiner** aussi souvent et ça le rend triste !

→ ....

d. Dans leur village de *tiny house*, ils espèrent vivre dans une collectivité **tricotée serrée**.

→ ....

e. Je **me suis choquée** parce qu'elle n'accepte pas mon mode de vie !

→ ....

COMPRÉHENSION ORALE

3 🔊 04 Écoutez et répondez aux questions.

a. Le thème de l'émission est : Comment la crise sanitaire a changé …
   1. les modes de vie. ☐   2. les relations sociales. ☐   3. les adolescents. ☐

b. Plus de 30% des jeunes …
   1. font moins de sport qu'avant. ☐   2. consomment plus d'alcool qu'avant. ☐   3. limitent le nombre d'invités. ☐

c. Le plus grand changement est …
   1. le télétravail. ☐   2. le numérique. ☐   3. la distanciation sociale. ☐

d. La majorité des Français …
1. refuse le télétravail. ☐ 2. veut augmenter le télétravail. ☐ 3. déteste le télétravail. ☐

e. Les gens s'habillent …
1. comme avant. ☐ 2. plus élégamment qu'avant. ☐ 3. de manière plus décontractée qu'avant. ☐

f. Le journaliste ….
1. pense que ☐ 2. ne pense pas que ☐ 3. se demande si ☐
… ces changements sont durables.

COMPRÉHENSION ÉCRITE

4 Lisez ces textes sur 3 couples qui ont changé d'habitat et associez chaque affirmation au couple qui correspond.

Laeticia et Jérôme

Professionnellement au top, ils n'étaient pourtant pas heureux et ne voulaient plus travailler 5 jours par semaine pour ne profiter que les week-ends et les vacances. Surmenés, ils ont tout abandonné pour vivre sur un voilier. Ce n'est pas toujours facile car ils dépendent de la météo. Le bateau demande aussi beaucoup d'entretien. Il faut savoir être à la fois électricien, mécanicien, plombier, soudeur, menuisier… Pourtant, rien ne les ferait revenir en arrière !

Vincent et Pascal

Ils habitaient à Paris mais le mode de vie métro-boulot-dodo les oppressait. Ils ont décidé de vivre dans une *géonef*, une habitation écologique, auto-construite et bon marché. Pour mener à bien leur projet, ils ont dû faire appel à leurs amis et à des bénévoles, ce qui n'a pas toujours été facile. Aujourd'hui, ils ne regrettent pas leur choix et vivent en accord avec la nature, sans pour autant renoncer au confort.

Clément et Joana

Avec la venue de leur premier enfant, ils ont commencé à s'intéresser au respect de l'environnement et à adapter leur mode de vie. L'étape suivante était logiquement de vivre dans un habitat plus écologique et proche de la nature. Ils ont opté pour une tente nomade*, la yourte. Ils adorent leur nouveau chez-eux même s'il les oblige à beaucoup utiliser la voiture, car ils vivent loin de tout.

*nomade = en déplacement continu

a. Ils ont dû compter sur les autres pour réaliser leur projet. → ....

b. Leur travail ne leur donnait plus satisfaction. → ....

c. Ils vivent loin des grandes villes et des grands axes de communication. → ....

d. Entretenir leur habitat demande de multiples compétences. → ....

e. La vie de la grande ville les angoissait. → ....

f. C'est être parents qui les a fait changer de vie. → ....

PRODUCTION ÉCRITE

5 Participer à un forum.

Neoécolo : J'en ai marre de mon logement, de la ville, des embouteillages. Je rêve d'une vie tranquille plus proche de la nature et d'un habitat plus respectueux de l'environnement. Vous pouvez m'aider ?

Vous lisez ce post sur un forum francophone et vous répondez à Neoécolo. Vous lui présentez différents types d'habitats alternatifs et vous insistez sur les avantages et les inconvénients de chacun, en vous appuyant sur des exemples concrets. (250 mots)

UNITÉ 1

LEÇON 4 • Prendre sa vie en main

VOCABULAIRE

1 **Complétez ces informations sur l'obtention d'un permis international avec les mots suivants.**

enveloppe – pièce – validité – justificatif – identité – formulaire – courrier – variable – gratuit – justificatives – démarches – pré–demande

Pour conduire dans certains pays vous devez avoir un permis international en plus de votre permis français. Voici les .... à suivre pour son obtention.

Comment le demander ?

Allez sur le site de l'Agence nationale des titres sécurisés, créez un compte, complétez le .... en ligne et ajoutez les pièces .... : une .... d'identité, un .... de domicile, le permis de conduire, une photo d'............................

Il s'agit d'une .... Vous devez, en plus envoyer par .... votre photo d'identité, le formulaire de dépôt proposé à la fin de votre démarche et une .... prête à poster.

Quel est son prix ? Le permis de conduire international est ....

Quel délai pour l'obtenir ? Le délai est ....

Quelle est sa .... ? Il est valable pour 3 ans.

2 **Lisez ce dialogue et soulignez à chaque fois le mot qui convient.**

– Salut Marc, ça va ? Tu as l'air inquiet.

– Oui je dois faire un permis international et je ne sais pas comment m'y prendre. Tu sais, moi, les **démarches/instructions administratives**, c'est pas mon truc !

– Ah mais c'est très facile ! Je peux t'expliquer ! Tu dois d'abord faire une pré-demande **en ligne/administrative** et ajouter les **inscriptions/pièces justificatives**. Tu trouveras la liste sur leur site ! Ensuite, tu envoies le **formulaire/justificatif** que tu as **rempli/remis** par courrier.

– Ah expliqué comme ça, ça paraît facile ! Et c'est cher ?

– Non, c'est gratuit !

– Ah super ! Et je devrai le refaire chaque fois que je pars à l'étranger ?

– Non, le permis est **valable/remis** 3 ans, tu es donc tranquille pendant quelques années au moins !

COMPRÉHENSION ORALE

3 🔊 05 **Écoutez et répondez aux questions.**

a. Ophélie a quitté la France suite ...

1. au départ de sa famille pour le Sénégal. ☐
2. à la naissance de ses enfants. ☐
3. au licenciement de son mari. ☐

Unité 1 • C'est la vie

b. Avant de partir, ils ont …
  1. mis à jour leur carnet de vaccination. ☐
  2. refait leurs papiers d'identité. ☐
  3. demandé conseil à leur médecin. ☐

c. Au départ, elle ne pouvait pas conduire parce qu'elle …
  1. n'avait pas les papiers nécessaires. ☐
  2. avait peur. ☐
  3. n'avait pas de voiture. ☐

d. Inscrire ses enfants à l'école …
  1. a été compliqué. ☐
  2. n'était pas obligatoire. ☐
  3. coûte cher. ☐

e. Un des aspects culturels du Sénégal est …
  1. la négociation des prix. ☐
  2. le sens de l'accueil. ☐
  3. la complexité des démarches administratives. ☐

COMPRÉHENSION ÉCRITE

4 Lisez le texte et répondez aux questions.

Confessions d'une victime de phobie administrative

[…] Chaque formulaire à remplir ou démarche administrative vous rend malade ? Vous êtes sûrement atteint de phobie administrative, comme moi ! […] Si je me sens si mal ces temps-ci, c'est que j'ai reçu le fatidique* mail de la Direction générale des Finances publiques, qui me demande de remplir ma déclaration d'impôts. Cette tâche administrative, comme de très nombreuses autres d'ailleurs, me donne des sueurs froides. Je suis ce qu'on appelle communément une phobique administrative. […]

« Dans la phobie administrative, on peut d'abord distinguer le terme « phobie ». La phobie, c'est une peur maladive, paralysante », affirme la psychologue clinicienne Maïté Tranzer. Donc la phobie administrative n'est autre qu'une peur démesurée de tout ce qui touche à l'administratif.

Toutefois, même si cette peur est handicapante au quotidien, elle n'a de phobie que le nom en réalité et n'appartient à aucune classification psychologique reconnue. Ce n'est ni plus ni moins qu'un syndrome de procrastination** un peu poussé.

« Quand on est phobique de l'administratif, on se met dans une stratégie d'évitement pour ne pas avoir à remplir des papiers, on laisse par exemple le courrier s'accumuler dans la boîte aux lettres. On peut développer une forte anxiété, un blocage et même des symptômes physiques : maux de ventre, perte d'appétit, insomnie », explique la psychologue.

Cette phobie peut aussi - parole d'experte - conduire à des comportements irraisonnés et à des situations administrativement inextricables***.

*fatidique = inévitable
**syndrome de procrastination = comportement qui consiste à ne pas faire les choses, les remettre au lendemain
*** inextricables = confus, difficiles.

https://www.marieclaire.fr/,confessions-d-une-personne-atteinte-de-phobie-administrative,721746.asp

a. La journaliste se sent mal parce qu'elle …
  1. doit payer ses impôts. ☐
  2. n'a pas payé ses impôts. ☐
  3. doit faire une démarche administrative. ☐

b. Le sujet de l'article est …
  1. la difficulté ☐
  2. la peur ☐
  3. l'importance ☐
  … des démarches administratives.

c. La phobie administrative est un trouble psychologique qui …
  1. est scientifiquement admis. ☐
  2. n'est pas scientifiquement admis. ☐
  3. est répandu. ☐

d. Cette phobie peut avoir des répercussions sur ….
  1. l'état physique. ☐
  2. les relations. ☐
  3. le travail. ☐

C'est la vie • Unité 1

BILAN GRAMMAIRE

1 Complétez ces phrases avec des pronoms ou des doubles pronoms COD ou COI.

a. Les invitations, il .... a envoyées aux invités. À ses parents, il ne .... a pas envoyées, il .... a données.

b. Cette tradition, il ne .... a pas apprise seul, c'est sa mère qui .... a apprise.

c. Le service de porcelaine, ce sont les invités qui .... ont offert aux mariés. Ils .... ont offert le plus beau.

d. Les différentes étapes de la cérémonie, tu .... as expliquées aux participants ? Il faudra .... expliquer.

2 Remettez les phrases dans l'ordre. Attention aux majuscules et à la ponctuation.

a. leur / il faut / acheter / pour le mariage / en

....

b. en / lui / tu / parles

....

c. le / tu / rappelleras / lui

....

d. le / écrire / nous / devrions / leur

....

e. la / les / vous pourriez / construire / aider à

....

3 Soulignez les temps du passé qui conviennent.

J'ai rencontré / Je rencontrais Teheiura au lycée, coup de foudre instantané. Huit ans plus tard, **nous nous étions mariés / nous sommes mariés** à Tahiti, son île d'origine, selon ses rituels traditionnels. **C'était / Ça a été** magique ! Un des moments importants **avait été / a été** l'attribution officielle des noms, les nôtres et ceux de nos futurs enfants. Ainsi, à leur naissance, nous **ne devions pas / n'avons pas dû** réfléchir à leur prénom car nous les **avions déjà choisis / choisissions déjà** lors de cette cérémonie.

4 Conjuguez les verbes aux temps du passé qui conviennent. N'oubliez pas l'apostrophe.

Changer de pays ne .... (*pas être*) facile. Je .... (*arriver*) en Espagne en 2002, mais je .... (*ne pas se renseigner*) sur les démarches à réaliser avant mon départ. Je .... (*seulement louer*) une chambre en colocation. Pour être en règle, je .... (*devoir*) prendre rendez-vous au commissariat pour avoir un NIE (numéro d'identification des étrangers). Ce papier .... (*faciliter*) toutes les démarches qui .... (*suivre*) et me .... (*permettre*) de travailler.

Unité 1 • C'est la vie

BILAN VOCABULAIRE

1 Complétez avec les mots suivants.

célébrer – rites – adolescence – mariage – coutumes – mort – naissance – étape

a. Autour du monde, on trouve de nombreuses .... pour célébrer la .... d'un bébé.

b. L'........................ est une .... importante de la vie, qui marque le passage à l'âge adulte.

c. Les .... funéraires les plus classiques sont l'enterrement et l'incinération mais il existe des régions du monde où la .... a une signification particulière.

d. En République Tchèque, pour .... un ...., on lance des petits pois aux mariés.

2 Reliez chaque mot à sa définition.

a. Fêter
b. Us et coutumes
c. Férié
d. Offrir
e. Se marier
f. Défilé

1. Convoler en justes noces
2. Cortège
3. Célébrer
4. Donner en cadeau
5. Usages et traditions d'un pays
6. Jour de fête légal

3 Complétez le texte avec les mots suivants.

immeubles - géographiques - mobiles - cabane - habitations - tente - alternatives - terre - individuelles

Dans le monde, les .... sont différentes selon les zones .... : les igloos au Pôle Nord, les cases faites de .... et de paille dans certaines zones d'Afrique, etc. Certains peuples nomades disposent d'habitats .... comme une .... En Occident, beaucoup vivent dans des .... ou des maisons ...., mais ils sont de plus en plus nombreux à opter pour des solutions .... comme une yourte ou une ....

4 Classez ces adjectifs selon qu'ils définissent un avantage ou un inconvénient.

défavorable – durable – profitable – décourageant – onéreux – bénéfique – négatif – avantageux – contraignant – favorable – complexe – efficace

Avantage	Inconvénient

5 Complétez avec les mots suivants.

mineurs – pièce – permis – acte – formulaire – inscrire – livret – adultes – autorisation – présenter – carte

La bibliothèque municipale est gratuite et ouverte à tous, ... ou enfants. Pour s'........................, il suffit de .... le .... d'inscription et une .... d'identité (voir la liste) en cours de validité. Pour les ...., une .... écrite de leurs parents ou tuteurs est demandée.

(pièces acceptées : .... nationale d'identité, passeport, ... de conduire, carte de séjour, ... de famille ou extrait d'........................ de naissance)

C'est la vie • Unité 1

ENTRAÎNEMENT AU DELF B2

COMPRÉHENSION ORALE

06 Mettez-vous dans les conditions de l'examen : entre la première et la deuxième écoute vous avez 30 secondes de pause. Après la deuxième écoute, vous avez 1 minute pour vérifier vos réponses.

a. En France en moyenne, annuellement, il y a …
1. huit cent mille décès. ☐
2. six cent mille décès. ☐
3. cent soixante mille décès. ☐

b. Aux États-Unis, les cendres du défunt peuvent se retrouver …
1. dans les fonds marins. ☐
2. sur la lune. ☐
3. dans des objets précieux. ☐

c. L'humusation est un processus de transformation des corps en …
1. matières organiques. ☐
2. arbres. ☐
3. cendres. ☐

d. Les Français préfèrent être …
1. incinérés. ☐
2. enterrés. ☐
3. transformés en humus. ☐

e. Aujourd'hui, pour le transport des corps, il existe des techniques plus …
1. économiques. ☐
2. traditionnelles. ☐
3. écologiques. ☐

COMPRÉHENSION ÉCRITE

Lisez le texte puis répondez aux questions.

PASSER SA RETRAITE AU QUÉBEC

Chaque année, plus de 50 000 personnes étrangères entrent au Québec en provenance de pays étrangers, un chiffre en augmentation régulière depuis plusieurs années. Étudiants, touristes, travailleurs expatriés mais aussi retraités, sont bien souvent attirés par des conditions de vie agréables, un marché du travail accueillant et un système d'intégration accommodant. Néanmoins, lorsque l'on songe à s'installer dans la Belle Province pour ses vieux jours, quelques précautions sont à prendre.

Les démarches pour passer sa retraite au Québec

Grâce à l'Entente franco-québécoise de Sécurité sociale, signée en 2003 entre la France et le Canada, un Français immigrant au Québec peut prétendre à la couverture maladie de ce pays. Pour organiser le transfert des droits entre les deux pays, le demandeur doit se rapprocher de sa Caisse d'assurance maladie française avant son départ. Celle-ci lui fournira un formulaire qui autorisera l'inscription à la Régie d'assurance maladie du Québec (RAMQ) qui gère ces prestations.

[…]

Pour profiter pleinement des avantages sociaux proposés par l'état québécois, un immigrant peut vouloir obtenir le statut de résident permanent (RP). Pour l'obtenir, il est nécessaire de se rapprocher de l'Office citoyenneté et immigration du Canada. Une fois que la carte de RP est délivrée, il est possible de commencer les démarches pour devenir citoyen canadien et surtout avoir le droit de vivre et de se déplacer dans tout le pays. […]

Maelenn Le Gorrec/25.02.2019 / linternaute.fr

a. Le Québec est un pays qui accueille …
1. tous types d'étrangers. ☐
2. des travailleurs étrangers principalement. ☐
3. des retraités principalement. ☐

b. L'article s'adresse aux personnes qui veulent …
1. voyager au Québec. ☐
2. travailler au Québec. ☐
3. passer leur retraite au Québec. ☐

c. Les démarches sont à réaliser ...
   1. avant le départ. ☐   2. après le départ. ☐   3. avant et après le départ. ☐

d. Le statut de résident permanent est obligatoire pour les étrangers qui ....
   1. prennent leur retraite ☐   2. vivent ☐   3. se déplacent souvent ☐
   ... au Québec.

e. On peut commencer les démarches pour devenir citoyen québécois ...
   1. avant le départ. ☐   2. dès son arrivée. ☐   3. une fois obtenu le statut de résident permanent. ☐

PRODUCTION ÉCRITE

Écrire un article critique.

De plus en plus de Français choisissent de ne plus vivre en ville pour retourner à la terre, on les appelle les néo-ruraux. Ils cherchent un meilleur cadre de vie, plus de verdure, moins de pollution et se retrouvent, au calme, dans des zones éloignées des services et des commerces. Vous écrivez un article en décrivant le mode de vie des néo-ruraux dont vous présentez les avantages et les inconvénients. (250 mots)

PRODUCTION ORALE

Lisez le document et répondez aux questions pour présenter votre point de vue.

Mettez-vous dans les conditions de l'examen : vous avez 20 minutes pour préparer le sujet et noter sur votre brouillon vos idées principales.
   a. Quel est le thème général du document ?
   b. Quelle est la problématique ?
   c. Quel est votre point de vue ? Quels arguments peuvent le défendre et quels exemples peuvent l'illustrer ?

Les couples mixtes

Même si le phénomène n'est pas nouveau, les couples mixtes ne font qu'augmenter depuis les années 50. Nationalité différente, langue différente, culture différente, religion différente... Ces couples sont tombés amoureux sans se soucier de leurs différences. À l'arrivée du premier enfant, ils sont non seulement confrontés aux prises de décision de la vie quotidienne mais aussi aux défis à relever. En matière de parentalité et d'éducation, chaque pays a ses habitudes et ses rituels. Lors de l'éducation des enfants plusieurs questions peuvent se poser : Dans quelle croyance vont-ils grandir ? Quelles langues vont-ils parler ? Les usages de quelle culture doivent être privilégiés ? Les différentes approches sont nombreuses : aux Iles Salomon, la tribu des Pagan introduit des aliments solides dès la première ou deuxième semaine alors qu'on démarre plutôt entre 4 et 6 mois en Europe.

UNITÉ 2 — Réenchanter le travail

LEÇON 1 • Trouver sa voie

VOCABULAIRE

1 Reliez ces mots à leurs synonymes.

a. Le domaine
b. L'appétence
c. Florissant(e)
d. La perspective
e. L'enjeu
f. Diplômé(e)

1. En plein essor
2. Le défi
3. Le secteur
4. Qualifié(e)
5. Le goût
6. Les débouchés

2 Complétez avec la préposition qui convient.

par – de – en – à

a. Il aspire .... changer d'orientation professionnelle.

b. Elle a l'intention .... lancer une start-up.

c. Nous sommes intéressés .... tous les secteurs d'activités liés à l'environnement.

d. Les banques trouvent leur compte .... investissant dans les marchés porteurs.

GRAMMAIRE

3 Complétez les phrases avec les mots suivants.

actuellement – il y a trois jours – à maintes reprises – prochainement – dans l'attente

a. .... de votre réponse, je vous prie d'agréer mes salutations.

b. Je vous ai écrit .... , mais malgré mes courriers, mes questions restent sans réponses.

c. Suite à notre conversation téléphonique d'.................., nous vous envoyons le formulaire d'inscription.

d. Nous sommes .... à la recherche de jeunes diplômés en reconversion professionnelle.

e. Nous reviendrons vers vous très .... pour fixer une date et une heure de rendez-vous.

COMPRÉHENSION ORALE

4 🔊 07 Écoutez et répondez aux questions.

a. Les jeunes diplômés ne veulent plus travailler pour des entreprises qui …
   1. ne sont pas internationales. ☐
   2. ne respectent pas l'environnement. ☐
   3. ne font pas partie des grands groupes. ☐

b. Selon les étudiants, les grandes entreprises sont les mieux placées pour …
   1. leur garantir un travail stable. ☐
   2. leur proposer une rémunération décente. ☐
   3. proposer des solutions durables pour la planète. ☐

c. L'éthique est …
   1. le critère le plus cité par les étudiants. ☐
   2. un nouveau critère de sélection pour les étudiants. ☐
   3. le critère qui a le plus de sens pour les étudiants. ☐

d. Le *Manifeste pour un réveil écologique* est …
   1. un mouvement étudiant. ☐
   2. un syndicat de jeunes diplômés. ☐
   3. un manifeste signé par des entreprises du Cac 40. ☐

e. Le patron de Total, Patrick Pouyanné aspire à …
   1. développer des solutions durables. ☐
   2. recruter des jeunes diplômés brillants. ☐
   3. attirer des nouveaux clients. ☐

COMPRÉHENSION ÉCRITE

5 Lisez le texte et répondez aux questions.

CHANGER DE JOB

[…] De nombreux Français veulent changer d'emploi. Ils seraient jusqu'à 57% des employés des entreprises de plus de 500 salariés à exprimer un tel vœu, selon une récente étude de la TNS Sofres. […]

« Certaines personnes expriment un ras-le-bol à un moment donné car elles se sentent proches du burn-out ou parce que les relations avec leur hiérarchie ne se passent pas bien. Mais quitter son travail n'est pas forcément la solution. Il est utile de comprendre d'où vient le malaise et alors d'être vraiment sûr(e) qu'on ne souhaite plus exercer son activité », prévient Yves Deloison (auteur du livre *Je veux changer de job !* et animateur du site Toutpourchanger.com.). […]

David et Pierre, anciens cadres dans l'informatique et les télécoms voulaient eux aussi créer leur société. Après 10 années passées chez Orange, ils quittent leurs fonctions pour monter le Moulin de Saint-Germain. Dorénavant, ils vendent du pain biologique à Erdeven, dans le Morbihan. Pierre a démissionné de sa société via une rupture conventionnelle tandis que David a bénéficié de l'essaimage, un dispositif permettant de quitter son entreprise pendant plusieurs années avec la possibilité de la réintégrer par la suite. […]

De la culture du blé à la préparation de la farine, jusqu'à la fabrication du pain, ils ont tout appris du métier en se formant notamment à un brevet professionnel de responsable agricole. Un changement de vie radical. […] « On a changé notre mode de vie et nos habitudes de consommation », poursuit Pierre. Et question salaire, ils ont aussi accepté de le diviser par trois. « C'était un choix global de notre part », explique Pierre. Un « sacrifice » partagé par de nombreuses personnes en situation de reconversion. […]

D'après : https://www.helloworkplace.fr/ils-ont-change-de-metier-trois-histoires-de-reconversion-professionnelle/

a. La majorité …
   1. des salariés français ☐
   2. des salariés français des grandes et moyennes entreprises ☐
   3. des salariés français de multinationales ☐
   … veulent changer d'emploi.

b. Yves Deloison pense que pour quitter son travail, il faut …
   1. réfléchir. ☐
   2. ne plus aimer son travail. ☐
   3. faire preuve de courage. ☐

c. Quand ils travaillaient dans l'informatique et les télécoms, David et Pierre avaient un poste …
   1. ennuyeux. ☐
   2. d'encadrement. ☐
   3. stressant. ☐

d. De nombreuses personnes en situation de reconversion …
   1. se lancent dans le bio. ☐
   2. perdent de l'argent. ☐
   3. gagnent moins d'argent. ☐

Réenchanter le travail • Unité 2

UNITÉ 2

LEÇON 2 ▪ Bien-être à la clé

VOCABULAIRE

1 Pour chaque phrase, soulignez le mot qui convient.
  a. Cette décision a été prise à *la concertation - l'unanimité*.
  b. Ils accomplissent leurs *tâches - paperasses* dans un environnement serein.
  c. Vous ne favorisez pas assez les *échanges - tâches* entre salariés.
  d. *Autoriser - Ranger* les animaux au travail apporte du bien-être aux salariés.
  e. Une fois rangée, il faut *trier - maintenir* la surface de travail ordonnée.

GRAMMAIRE

2 Reliez pour former une phrase.
  a. Tu devrais acheter une laisse ...
  b. Je ne travaillerais pas aussi efficacement ...
  c. Le directeur voudrait améliorer l'espace de travail ...
  d. On ne peut pas appliquer une hiérarchie horizontale ...

  1. sans cet environnement si apaisant.
  2. au cas où tu emmènerais ton chien au travail.
  3. sans faire confiance aux salariés.
  4. au cas où les employés ne seraient pas à l'aise et chercheraient du travail ailleurs.

PHONÉTIQUE

3 🔊 08 Écoutez, soulignez la syllabe accentuée, puis répétez.
  a. J'en ai ras-le-bol de ce dossier !
  b. Pfff ! J'en peux plus, ça m'épuise ces histoires de congés !
  c. Je ne supporte plus de travailler dans un open-space, c'est bruyant !
  d. J'en ai assez, plus qu'assez de ces réunions, ça ne sert à rien !
  e. J'en ai marre de son petit air supérieur !

COMPRÉHENSION ORALE

4 🔊 09 Écoutez et répondez aux questions.
  a. Le cobotique permet de mettre les robots au service ...
    1. des entreprises. ☐
    2. des personnes. ☐
    3. des personnes et des entreprises. ☐
  b. Pour l'entreprise Sysaxes, un des aspects du bien-être au travail est ...
    1. avoir des robots. ☐
    2. disposer d'un cadre agréable et souple. ☐
    3. avoir une vue sur les montagnes. ☐
  c. Avant de travailler chez Sysaxes, Benjamin avait ...
    1. déjà été salarié. ☐
    2. beaucoup d'expérience. ☐
    3. peu d'expérience. ☐
  d. Ce que Joseph apprécie, c'est ...
    1. la liberté qui lui est laissée. ☐
    2. la bonne entente entre collègues. ☐
    3. l'innovation permanente. ☐

COMPRÉHENSION ÉCRITE

5 Lisez le texte et répondez aux questions.

L'ORGANISATION HORIZONTALE

L'organisation horizontale implique une décentralisation des responsabilités, une plus grande flexibilité et le développement des compétences transversales. Elle permet ainsi de dépasser l'organisation hiérarchique, remettre en cause la description des tâches, des postes et des fonctions et modifier la structure de l'entreprise. […]

Ainsi, même si l'organisation verticale limite la collaboration entre les différents acteurs, le meilleur moyen d'utiliser au mieux les possibilités offertes par l'organisation horizontale est de l'harmoniser avec le management vertical. Le manager de l'organisation horizontale de l'entreprise n'est rien sans l'aide de la structure hiérarchique et cette réalité oblige à mettre à plat la coopération à construire.

L'horizontalité apporte l'agilité nécessaire mais elle impose aussi une réflexion critique sur sa mise en œuvre. Ainsi, la mise en place d'une organisation horizontale peut vite devenir une véritable usine à gaz* lorsque les comportements n'ont pas évolué avec l'organisation.

La mise en place de cette forme de management nécessite la mise en place d'un projet d'accompagnement du changement et d'une professionnalisation des managers à tous les niveaux pour s'impliquer pleinement dans cette organisation horizontale.

Au final, l'organisation horizontale a le double avantage de beaucoup mieux correspondre aux aspirations de la nouvelle génération de travailleurs et de lutter activement contre la tendance presque naturelle des entreprises à se cloisonner. Les compétences et les décisions sont partagées, impliquant chacun dans un processus de production valorisant. […]

* usine à gaz = situation difficile, compliquée

D'après : https://montrealcowork.com/organisation-horizontale/

a. Dans une organisation horizontale, le salarié peut …
  1. diriger l'entreprise. ☐
  2. effectuer des tâches qui ne font pas partie de son poste. ☐
  3. avoir des horaires décalés. ☐

b. Dans une organisation verticale, la hiérarchie est …
  1. plus ☐
  2. moins ☐
  3. aussi ☐
  … présente que dans une organisation horizontale.

c. Pour que la mise en place d'un système horizontal fonctionne, il faut que …
  1. l'entreprise soit flexible. ☐
  2. les salariés soient prêts. ☐
  3. la hiérarchie soit ferme. ☐

d. Pour mettre en place un système horizontal, les managers doivent être …
  1. augmentés. ☐
  2. formés. ☐
  3. créatifs. ☐

e. L'organisation horizontale plaît aux …
  1. entreprises. ☐
  2. travailleurs. ☐
  3. jeunes diplômés. ☐

PRODUCTION ÉCRITE

6 Votre entreprise a autorisé ses employés à emmener leurs animaux domestiques le vendredi au bureau, or cette situation vous agace terriblement. Vous ne supportez pas la présence de ces animaux qui vous empêchent de vous concentrer et de travailler correctement. Vous envoyez un mail à votre responsable pour vous plaindre de cette situation et lui demander des aménagements. (170 mots)

UNITÉ 2

LEÇON 3 • Révolutions en marche

VOCABULAIRE

1 Nomadisme intra-bâtimentaire – coworking – corpoworking : de quelle tendance s'agit-il ?

a. Il faut arriver tôt pour trouver une bonne place !
b. J'y vais 3 fois par semaine, comme je suis free-lance, d'habitude je travaille chez moi, mais là-bas, je peux mieux me concentrer.
c. En louant les locaux inoccupés à certains de nos clients, nous avons optimisé l'espace !
d. J'adore la possibilité de travailler dans la cuisine ou dans la salle de détente, c'est vraiment sympa !
e. C'est bien parce que si tu as un problème avec un fournisseur, il est déjà sur place !

Nomadisme intra-bâtimentaire	Coworking	Corpoworking

2 Associez ces acteurs du monde de l'entreprise à leur définition.

a. L'entrepreneur(euse)
b. Le(la) travailleur(euse) à distance
c. Le(la) free-lance
d. Le(la) consultant(e)
e. Le(la) digital-nomade

1. Il/Elle travaille pour un cabinet extérieur et aide les entreprises à analyser et résoudre leurs problèmes.
2. C'est une personne qui a un métier qui lui permet de travailler à distance et de voyager.
3. C'est un(e) chef(fe) d'entreprise qui porte un projet ou dirige une entreprise.
4. Il/Elle est salarié(e) d'une entreprise mais ne travaille pas dans ses locaux.
5. C'est une personne qui travaille comme indépendant(e), sous la forme de missions, qu'il/elle facture à ses clients.

COMPRÉHENSION ORALE

3 🔊 10 Écoutez et répondez aux questions.

a. Le coworking est une activité qui ...
   1. se développe depuis longtemps ☐
   2. est en plein recul ☐
   3. est en pleine expansion ☐
   ... en Afrique.

b. Driss Vounti ...
   1. a créé son entreprise. ☐
   2. travaille dans le secteur du coworking. ☐
   3. est salarié d'une banque. ☐

c. En Afrique, les entreprises de moins de 50 salariés n'ont pas leurs propres locaux parce que/qu'…
   1. c'est trop cher. ☐   2. il n'y a pas d'offre. ☐   3. ils sont mal situés. ☐

d. Ce que Driss apprécie le plus, c'est de/d'…
   1. avoir un café dès son arrivée. ☐   2. pouvoir se concentrer seulement sur son travail. ☐   3. disposer de salles bien équipées. ☐

e. La nouvelle tendance est d'utiliser ces espaces pour …
   1. promouvoir des jeunes artistes. ☐   2. se constituer un réseau de connaissances. ☐   3. organiser des réceptions. ☐

COMPRÉHENSION ÉCRITE

4 Lisez ces témoignages de salariés déçus et associez chaque affirmation à la personne qui correspond.

Déçus du bien-être au travail

Jean-Louis

Avant de déménager, mon entreprise a organisé des réunions pour connaître nos besoins et nos envies. Nous rêvions déjà de la salle de sieste et de la cafétéria « ultra-moderne ». Finalement, on est beaucoup plus serrés qu'avant dans un open-space aux couleurs flashy. Alors, oui, ils ont installé une « happy room », avec des fauteuils confortables, une chaise de massage, une machine à café et des bonbons. Sauf qu'elle est constamment pleine de salariés qui cherchent à s'isoler pour travailler sereinement !

Muriel

Je travaille pour un grand groupe bancaire habitué à fixer des objectifs et à les décrire dans de très belles plaquettes destinées aux salariés, où un jour on a appris qu'on allait devenir « une entreprise agile ». Après tout, pourquoi pas ? Coconstruire une entreprise plus horizontale, gagner en autonomie… Résultat : les bureaux qui ne sont attribués à personne sont mal utilisés, on a des casiers de piscine pour ranger nos affaires et interdiction de laisser traîner quoi que ce soit de perso sur nos bureaux.

Gaël

Je travaille dans un secteur en crise permanente, alors la direction met une énorme pression sur les managers, qui font eux-mêmes pression sur leurs « managés ». Bref, tout le monde est stressé ! La direction a réagi et a mis en place deux séances de yoga par semaine pour tous les salariés à l'heure du déjeuner. Personne n'y croyait. Maintenant, le midi, c'est le stress : il y a ceux qui ne veulent pas y aller, d'autres qui courent pour y aller à tout prix et déjeunent ensuite très rapidement et mal … On est quand même très loin du lâcher-prise !

D'après https://www.capital.fr/votre-carriere/bien-etre-au-travail-apres-les-promesses-ces-salaries-dechantent-1411208

a. Son entreprise a mis en place une action pour la gestion du stress. → ....
b. Il/Elle a été impliqué(e) dans la mise en place du projet. → ....
c. Le projet de son entreprise repose sur le système horizontal. → ....
d. Il/Elle n'a pas assez d'espace pour mettre de l'ordre. → ....
e. Il/Elle n'avait aucune attente par rapport au projet. → ....
f. Il/Elle avait certaines attentes par rapport au projet. → ....

PRODUCTION ÉCRITE

5 Écrire une lettre formelle.

Vous travaillez dans une entreprise française. Vos collègues et vous trouvez que certaines actions devraient être mises en place pour améliorer le bien-être des salariés. En tant que représentant(e) du personnel, vous écrivez au responsable du Service des Ressources Humaines pour expliquer les points qui posent problème et proposer des solutions qui représenteraient de réels bénéfices pour toute l'entreprise. (250 mots)

UNITÉ 2

LEÇON 4 • Je suis ouverte à la discussion

VOCABULAIRE

1 **A. Qui dit ces phrases ? Le recruteur ou le candidat ?**

a. 55 000 euros brut à l'année, auxquels je souhaiterais inclure en supplément une prime sur objectifs.

→ ....

b. Comment justifiez-vous cette rémunération ?

→ ....

c. O.K., Je prends note. Nous allons étudier ce point en interne.

→ ....

d. Quelles sont vos prétentions salariales ?

→ ....

e. Actuellement, je touche 51 000 euros par an, ce qui me satisfait. Je n'envisage pas de quitter mon employeur actuel, à moins d'une augmentation significative de ma rémunération.

→ ....

B. Remettez le dialogue dans l'ordre.

1	2	3	4	5

2 **Corrigez ce dialogue en soulignant le mot qui convient.**

– À l'occasion de notre *point/défi* hebdomadaire, je souhaiterais aborder ma *tâche/rémunération*.
– Je suis à votre *compromis/écoute*.
– Je souhaiterais obtenir une *revalorisation/rémunération* significative de mon salaire.
– Pour quelles raisons ? Expliquez-moi.
– Tout d'abord, ma *responsabilité/requête* au sein de l'entreprise, qui a largement augmenté et mes *résultats/compétences* qui dépassent les objectifs initialement fixés.
– Je prends *part/note*, et je reviens vers vous à ce sujet.

COMPRÉHENSION ORALE

3 🔊 **11 Écoutez et répondez aux questions.**

a. Il s'agit d'une chronique qui ...

  1. informe sur ☐   2. débat sur ☐   3. défend ☐

  ... le travail du dimanche.

b. Le dimanche comme jour non travaillé est ...

  1. un droit. ☐   2. une norme. ☐   3. une exception. ☐

c. Dans la majorité des cas, les gens sont ...

  1. mieux payés ☐   2. sont moins bien payés ☐   3. ont plus de jours de congés ☐

  ... s'ils travaillent le dimanche.

22 Unité 2 • Réenchanter le travail

d. Les travailleurs du commerce de détail qui travaillent le dimanche …
   1. y sont obligés. ☐
   2. le choisissent. ☐
   3. sont payés le double. ☐

e. La particularité du commerce de détail, c'est …
   1. le travail le dimanche. ☐
   2. son syndicat puissant. ☐
   3. les différences de taille entre les différentes entreprises. ☐

Compréhension écrite

4 Remettez ce courriel dans l'ordre.

De : ophélie@evencom.com
À : léna@evencom.com
Objet : Demande d'augmentation de salaire

Chère Léna

a. C'est pourquoi, je sollicite cette augmentation, afin de gagner un salaire plus en accord avec mon investissement professionnel, mes résultats et les missions qui me sont confiées.
Je serais ravie que ma demande puisse être accueillie positivement et je me tiens à votre disposition pour en discuter de vive voix et plus en détail.

b. En outre, j'ai su faire preuve d'esprit d'initiative avec la mise en place de formations visant à développer des compétences transversales telles que l'écoute et le travail en équipe. Ces projets dont l'organisation a dépassé le cadre des missions d'une assistante formation ont reçu un bel accueil chez les employés, qui s'accordent à reconnaître leurs bienfaits, notamment dans l'esprit d'équipe.

c. Dans l'attente de votre réponse, soyez assurée de mon intérêt et de ma motivation dans la poursuite de mes missions.
Bien cordialement,

d. Recrutée il y a 2 ans en tant qu'assistante formation, j'ai réalisé avec succès les missions qui m'ont été confiées, notamment l'analyse et l'évaluation des besoins en compétences de l'entreprise. Je me suis également occupée d'une partie de la rédaction et du suivi du cahier des charges de certains projets.

e. Suite aux recommandations de Loïc Legrand, mon responsable hiérarchique, lors de mon entretien annuel, je vous envoie ce courriel pour solliciter une augmentation de salaire.

1	2	3	4	5

Production écrite

5 Écrire un courriel.
Vous êtes en poste dans votre entreprise depuis un an et vous désirez réaliser une formation sur l'écoute et la communication empathique. Vous écrivez un courriel à la directrice des ressources humaines pour lui demander de réaliser cette formation dans l'entreprise et vous lui expliquez pourquoi vous avez choisi cette formation. (200 mots)

BILAN GRAMMAIRE

1 Conjuguez les verbes au plus-que-parfait. Faites l'élision si nécessaire.

a. J'ai obtenu mon diplôme d'État en 2021 mais je .... (*déjà travailler*) comme aide-soignant de 2016 à 2018.

b. Tu .... (*ne pas dire*) qu'il y avait une salle de détente dans les nouveaux locaux.

c. Je .... (*déjà avoir*) l'accord de la banque quand j'ai démarré ma start up.

d. S'il .... (*ranger*) son bureau, il aurait retrouvé le dossier plus vite.

e. Je .... (*jamais emmener*) mon chien au bureau avant, mais maintenant ça semble impensable d'y aller sans lui !

2 Continuez ces phrases avec un verbe conjugué ou à l'infinitif.

a. Vous aurez le soutien des banques au cas où ....

b. Je ne travaillerai jamais pour une entreprise sans ....

c. Il y aurait plus d'hommes dans le secteur de l'éducation infantile si ....

d. Tu n'obtiendras pas d'augmentation sans ....

3 Mettez les phrases à la forme passive. Respectez bien les temps de conjugaison !

a. On lui accordera une augmentation en janvier 2023.
→ ....

b. On a ouvert un nouvel espace de coworking ultra-moderne à Cotonou.
→ ....

c. Pour la promotion d'Olivia, on prendra notre décision très prochainement.
→ ....

d. On offre aux employés des services pour améliorer leur bien-être.
→ ....

4 Complétez avec l'adverbe de temps qui convient.

chaque fois – rarement – toujours – il y a 3 semaines – souvent – à l'époque

a. J'ai répondu à une annonce .... et je n'ai .... pas de réponse. Je commence à désespérer !

b. La start up dans laquelle je travaille s'inspire du système horizontal, les chefs demandent .... l'avis des employés et les décisions sont .... prises par toute l'équipe.

c. L'espace de coworking dans lequel il travaille est idéal. Ça change des anciens bureaux. .... il devait arriver tôt pour avoir un bureau et il était .... satisfait.

Unité 2 • Réenchanter le travail

BILAN VOCABULAIRE

1 Associez les 2 colonnes pour retrouver les expressions puis faites une phrase avec 2 d'entre elles.

a. Faire   1. dans son travail.
b. S'épanouir   2. par les marchés porteurs.
c. Chercher   3. un diplôme.
d. Obtenir   4. carrière.
e. Être intéressé   5. sa voie.

Phrase 1 : ....
Phrase 2 : ....

2 Retrouvez les mots de ce dialogue où Guido écoute Simon se plaindre.

Guido : Tu te _ _ A_ _ _ tout le temps !

Simon : Oui, mais j'en ai _A_ _ _ de mon travail ! J'en ai A _ _ _ _ de ne pas avoir de bureau fixe, je ne S _ _ _ _ _ E plus les aboiements des chiens de mes collègues. Bref, c'est pénible, j'en _ _ _ _ plus !

Guido : Et bien, vivement que tu trouves un autre travail !

3 Soulignez le mot correct.

Une enquête prouve un lien direct entre l'intimité et l'*environnement/épanouissement* des salariés. Ils sont nombreux à avoir besoin d'un *environnement/bureau* de travail qui leur permette de se concentrer, pour être calmes et *sereins/nomades*. Qu'ils travaillent au bureau, en *télétravail/espace* ou qu'ils se retirent dans un espace *interaction/détente*, ils préfèrent choisir eux-mêmes leur *espace/affaire* de travail.

4 Complétez le texte avec les mots suivants.

congés maladie – congés payés – motifs – salariés – formations – congés maternité et paternité – secteurs

Tous les .... ont droit à des jours de .... dont le nombre varie en fonction des .... Il existe aussi les .... avant et après la naissance d'un enfant et les .... attestés par certificat médical. Il y a aussi des congés donnés pour divers .... comme des ...., des créations d'entreprise ou la maladie d'un proche.

5 Retrouvez l'expression qui correspond à chaque situation.

Il/Elle est(e) dur en affaires. – C'est un vrai bras de fer ! – C'est une pointure ! – Il/Elle est ouvert(e) à la discussion.

a. Cette négociation est vraiment difficile, une suite de confrontations où les discussions sont nombreuses et passionnées !
→ ....

b. Tu devrais demander à Jessica, c'est une référence dans ce domaine.
→ ....

c. Pourquoi tu ne vas pas voir Madame Rabeuf ? Elle est toujours disposée à écouter.
→ ....

d. Tu vas négocier avec Coulon ? Bon courage ! Il est tenace !
→ ....

ENTRAÎNEMENT AU DELF B2

COMPRÉHENSION ORALE

Mettez-vous dans les conditions de l'examen : entre la première et la deuxième écoute, vous avez 30 secondes de pause. Après la deuxième écoute, vous avez 1 minute pour vérifier vos réponses.

12 Écoutez 2 fois l'enregistrement et répondez aux questions.

a. Le burn-out touche …
1. surtout les plus jeunes. ☐
2. tout le monde. ☐
3. les jeunes diplômés. ☐

b. Nicolas Gazon est …
1. professeur. ☐
2. directeur de formation. ☐
3. en burn-out. ☐

c. Nicolas Gazon fait ses constats …
1. d'après son ressenti. ☐
2. en s'appuyant sur des études. ☐
3. après avoir mené une enquête lui-même. ☐

d. Les jeunes ont du mal à travailler sans …
1. se déconnecter des réseaux numériques. ☐
2. s'impliquer totalement. ☐
3. que ça n'affecte leur vie sociale. ☐

COMPRÉHENSION ÉCRITE

Lisez le texte puis répondez aux questions.

VOUS AVEZ DIT « SOFT SKILLS » ?

Vous avez forcément entendu parler des soft skills, mais savez-vous de quoi il s'agit ? Très présentes dans le monde du conseil et du management, les soft skills n'ont pas encore totalement poussé les portes de l'entreprise. En effet, la notion même de soft skills ainsi que leur mise en pratique restent flous pour les recruteurs et managers. En réalité il s'agit de compétences « transversales » moins « techniques » que les hard skills, mais qui contribuent également à l'efficacité et à la performance. C'est donc une compétence comme une autre, qu'on peut, à ce titre, évaluer et développer à condition de prendre le temps de bien la définir.

Il s'agit d'une compétence transversale, c'est-à-dire une aptitude à laquelle on associe des techniques et des méthodes, que l'on peut apprendre et mettre en œuvre dans la pratique, et qui n'est pas liée à un métier ou à un contexte technique particulier. Une soft skill s'acquiert, autrement dit, elle n'est pas innée, même si comme pour toute compétence, son acquisition peut être facilitée par des « prédispositions », des traits de personnalité.

Exemples de soft skills

Les soft skills couvrent différentes dimensions (les activités, les relations, les émotions, etc.). On peut par exemple citer la conception de projet (capacité à être architecte d'un projet), l'intelligence émotionnelle (capacité à identifier, comprendre et traiter ses propres émotions et celles des autres), l'intelligence relationnelle (capacité à instaurer et à manager des relations de coopération positive), la créativité (capacité à imaginer et concrétiser des solutions nouvelles, en dehors des standards), la pensée critique (capacité à critiquer et à raisonner selon un processus et des arguments rationnels), ou la négociation (capacité à confronter et lier ses intérêts à ceux des autres pour résoudre une situation).

D'après : https://www.talentprogram.fr/soft-skills-definition-exemples/

a. Les soft skills sont en pleine expansion dans les entreprises …
1. de tous les secteurs. ☐
2. de certains secteurs. ☐
3. du monde entier. ☐

b. Les soft skills permettent d'améliorer …
1. les résultats. ☐
2. l'ambiance au travail. ☐
3. le management. ☐

c. Elles ne sont pas …
   1. évaluables. ☐
   2. techniques. ☐
   3. définies précisément. ☐

d. Une soft skill est une compétence qui ….
   1. est mise en application. ☐
   2. ne s'apprend pas. ☐
   3. est floue. ☐

e. Les soft skills …
   1. sont spécifiques aux métiers. ☐
   2. sont comme un don. ☐
   3. concernent plusieurs domaines. ☐

PRODUCTION ÉCRITE

Écrire dans un courrier des lecteurs.

« Aujourd'hui il y a même des responsables qui s'occupent du bonheur des employés, les « happiness manager ». Ça ne sert à rien ! On ne peut pas augmenter le bonheur des gens au travail ! C'est superficiel ! Le bonheur, c'est dans la vie privée, ça ne se règle pas au travail ! »

Vous avez lu cette opinion d'un journaliste dans un article d'une revue francophone et vous décidez d'y réagir. Vous écrivez au courrier des lecteurs et vous dites pourquoi cela vous semble exagéré. Vous expliquez pourquoi c'est important de s'épanouir au travail et comment on peut améliorer le bien-être des employés. Vous argumentez vos idées en illustrant votre propos. (250 mots)

PRODUCTION ORALE

Lisez le document et répondez aux questions pour présenter votre point de vue.

Mettez-vous dans les conditions de l'examen : vous avez 20 minutes pour préparer le sujet et noter sur votre brouillon vos idées principales.

a. Quel est le thème général du document ?
b. Quelle est la problématique ?
c. Quel est votre point de vue ? Quels arguments peuvent le défendre et quels exemples peuvent l'illustrer ?

Les métiers de l'artisanat

Quand on parle d'avenir du travail, on parle souvent d'intelligence artificielle et de robotisation mais plus rarement d'artisanat et de métiers manuels. Or, il semble que ces métiers représentent l'avenir car ils occupent une place importante dans l'économie. Mais pas seulement. Ils associent le savoir-faire traditionnel et la technologie de pointe, ils sont tournés vers l'avenir et ils innovent sans cesse. De plus, les valeurs du monde du travail que l'on voit émerger actuellement sont justement celles de l'artisanat : autonomie, maîtrise de son temps, responsabilité de son travail vis-à-vis des clients ou utilisateurs, créativité… et résistance à l'incertitude quant à l'avenir. Ces métiers ne semblent pourtant pas attirer les jeunes car la profession se plaint souvent du manque de main d'œuvre. Comment pourrait-on alors, inciter les jeunes à se tourner vers ces métiers ?

UNITÉ 3 — Sciences infos

LEÇON 1 • Heureuses inventions

VOCABULAIRE

1 **Reliez les mots à leur définition.**

a. Inventer
b. Innover
c. Un progrès
d. Un gain

1. Évolution ou processus évolutif
2. Acquisition d'un avantage
3. Introduire une nouveauté dans quelque chose qui existe déjà
4. Imaginer quelque chose de nouveau

2 **Complétez le texte avec les mots suivants.**

en ligne – vérifier – diffuser – sources – publier – s'informer – circuler

Aujourd'hui, les citoyens peuvent .... de nombreuses façons car il existe de nombreux supports pour .... les informations, qu'ils appartiennent aux médias traditionnels ou aux médias .... Quel que soit le support, le travail du journaliste consiste à faire .... des informations en s'appuyant sur des .... diverses, variées et fiables. Il faut ensuite .... ces informations pour enfin les ....

GRAMMAIRE

3 **Transformez les phrases pour exprimer la possibilité et la probabilité en utilisant les expressions entre parenthèses.**

a. Tous les citoyens pourront voyager sur la lune d'ici à 20 ans. *(Il se peut)*
→ ....

b. Les données médicales seront toutes digitalisées pour assurer un meilleur suivi. *(probablement)*
→ ....

c. L'espérance de vie va s'allonger grâce aux innovations. *(Il est probable)*
→ ....

d. Avec un objet connecté, on avertit d'un danger. *(Il est possible)*
→ ....

PHONÉTIQUE

4 🔊 **Écoutez les phrases et complétez le tableau, comme dans l'exemple : quels sons entendez-vous [ã] [ɛ̃] [ɔ̃] ? Dans quel ordre apparaissent-ils ?**

Exemple : *Demain, je vais au salon de l'innovation.*

	[ã]	[ɛ̃]	[ɔ̃]
Exemple		1 (Dem**ain**)	2 (sal**on**) 3 (innova**tion**)
a.			
b.			
c.			
d.			
e.			
f.			

COMPRÉHENSION ÉCRITE

5 **Lisez le texte et répondez aux questions.**

DES RÉVOLUTIONS DANS NOS POCHES

Flotter dans une combinaison argentée en mangeant un poulet rôti en poudre, voilà l'image qu'on peut se faire des innovations spatiales. Mais la vraie révolution est dans nos poches et nos oreilles. La voix irritante du GPS nous dit « Dans 300 mètres, tournez à droite », mais sans le guidage d'un satellite, beaucoup s'égareraient en chemin.

« Pouvoir regarder la Terre de tout en haut, disposer de transmissions, de géolocalisation, des prévisions météo… bouleverse déjà notre vie », explique Michel Faup, responsable de la prospective et de l'innovation au Cnes, le centre spatial français. […]

Pour Jérôme Lamy, sociologue des sciences à l'université de Toulouse II, ce sont les rares innovations dignes d'intérêt pour le grand public. « Les combinaisons ignifugées* des pompiers sont un résultat remarquable, mais vous n'en avez pas tous les jours l'utilité, contrairement à un smartphone », indique le sociologue pour qui « la renommée des innovations est parfois démesurée par rapport au nombre de personnes concernées. » […]

En réalité, l'emblème des progrès dus au spatial est la miniaturisation. En effet, souvent les technologies existaient déjà avant d'être embarquées à bord d'une navette. Ce sont les contraintes de volume et de poids qui ont forcé les ingénieurs à voir plus petit, tout en conservant la même efficacité.

*ignifugées = qui ne peuvent pas prendre feu

https://static.bayard.io/la-croix.com/longformats/longform_spinoff/index.html
Lacroix.com, ce quotidien venu de l'espace

a. Quelle est l'invention de la recherche spatiale la plus impactante pour le grand public ?

....

b. Jérôme Lamy pense que la renommée de certaines innovations est…
   1. méritée. ☐   2. avérée. ☐   3. disproportionnée. ☐

c. La recherche spatiale a permis de rendre des inventions qui existaient déjà plus…
   1. performantes. ☐   2. petites. ☐   3. résistantes. ☐

PRODUCTION ÉCRITE

6 **Vous lisez « Le journal en ligne a tué le journal papier » dans un magazine et vous décidez d'écrire au courrier des lecteurs pour donner votre opinion. Vous faites part de votre expérience et vous insistez sur les avantages et les inconvénients du journal en ligne et du journal papier. (250 mots environ)**

UNITÉ 3

LEÇON 2 • Minute vulgarisation

VOCABULAIRE

1 Reliez ces mots à leurs synonymes.

a. Vulgarisation   1. Technique
b. Domaine   2. Diffusion
c. Recherche   3. Investigation
d. Méthode   4. Discipline

2 Complétez le texte avec les mots suivants.

questionnement – scientifiques – éveiller – partager – réflexion – vulgariser – condensé – valider

Comment .... la science et .... les esprits ?

Vulgariser la science c'est donner des clés de lecture et proposer une méthode de .... qui permet

le .... C'est aussi proposer un .... des dernières innovations en faisant

.... son propos par des .... et, de cette manière, le .... avec le

grand public.

GRAMMAIRE

3 Quelle conjonction utiliser dans ces phrases ?

À supposer qu' – Au cas où – à condition que – pourvu qu'

a. Il ira à la conférence de samedi .... le professeur Lamard y participe.

b. Elle fera vacciner ses enfants .... on lui explique le fonctionnement de ce nouveau vaccin.

c. .... on ne change pas nos habitudes, la planète deviendra bientôt invivable.

d. .... le réchauffement climatique se poursuivrait au niveau actuel, l'augmentation du niveau des

mers serait considérable.

4 Transformez les phrases suivantes pour poser une condition avec les conjonctions proposées.
Faites des changements de conjugaison si nécessaire.

a. Ce médicament ne sera pas mis sur le marché. (*effets secondaires trop importants*) / En cas de

→ ....

b. Il faudra attendre l'accord de l'Agence européenne du médicament (EMA) (*bénéfice-risque est positif*) /
En admettant que

→ ....

c. On réussira à préserver la planète (*réduire les gaz à effet de serre*) / à condition de

→ ....

Unité 3 • Sciences infos

COMPRÉHENSION ORALE

5 🔊 **14 Écoutez et répondez aux questions.**

a. La science sur les réseaux sociaux …
  1. est présente depuis la pandémie. ☐
  2. était déjà présente avant la pandémie. ☐
  3. s'est professionnalisée avant la pandémie. ☐

b. Le réseau social se choisit en fonction…
  1. des personnes qui l'utilisent. ☐
  2. de la discipline scientifique. ☐
  3. du mode de diffusion. ☐

c. TikTok a permis à l'OMS de…
  1. faire des recherches. ☐
  2. diffuser des fake news. ☐
  3. communiquer sur la pandémie et les gestes barrière. ☐

COMPRÉHENSION ÉCRITE

6 Lisez ces textes sur 3 vulgarisateurs scientifiques et associez chaque affirmation au vulgarisateur qui correspond.

a. Il/Elle voulait surtout attirer les jeunes.
→ ....

b. Ces études universitaires lui ont permis de vulgariser la science.
→ ....

c. Il/Elle donne la parole aux médecins et au personnel soignant.
→ ....

d. Il/Elle vulgarise la science sur un réseau social destiné aux utilisateurs de jeux vidéo.
→ ....

e. Son travail de vulgarisation a commencé avec la pandémie.
→ ....

f. Il/Elle aime l'ambiance détendue des réseaux sociaux.
→ ....

MATHIEU NADEAU-VALLÉE, résident en médecine et docteur en pharmacologie

Il crée des séquences éducatives sur les vaccins et la pandémie de COVID-19 qui sont vues des dizaines de milliers de fois. Déjà célèbre, il assure ne pas rechercher l'attention à tout prix. « Quand, au début de la pandémie de COVID, j'ai vu des vidéos de désinformation circuler, j'ai pensé qu'avec ma formation universitaire, j'avais la responsabilité de donner la bonne information. »

THOMAS MILAN, doctorant en biologie moléculaire

Il invite des scientifiques sur Twitch, la plateforme des joueurs de jeux vidéo, pour qu'ils parlent de leur projet de recherche. « J'adore l'interactivité et la décontraction de Twitch grâce auxquelles scientifiques et auditeurs échangent sur un pied d'égalité. La science n'est pas réservée à une élite. En mettant des mots simples sur des concepts compliqués, on peut tout expliquer et rendre la science accessible à tous. »

MYRIAM BEAUDRY, doctorante en nutrition

Myriam, avec l'aide d'une amie, a créé un blog « Majeurs et vaccinés » pour expliquer le fonctionnement des vaccins, ainsi qu'un compte Instagram sur lequel elle partage des témoignages de soignants qui défendent l'importance de se faire vacciner contre la COVID.
« Je voulais donner de la voix aux professionnels de santé pour qu'on puisse mieux les comprendre et les aider. J'ai choisi Instagram parce que c'est un réseau très utilisé par les jeunes et c'est à eux que je voulais parler. »

D'après : https://quartierlibre.ca/reseaux-sociaux-les-nouvelles-arenes-de-la-vulgarisation-scientifique

UNITÉ 3

LEÇON 3 • Info ou infox ?

VOCABULAIRE

1 **Complétez les mots.**
a. F _ _ E N _ _ _ S
b. D _ _ _ _ _ _ _ _ _ _ _ _ I O N
c. R _ _ _ _ _ R
d. C _ _ _ _ _ _ R
e. T _ _ _ _ _ _ E D _ C _ _ _ _ _ _ T

2 **Reliez la colonne de gauche à celle de droite pour retrouver les expressions.**

a. Remettre en question ...   1. d'objectivité.
b. Lancer ...   2. le panneau.
c. Faire preuve ...   3. les théories du complot.
d. Déconstruire...   4. un cri d'alerte.
e. Tomber dans ...   5. l'information.

3 **Faites une phrase avec au moins deux des expressions de l'exercice 2.**
Exemple : *Il faut remettre en question l'information et identifier les sources pour ne pas tomber dans le panneau des théories du complot.*

....
....

GRAMMAIRE

4 **Lisez ce dialogue et passez-le au discours indirect passé.**

Fabrice : Tu sais que le vaccin pourrait avoir des effets secondaires irréversibles ?
Sabrina : Comment tu le sais ? Tu n'es pas biologiste, ni médecin !
Fabrice : Je l'ai lu sur Internet !
Sabrina : Oui, mais est-ce que tu as vérifié la source ?
Fabrice : La source... non, je ne l'ai pas vérifiée ! Attends, je regarde. L'article ne donne pas de source.
Sabrina : Alors l'information n'est pas fiable. Tu sais, il faut toujours vérifier ses sources avant de diffuser une information !

Fabrice a dit ....
....
....

Unité 3 • Sciences infos

COMPRÉHENSION ORALE

5. 🔊 **15** Écoutez et répondez aux questions.

a. Quel exemple de théorie du complot donne la journaliste ?

1. La présence extraterrestres. ☐
2. La présence extraterrestre sur la lune. ☐
3. La négation de l'exploration humaine de la lune. ☐

b. Selon Sébastien Chonavey la première théorie du complot date d'après la révolution …

1. industrielle. ☐
2. Française. ☐
3. numérique. ☐

c. Elle a eu lieu à ce moment précis parce que les événements qui se passaient étaient …

1. incompréhensibles. ☐
2. violents. ☐
3. portés par le peuple. ☐

d. Sébastien Chonavey affirme que les théories du complot sont toujours …

1. argumentées. ☐
2. simplistes. ☐
3. polémiques. ☐

PRODUCTION ÉCRITE

6. Vous lisez ce post sur un forum francophone et vous répondez à *Manu18* car vous n'êtes pas d'accord avec lui. Vous lui donnez votre opinion et lui présentez une situation pour le contredire. Vous nuancez également son propos, en vous appuyant sur des exemples concrets.

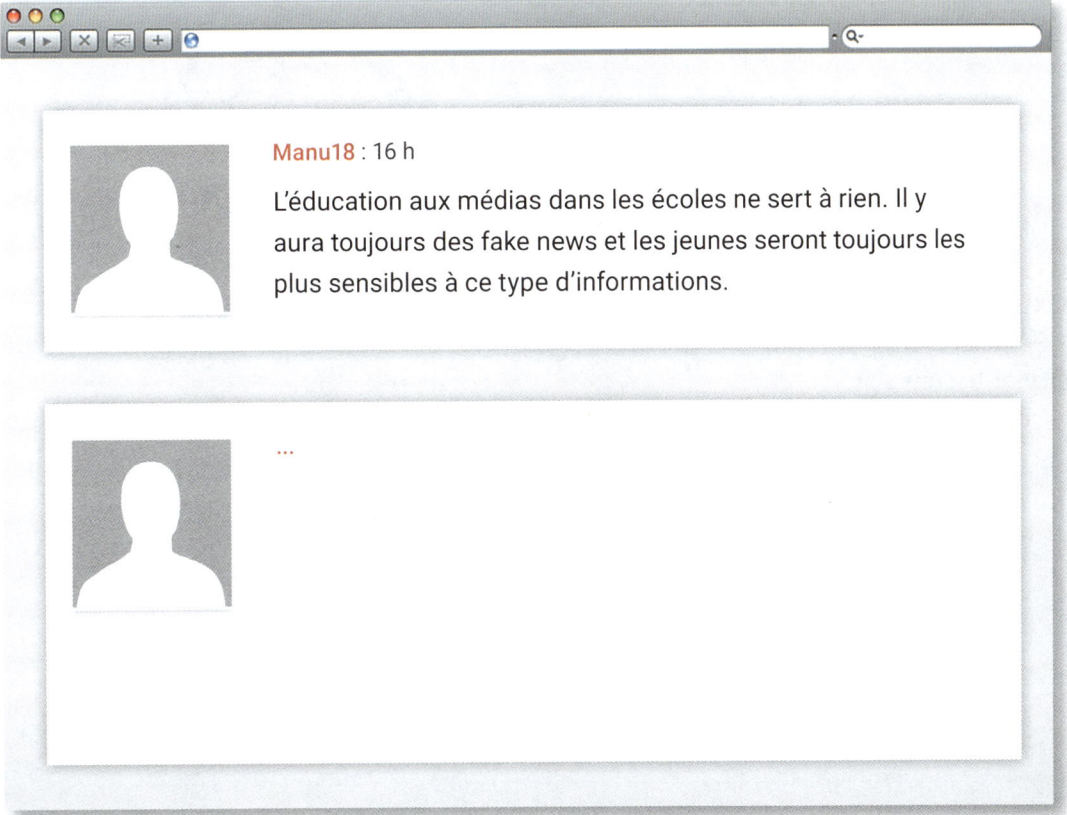

Manu18 : 16 h

L'éducation aux médias dans les écoles ne sert à rien. Il y aura toujours des fake news et les jeunes seront toujours les plus sensibles à ce type d'informations.

…

UNITÉ 3

LEÇON 4 • Quand la science fait peur

VOCABULAIRE

1 Complétez les phrases avec les mots suivants.

greffe – extinction – ADN – écosystèmes – gènes – génétique – fossiles – espèces

a. Le rein d'un porc, dont les .... ont été modifiés, a été implanté sur un humain. C'est un espoir immense pour des milliers de personnes en attente d'une .... d'organes.

b. Grâce à la ...., certains scientifiques espèrent faire revivre des .... disparues en reproduisant leur .... complet à partir de restes .... d'êtres vivants.

c. Les espèces en voie d'............................ sont nombreuses et il faut également les préserver pour éviter la destruction de nos ....

2 Associez les mots de la colonne de gauche à ceux de droite, pour retrouver des arguments pour ou contre la robotisation.

a. Menace ...
b. Perte ...
c. Réduction ...
d. Augmentation ...
e. Peur ...

1. incontrôlée
2. de la productivité
3. du lien social
4. pour l'emploi
5. des délais

3 Classez dans ce tableau les arguments trouvés dans l'exercice 2.

Arguments pour :	Arguments contre :

COMPRÉHENSION ÉCRITE

4 **Remettez ce texte dans l'ordre et donnez–lui un titre.**

a. Néanmoins, la création d'une intelligence artificielle présente des risques et des limites. D'une part, elle est très coûteuse donc inaccessible pour le grand public. D'autre part, elle peut devenir dangereuse si elle tombe dans de mauvaises mains.

b. Par ailleurs, elle nous accompagne au quotidien, elle nous guide, limite les accidents, corrige nos fautes et prévoit même ce que nous allons écrire. Elle paraît donc incontournable et ses avantages semblent nombreux.

c. De plus, son utilisation réduit le lien social, car une machine ne peut pas ressentir ni faire preuve d'intuition. Enfin, remplacer l'homme par les machines suppose une augmentation du nombre de demandeurs d'emploi, pour lesquels s'impose une solution alternative.

d. L'intelligence artificielle (IA) est, selon son fondateur John McCarthy, « la science et l'ingénierie de la fabrication de machines intelligentes ». De plus en plus présente dans nos quotidiens, on peut se demander si elle est bénéfique ou au contraire dangereuse pour nos sociétés.

e. En conclusion, l'intelligence artificielle peut améliorer le quotidien des hommes, si elle est utilisée et développée de manière constructive. Sa mise en pratique implique toutefois la mise en place de réformes pour éviter les abus et protéger les travailleurs.

f. Tout d'abord, force est de constater les nombreux bienfaits de l'IA, créée avant tout pour faciliter la vie des humains. Elle effectue des tâches pénibles et dangereuses, sans se fatiguer, ni se tromper et augmente le degré de précision et de fiabilité.

Ordre des paragraphes : 1. ☐ 2. ☐ 3. ☐ 4. ☐ 5. ☐ 6. ☐

Titre : ....

COMPRÉHENSION ORALE

5 🔊 **16 Écoutez et répondez aux questions.**

a. Qui est Priscille Déborah ?

....

b. Selon elle, le plus difficile c'est de rééduquer …

1. son bras. ☐   2. son corps. ☐   3. son cerveau. ☐

c. Pour la plupart de ses actes quotidiens, Priscille utilise …

1. ses dents. ☐   2. sa prothèse. ☐   3. son bras gauche. ☐

BILAN GRAMMAIRE

1 Complétez les phrases en mettant les verbes entre parenthèses au gérondif.

   a. Selon certains scientifiques, limiter les impacts climatiques serait possible (*stocker*) .... les données de l'internet dans l'ADN d'organismes vivants comme les végétaux.

   b. Des dispositifs destinés à lutter contre les violences fonctionnent (*activer*) .... le téléphone portable et .... (*envoyer*) des appels au secours.

   c. L'Homme a fragilisé la terre (*exploiter*) .... ses ressources sans en évaluer les conséquences.

   d. Tout (*menacer*) .... la vie privée des patients, le dossier électronique de santé évite les pertes de temps et la prise inutile de médicaments.

2 Remettez les phrases dans l'ordre en ajoutant les majuscules et la ponctuation si nécessaire.

   a. pour laquelle / en ce projet / c'est la raison / je crois

   b. nous travaillons / un nouveau centre d'innovation / avec laquelle / l'entreprise / a ouvert

   c. est / le média / je fais le plus confiance / la radio / auquel

   d. elle a lutté / toute sa vie / contre laquelle / c'est / la rumeur

   e. il ne croit pas / à laquelle / c'est / une information

3 Complétez les phrases avec : *C'est... qui/que/dont* ou *C'est ce qui/que/dont*.

   a. .... la scientifique .... est la mieux placée pour gagner le concours de sciences.
   b. .... la scientifique .... le projet est le plus avancé.
   c. .... la scientifique .... cet institut de recherche veut recruter.
   d. L'intelligence artificielle, ... nous avons besoin pour améliorer notre quotidien.
   e. Des fake news, ... nous propose ce type de site de désinformation.
   f. L'éducation aux médias, ... permet de lutter contre les fake news.

4 Passez cet échange entre un journaliste et le biologiste Jacques Testart au discours indirect passé.

   Le journaliste lui a demandé ....

   J. T. a répondu que ...., mais
   .... Il s'est demandé ....

   Il a observé que ....

Journaliste : Pensez-vous que les rêves les plus fous des transhumanistes, comme celui de l'immortalité, pourront se concrétiser un jour ?

Jacques Testart : « Cela ne fonctionnera pas, mais ça fait quand même du mal à notre espèce, car cela isole les gens. Où est l'empathie ? Où est la solidarité dans tout ça ? Il ne faudrait pas oublier que si Homo sapiens a réussi à s'imposer, c'est surtout grâce à la coopération qui caractérise notre espèce. »

D'après : https://ici.radio-canada.ca/nouvelle/1153203/transhumanistes-fusion-machines-humain

BILAN VOCABULAIRE

1 Complétez le texte avec les mots suivants.

cellules – anticorps – système immunitaire – maladies – vaccin – destruction – virus

À quoi sert un .... ? Il sert à entraîner le .... à lutter contre un microbe qui peut être un ...., une bactérie ou même un parasite. Après l'injection d'une dose, des globules blancs libèrent dans le sang des .... qui se chargent de la .... des microbes pour les empêcher d'entrer dans les .... humaines et de provoquer des .... ou des complications.

2 Complétez le texte avec les mots suivants.

experts – fiables – remettent en question – fausses informations – médias – vérifient – sources – objectivité

Démêler le vrai du faux

De plus en plus de .... proposent des émissions où ils signalent les .... Ils font preuve d'............................ et .... certaines informations qu'ils considèrent peu .... Ils identifient les .... et .... le contenu en consultant des ....

3 Barrez l'intrus de chaque liste.

a. diffuser – youtubeurs – abonnés – JT

b. audiovisuel – débats radiodiffusés – désinformation – chaînes publiques

c. cellules – fonte des glaces – virus – anticorps

d. recherche scientifique – manipulation génétique – écosystème – ADN

4 Quel est le thème de chaque liste de mots de l'exercice 3 ? (Attention il y a un intrus !)

médias traditionnels – recherche médicale – médias en ligne – génie génétique – réchauffement climatique

Liste a. → ....

Liste b. → ....

Liste c. → ....

Liste d. → ....

ENTRAÎNEMENT AU DELF B2

COMPRÉHENSION ORALE

Mettez-vous dans les conditions de l'examen : entre la première et la deuxième écoute, vous avez 30 secondes de pause. Après la deuxième écoute, vous avez 1 minute pour vérifier vos réponses.

17 Écoutez 2 fois l'enregistrement et répondez aux questions.

a. L'intelligence artificielle va accélérer la ...
   1. numérisation des systèmes de santé. ☐
   2. professionnalisation des systèmes de santé. ☐
   3. délocalisation des systèmes de santé. ☐

b. L'intelligence artificielle améliore la qualité des soins, de la prévention et de ...
   1. la gestion. ☐   2. la sécurité. ☐   3. l'accès aux soins. ☐

c. À terme, l'intelligence artificielle ...
   1. remplacera les médecins. ☐   2. accompagnera les médecins. ☐   3. formera les médecins. ☐

d. Selon le journaliste, la première motivation des pays africains à utiliser cette technique peut être pour ...
   1. économiser de l'argent. ☐   2. gagner en efficacité. ☐   3. aider les médecins. ☐

COMPRÉHENSION ÉCRITE

Lisez ce texte et répondez aux questions.

LA BD, UNE ARME DE VULGARISATION MASSIVE ?

De nombreux auteurs utilisent la bande dessinée comme support de transmission et même de production de connaissances. Comment expliquer ce phénomène et le succès qu'il rencontre ? Que raconte-t-il des évolutions de la BD, un art où l'on retrouve les champs artistiques, journalistiques et scientifiques ?

La bande dessinée scientifique, de vulgarisation ou de non-fiction connaît aujourd'hui un réel essor.

Des planches et des bulles, la bande dessinée a mis du temps à conquérir ses lettres de noblesse* avant d'être reconnue comme un art, le neuvième disent certains. Elle est entrée dans les musées, dernièrement aux Beaux-Arts de Lille et en ce moment même au musée d'art moderne de Monaco. On y raconte son histoire, une trajectoire à multiples facettes qui peine à être enfermée dans une seule case.

Une tendance semble néanmoins se dégager depuis quelques années : le développement d'une BD de vulgarisation. Des auteurs et autrices se servent du dessin vif et des textes synthétiques pour traduire des champs scientifiques complexes de la sociologie aux nouvelles technologies en passant par l'économie.

Un genre qui gagne du terrain, parfois de l'argent pour les éditeurs et surtout un nouveau public, et qui en plus permet de construire des passerelles entre les disciplines et d'être utile à la science.

*Lettres de noblesse = une grande notoriété

Source : https://www.franceculture.fr/emissions/le-temps-du-debat/la-bd-arme-de-vulgarisation-massive

a. Pour de nombreux auteurs, la BD est un vecteur de diffusion ...
   1. des savoirs. ☐
   2. de la créativité. ☐
   3. de l'information. ☐

b. Aujourd'hui la bande dessinée de vulgarisation ...
   1. s'est démocratisée. ☐
   2. est en pleine expansion. ☐
   3. s'est professionnalisée. ☐

c. La BD. a toujours été considérée comme un art.
   Vrai ☐   Faux ☐

d. L'exposition au musée des Beaux-Arts de Monaco montre que la BD a plusieurs ...
   1. genres. ☐
   2. dimensions. ☐
   3. histoires. ☐

e. Grâce à la vulgarisation, la BD a gagné ...
   1. des revenus. ☐
   2. de la renommée. ☐
   3. des lecteurs. ☐

PRODUCTION ÉCRITE

Face à la multiplication des médias en ligne, la municipalité de votre ville a décidé de ne plus donner de subventions au journal local et donc de le condamner à fermer. Convaincu·e de l'utilité de ce média, vous écrivez une lettre à la mairie pour défendre l'importance de ce journal pour les habitants et argumenter en faveur du maintien de la subvention. (250 mots environ)

Mme Rodriguez
Rue des Fleurs
38000 Grenoble

Mairie de Grenoble

Lieu ....
Date ....

Objet ....

Madame, Monsieur

PRODUCTION ORALE

Lisez le document et répondez aux questions pour présenter votre point de vue.

Mettez-vous dans les conditions de l'examen : vous avez 20 minutes pour préparer le sujet et noter sur votre brouillon vos idées principales.
a. Quel est le thème général du document ?
b. Quelle est la problématique ?
c. Quel est votre point de vue ? Quels arguments peuvent le défendre et quels exemples peuvent l'illustrer ?

LA PRODUCTION DE ROBOTS POUR PERSONNES ÂGÉES

Une entreprise chinoise a lancé un nouveau robot de service capable de s'occuper des personnes âgées. D'une manière générale, ces robots intelligents sont conçus pour interagir directement avec les personnes âgées ou le personnel des maisons de retraite. Ils sont d'ailleurs souvent utilisés pour proposer divers services comme des animations, des aides à la communication et à la sécurisation. Pour les pays européens, les États-Unis ou même la Chine qui font face à un vieillissement de leur population, on comprend l'importance de la robotisation de services destinés aux aînés. Il semblerait d'ailleurs que cette tendance se développe en Chine mais aussi dans des pays tels que les Pays-Bas ou la France, où ces technologies sont de mieux en mieux acceptées, autant par les professionnels que par les aînés eux-mêmes.

UNITÉ 4 — Pour l'amour de l'art

LEÇON 1 ▪ Expériences immersives

VOCABULAIRE

1 Classez ces mots dans le tableau selon qu'ils appartiennent au vocabulaire des arts visuels, des arts vivants ou des deux.

le mouvement – la lumière – les textures – les couleurs – le corps – la mise en scène – la toile – la gestuelle – le portrait – la musique – la matière – le paysage – l'installation

Arts visuels	Arts vivants	Arts visuels et arts vivants

2 Faites une phrase avec au moins deux des mots de l'exercice 1.

Exemple : *Cette toile a des couleurs vives et l'artiste joue avec la matière.*

....

GRAMMAIRE

3 Faites une seule phrase en utilisant *après/avant de*.

a. Les créateurs créent l'exposition *Imagine Van Gogh*. Ils lancent *Imagine Picasso*. *(après)*

→ ....

b. D'abord, on découvre tous les tableaux de l'artiste. Ensuite, on plonge dans l'univers de l'artiste. *(avant de)*

→ ....

c. Picasso a eu sa période « bleu ». Puis, il a connu sa période rose. *(après)*

→ ....

COMPRÉHENSION ORALE

4 🔊 18 Écoutez et répondez aux questions.

a. Le thème est …
  1. les expositions numériques. ☐
  2. les techniques de réalité virtuelle. ☐
  3. l'évolution des musées. ☐

b. Les expositions immersives sont de plus en plus …
  1. perfectionnées. ☐
  2. accessibles. ☐
  3. nombreuses. ☐

c. Les techniques de réalité virtuelle et de réalité augmentée ...
   1. sont créées à partir de l'environnement reconstitué. ☐
   2. permettent l'interaction avec le spectateur. ☐
   3. proposent des images en plusieurs dimensions. ☐

d. Pour Annabelle Mauger, la performance numérique ...
   1. est au service de l'art. ☐
   2. est indispensable pour sublimer le tableau. ☐
   3. permet au spectateur de devenir acteur de l'exposition. ☐

e. Les nouveaux visiteurs des musées ...
   1. sont attirés par les artistes numériques. ☐
   2. sont de plus en plus inconstants. ☐
   3. s'intéressent aux expériences immersives. ☐

COMPRÉHENSION ÉCRITE

5 Lisez le texte et répondez aux questions.

Entretien avec l'artiste et défenseur des droits humains nigérian, Jelili Atiku

C& : Quelle a été votre première performance ?

JA : C'était à l'Université de Lagos. La performance était intitulée Ewawo – The Prisoner (ewawo signifie en yoruba « viens et vois »). À ce moment-là, je faisais des recherches sur l'état des prisons au Nigeria et sur le système pénal. Pendant ma performance, j'ai essayé de reproduire la situation des prisons au Nigeria en utilisant des matériaux de l'université tels que des cadres de lit en métal avec lesquels j'ai construit une sorte de cellule. En 1998, j'ai visité une prison nigérienne pendant mon service. Cette expérience a nourri en moi un sentiment de protestation qui a abouti à une campagne en faveur de réformes dans les prisons du Nigeria.

C& : Pourquoi pensez-vous que la performance joue un rôle important dans l'art africain ?

JA : Si vous considérez l'histoire de l'Afrique, la culture artistique est une culture de la performance. Toutes les sculptures et autres productions culturelles ... la plupart d'entre elles ont été créées pour la performance. Cette approche a été abandonnée quand les Européens sont arrivés pendant la colonisation ; ainsi, les œuvres matérielles ont été séparées de la performance. Ensuite, les Africains ont, en quelque sorte, perdu la confiance nécessaire pour les réunir. Les artistes modernes n'ont pas eu et n'ont toujours pas cette confiance ; ils ne considèrent pas la performance comme une forme d'art, comme une forme dont ils se sont en fait écartés. Nous sommes donc en train d'essayer de la réactiver en accueillant la Biennale !

D'après https://contemporaryand.com/fr/magazines/performative-practice-is-their-own-heritage/ (D.R)

a. Sa première performance visait à dénoncer les conditions de vie ...
   1. des étudiants. ☐
   2. des détenus. ☐
   3. au Nigéria. ☐

b. Il l'a réalisée avec du matériel ...
   1. des prisons. ☐
   2. de l'université. ☐
   3. recyclé. ☐

c. On peut dire que Jelili Atiku est un artiste ...
   1. militant. ☐
   2. inconnu. ☐
   3. incompris. ☐

d. Avant la colonisation, dans l'art africain dominait/ent ...
   1. la performance. ☐
   2. la sculpture. ☐
   3. les œuvres matérielles. ☐

e. Les artistes modernes dont parle Jelili Atiku pensent que la performance est un art ...
   1. enrichissant. ☐
   2. insignifiant. ☐
   3. sous-estimé. ☐

Pour l'amour de l'art • Unité 4

UNITÉ 4

LEÇON 2 • Regards d'artistes

VOCABULAIRE

1 Dans chaque phrase, soulignez le mot correct.

a. Dans ses œuvres, Dalila Dalleas Bouzar mélange dessin et peinture : le dessin crée la *forme/peinture* dont elle souligne certains *traits/matériaux*. Avec la peinture, elle ajoute des taches de *couleur/ligne* pour attirer l'attention.

b. Christa Rijneveld dessine des chaînes de montagnes en *noir et blanc/aquarelle*. Ses dessins jouent sur les *modèles/lignes* et les courbes pour créer du *relief/motif*.

GRAMMAIRE

2 Conjuguez les verbes au conditionnel passé.

a. Auguste Rodin .... (*largement s'inspirer*) de Camille Claudel.

b. C'est pas terrible ! Tu .... (*devoir*) plus t'appliquer pour ton dessin, les lignes sont grossières.

c. Avec des prix moins élevés, elle .... (*réussir*) à vendre toutes les œuvres de sa collection.

d. S'ils avaient exposé cette sculpture, la polémique .... (*continuer*).

e. Je .... (*ne pas comprendre*) sa technique sans avoir vu ses tableaux.

PHONÉTIQUE

3 🔊 19 Lisez et soulignez quels mots et quelles syllabes vous accentueriez. Écoutez l'enregistrement pour vérifier vos hypothèses.

a. Une œuvre grandiose !
b. Un artiste extraordinaire !
c. Une installation impressionnante !
d. Un dessin parfait !
e. Des couleurs éclatantes !

COMPRÉHENSION ORALE

4 🔊 20 Écoutez et répondez aux questions.

a. Le prix *Art contest* est soutenu par ...
   1. le musée d'Ixelles. ☐   2. une fondation. ☐   3. Pascal Goffaux. ☐

b. Parmi ces affirmations, lesquelles sont vraies ?
   1. Olivia Hernaïz est une jeune artiste qui se distingue. ☐   4. Elle fait des performances. ☐
   2. Elle a reçu un prix international prestigieux. ☐   5. Elle a fait des études d'art. ☐
   3. On parle de son exposition de tableaux. ☐

c. Son installation reproduit …
   1. un logement. ☐   2. la pièce d'un logement. ☐   3. un immeuble. ☐

d. Pendant l'exposition, la télévision diffuse …
   1. un film environnemental. ☐   2. des chansons pour enfants. ☐   3. des dessins. ☐

e. L'objectif d'Olivia Hernaïz est que les gens …
   1. parlent de sujets politiques. ☐   2. échangent sur l'art. ☐   3. s'engagent dans des partis politiques. ☐

f. Les logos des coussins sont …
   1. les mêmes que ceux des vidéos. ☐   2. regroupés par tendance politique. ☐   3. une représentation de la nature. ☐

COMPRÉHENSION ÉCRITE

5 Lisez le texte et répondez aux questions.

LA PEINTURE DE MWENZE KIBWANGA

Comme tous les artistes de l'école de Lubumbashi, Mwenze Kibwanga a développé une esthétique et une technique singulière. La figure humaine est omniprésente dans ces scènes de la vie quotidienne comme la chasse, le travail ou la danse. Dans ces tableaux, Mwenze Kibwanga ne recherche pas la perspective ou le respect des normes académiques, mais il peint à partir d'une palette décorative.

Jusqu'en 1952, il a peint avec le pouce, puis son style a émergé, se caractérisant par des hachures faites de traits épais au pinceau, alternant des tonalités chaudes et froides (ocres et beiges, bruns et noirs, verts et noirs). Sa technique se compose de petites barres qui adoptent la forme des objets. Ces zébrures font penser aux mouvements du métier de tisserand qu'exerçait son père et donnent à l'œuvre l'élasticité du ressort. Cette technique permet aux figures à la fois de se détacher et de se confondre, car le décor est peint de la même façon.

Mwenze Kibwanga a exposé dans son pays, la République démocratique du Congo, notamment à Kinshasa, à l'Académie des Beaux-Arts, au Musée National. À l'étranger, il a participé à la foire de Lausanne 1974 et à l'exposition des avant-gardistes à Paris en 1975. Son œuvre est présente dans de grands musées internationaux. Elle fait notamment partie des collections du Musée royal de l'Afrique centrale ou du Museum of Modern Art de New York.

D'après : https://nezumi.fandom.com/fr/wiki/Mwenze_Kibwanga

a. Les artistes de l'école de Lubumbashi ont un style …
   1. particulier. ☐   2. violent. ☐   3. incompréhensible. ☐

b. Dans ses œuvres, Mwenze Kibwanga peint …
   1. des hommes et des femmes. ☐   2. des scènes fantastiques. ☐   3. selon des techniques académiques. ☐

c. Ses dessins sont …
   1. en noir et blanc. ☐   2. à dominante ocre. ☐   3. de plusieurs couleurs. ☐

d. La base de ses dessins est constituée de …
   1. courbes. ☐   2. motifs. ☐   3. lignes. ☐

e. On peut voir le travail de Mwenze Kibwanga …
   1. à Paris. ☐   2. dans des musées prestigieux. ☐   3. en République démocratique du Congo. ☐

UNITÉ 4

LEÇON 3 • Jeux d'équilibres

Vocabulaire

1 Reliez chaque mot à sa définition.

a. Un chantier
b. Une façade
c. Un édifice
d. Monumental
e. Ornemental
f. Un étage

1. Qui est remarquable, grandiose, imposant.
2. Chaque partie superposée d'un bâtiment.
3. Lieu où l'on procède à des travaux (construction, réparation, etc.).
4. Bâtiment, construction architecturale aux proportions importantes.
5. Chaque face extérieure d'un bâtiment.
6. Qui est décoratif.

2 Avis positif, négatif ou neutre ? Classez ces phrases dans le tableau.

a. Notre avis est nuancé.
b. On reste sur sa faim.
c. Un émerveillement incessant.
d. Nous avons tout aimé.
e. C'est tellement décevant !
g. Un peu trop cher payé.
h. Une visite en demi-teinte.
i. Je reste mitigé.

Positif	Négatif	Neutre

3 Complétez les phrases avec les mots suivants.

tous – aucun – certaines – n'importe quel – chaque

a. Pour que les monuments résistent au temps, on ne peut pas utiliser .... matériau.

b. L'ornementation est aussi très importante, il faut faire attention à .... détail.

c. .... les édifices de ce quartier sont d'inspiration haussmannienne.

d. Je ne connais .... château en Écosse, on dit que celui d'Édimbourg est magnifique.

e. .... constructions (château, maison, hôtel) possèdent des tourelles d'angles.

Compréhension orale

4 🔊 21 Écoutez et répondez aux questions.

a. L'hôtel Tassel est le premier édifice d'art …
   1. nouveau. ☐   2. contemporain. ☐   3. européen. ☐

b. Aujourd'hui, le bâtiment sert …
   1. d'école. ☐   2. de musée. ☐   3. de bureaux. ☐

c. Victor Horta a placé un escalier au centre de la maison pour gagner de la …
   1. place. ☐   2. luminosité. ☐   3. solidité. ☐

Unité 4 • Pour l'amour de l'art

d. L'architecte a utilisé le métal …
   1. de façon originale. ☐   2. en guise d'ornements. ☐   3. pour représenter des fleurs. ☐

e. Victor Horta …
   1. était à la pointe ☐   2. se désintéressait ☐   3. se méfiait ☐
   … des technologies de l'époque.

COMPRÉHENSION ÉCRITE

5 Lisez le texte et répondez aux questions.

L'architecture du Vieux-Québec

L'architecture du Vieux-Québec est unique parce qu'elle rassemble une variété impressionnante de styles, chacun témoignant de l'histoire de la ville. Si le dédale* de rues étroites, les fortifications et la citadelle rappellent les vieux quartiers de certaines villes européennes, c'est aussi dans les monuments que l'on retrouve ces inspirations. Le vieux séminaire du Québec (l'aile de la Procure) édifié au XVIIème par les prêtres du séminaire, rappelle particulièrement l'influence architecturale française du fait de l'usage de crépi sur ses murs, de la présence d'un pavillon à son extrémité et d'un clocheton à son sommet. Dans ce style, on peut citer aussi la maison Simon-Touchet qui compte également plusieurs éléments typiques de la maison de ville canadienne : large souche de cheminée, couverture de tôle et lambris de bois.

Le style britannique est aussi présent grâce notamment à la cathédrale Holy Trinity, édifiée entre 1800 et 1804 dans le style néoclassique alors à la mode en Grande-Bretagne. Cette construction s'est inspirée du modèle antique par l'usage de colonnes, de pilastres et de frontons. À la fin du XIXème siècle, le mouvement du romantisme fait son apparition dans le paysage architectural du Vieux-Québec avec la porte Saint-Louis dotée d'une tour et d'une tourelle et le château Frontenac, construit en pierres de taille grises et en briques orange et comptant cinq ailes et une tour centrale.

*le dédale = le labyrinthe

D'après https://www.quebec-cite.com/fr/ville-quebec/architecture-vieux-quebec

a. Le vieux séminaire du Québec rappelle l'influence française par …
   1. ses décorations. ☐   2. sa structure. ☐   3. son style romantique. ☐

b. L'architecture du Vieux-Québec s'inspire des styles …
   1. du monde entier. ☐   2. les plus à la mode. ☐   3. qui ont traversé son histoire. ☐

c. La maison de ville canadienne est …
   1. inspirée de la maison Simon-Touchet. ☐   2. dotée d'une cheminée. ☐   3. de style britannique. ☐

d. Le style néoclassique …
   1. domine dans le quartier du Vieux-Québec. ☐   2. avait du succès en Grande-Bretagne au XIXème siècle. ☐   3. est britannique. ☐

e. Le château de Frontenac …
   1. est à côté de la porte Saint-Louis. ☐   2. compte plusieurs colonnes. ☐   3. s'inspire du romantisme. ☐

PRODUCTION ÉCRITE

6 Vous avez visité un monument qui vous a vraiment plu. Vous écrivez sur un forum pour décrire ce monument et dire pourquoi il vous a plu. (250 mots)

UNITÉ 4

LEÇON 4 • Le film de l'année ?

VOCABULAIRE

1 Complétez le texte avec les mots suivants.

film – actions – réalisation – genres – thriller – rythme – scénario – plans

Le .... est très bien écrit et la .... est impeccable. Les .... sont très recherchés et permettent de suivre les .... simultanées dans un même cadre. Le .... s'accélère au fil du .... qui multiplie les ...., passant très facilement de la comédie au ....

2 Soulignez les mots qui appartiennent au registre familier et dites ce qu'ils veulent dire en langage courant.

a. J'ai rien pigé au dernier film japonais que j'ai vu au cinéma.

→ ....

b. Si tu veux réussir ta carrière il faut faire gaffe aux films que tu choisis de tourner.

→ ....

c. Le mardi, les cinémas sont moins chers, c'est vraiment cool !

→ ....

d. J'ai adoré son film, du coup j'ai vu toute sa filmographie en une nuit !

→ ....

COMPRÉHENSION ORALE

3 🔊 22 Écoutez et répondez aux questions.

a. *Mignonne* …
   1. est le premier film de Maïmouna Doucouré. ☐
   2. a reçu un prix au festival de Toronto au Canada. ☐
   3. est un film sur l'hypersexualisation des jeunes filles. ☐

b. Le film retrace l'histoire de préadolescentes qui … .
   1. veulent devenir danseuses professionnelles. ☐
   2. font des spectacles de danse commerciaux. ☐
   3. ont pour passion la danse. ☐

c. Les actrices du film sont des actrices …
   1. professionnelles. ☐
   2. amatrices. ☐
   3. qui ne sont pas françaises. ☐

d. Certaines scènes sont …
   1. vulgaires. ☐
   2. violentes. ☐
   3. esthétiques. ☐

e. La réalisatrice veut montrer …
   1. son propre point de vue. ☐
   2. le point de vue des préadolescentes. ☐
   3. le point de vue des spectateurs. ☐

Unité 4 • Pour l'amour de l'art

COMPRÉHENSION ÉCRITE

4 Lisez ces critiques sur le film *Annette* de Leos Carax et associez chaque affirmation au critique qui correspond.

RICCO76
D'une esthétique folle, ce film, un drame musical presque entièrement chanté, passe sans arrêt d'un genre à l'autre, tantôt comédie, tantôt fantastique, tantôt thriller. Si certaines scènes sont moins réussies, d'autres touchent à la grâce. Si l'on accepte de se plonger dans cet univers, on ne peut qu'être émerveillé par l'ensemble : de la bande originale à la mise en scène en passant par la photographie et l'interprétation des comédiens. Un grand moment de cinéma !

MICHÈLE M.
C'est vrai que le film est intéressant et qu'il se laisse regarder sans déplaisir, mais sans grand enthousiasme non plus. La mise en scène est convaincante et apporte de très beaux moments : les grands plans séquences du début, la marche chantée qui nous emporte. Mais le tout est assez inégal. Il manque quelque chose pour en faire un grand film, mais le moins qu'on puisse dire c'est que ça sort de l'ordinaire.

LOLIPOP
Somptueux opéra rock lyrique, *Annette* nous en met plein la vue et revisite avec succès toutes les formes du cinéma. Mais c'est bien là le seul atout d'un film qui devient très vite désagréable à force de prétention. On a l'impression qu'à chaque plan, le réalisateur veut nous démontrer qu'il est toujours un cinéaste qui compte, capable de nous étonner. Tant d'application dans la démonstration devient hélas vite contreproductif. Surtout qu'on ne comprend pas toujours de quoi parle le film.

a. J'ai adoré le film !
b. Je n'ai pas aimé le film.
c. J'ai un avis mitigé.
d. Le point fort, c'est la mise en scène.
e. Les scènes sont inégales sans que ça affecte la qualité de l'ensemble.
f. On passe d'un style à un autre, et ça, c'est réussi ! Mais ça ne va pas plus loin.

Ricco76	Michèle M.	Lolipop

PRODUCTION ÉCRITE

5 Vous avez lu dans un magazine en ligne la critique d'un film avec laquelle vous n'êtes pas d'accord. Vous trouvez, de plus, que cette critique n'est pas argumentée et qu'elle manque de précision. Vous écrivez au courrier des lecteurs pour répondre à l'auteur de la critique en argumentant vos propos et en les illustrant d'exemples précis. (250 mots)

BILAN GRAMMAIRE

1 Associez les 2 colonnes pour former des phrases.

a. Cet artiste s'est spécialisé en art digital après …
b. On circulait mieux au centre-ville après …
c. L'architecte a conçu ses plans avant d'…
d. Cette réalisatrice était peu connue avant de …

1. avoir agrandi le boulevard Poincaré, principal axe de circulation.
2. recevoir la palme d'or à Cannes.
3. avoir connu un énorme succès comme peintre.
4. avoir vu le terrain où aurait lieu la construction.

2 Conjuguez les verbes à la forme correcte.

a. Je ne crois pas que le numérique .... (*révolutionner*) le monde de l'art.

b. Elle ne croit pas qu'il .... (*pouvoir*) convaincre le public avec cette performance.

c. Je ne comprends pas que le public .... (*être*) si choqué par ce tableau.

d. Je n'aime pas que le réalisateur .... (*aborder*) le sujet superficiellement.

e. Je n'espère pas qu'il .... (*se servir*) de la technologie, je n'aime pas trop ça !

3 Soulignez la bonne conjugaison.

a. *Je ne serais jamais allé(e)/Je n'irais jamais* à cette exposition si j'avais su le prix !

b. Ce chantier *serait allé/irait* plus vite si on y travaillait la nuit.

c. Nous faisons attention au choix des artistes, car nous *n'aurions jamais fait/ne ferions jamais* une exposition qui puisse choquer le public.

d. Je suis déçue ! La performance *aurait gagné/gagnerait* en qualité avec une meilleure mise en scène.

e. Ce nouveau projet est plein d'espoir ! La disposition des grands boulevards *devrait/aurait dû* améliorer la circulation.

4 Complétez avec le bon adjectif indéfini. Attention au genre et au nombre !

n'importe quel – certain – quelques – chaque – aucune

a. Tu peux regarder ! .... détail est peint avec le plus grand soin.

b. .... de ses expositions ne m'a plu !

c. .... artistes ne sont célèbres qu'après leur mort.

d. Les musées sont toujours fermés le mardi, ... mois de l'année.

e. Il y a .... films intéressants à voir cette semaine ?

Unité 4 • Pour l'amour de l'art

BILAN VOCABULAIRE

1 Complétez le texte avec les mots suivants.

peintre – projetées – rose – univers – murs – surréalisme – immersive – formes – tableaux – sonore

Imagine Picasso est une expérience .... qui réunit près de 200 .... du peintre. Vous plongez dans son .... grâce aux reproductions géantes .... en grand format et en musique sur les ...., les structures et le sol. Vous (re)-découvrez les couleurs et les .... de ses œuvres, au cours d'un voyage visuel et .... qui revisite les étapes du ...., ses périodes bleu et ...., la naissance du cubisme, puis l'arrivée du ....

2 Barrez l'intrus de chaque liste.

a. aquarelle – tache – fusain – encre

b. sculpture – peinture – architecture – œuvre

c. polémiques – vives – chaudes – froides

d. immeuble – édifice – tourelle – monument

3 Quel est le thème de chaque liste de mots de l'exercice 2 ? Attention il y a un intrus !

Les couleurs – Les techniques en dessin – Les arts – Le matériel pour dessiner – Les constructions

a. → ....
b. → ....
c. → ....
d. → ....

4 Dans chaque phrase, soulignez le mot correct.

a. Les constructions haussmanniennes dotées d'un *ornement/espace* utile et d'une hauteur sous *plafond/mur* immenses, manquent souvent d'espaces de rangement, c'est pourquoi il faut aménager ces *appartements/immeubles*.

b. L'*axe/édifice*, situé au *rez-de-chaussée/cœur* du centre urbain, se trouve à proximité des *arrondissements/immeubles* aux *façades/lignes* en pierre blanche décorées de moulures et de *corniches/donjons*.

c. La réalisation d'une nouvelle *voie/construction* pour absorber le trafic et la mise en place de nouveaux *motifs/mobiliers* urbains sont des *aménagements/plans* essentiels pour répondre aux besoins *de mobilité/en matière d'emploi* des habitants.

Pour l'amour de l'art • Unité 4

ENTRAÎNEMENT AU DELF B2

COMPRÉHENSION ORALE

Mettez-vous dans les conditions de l'examen : entre la première et la deuxième écoute, vous avez 30 secondes de pause. Après la deuxième écoute, vous avez 1 minute pour vérifier vos réponses.

🎧 23 Écoutez 2 fois l'enregistrement et répondez aux questions.

a. Aminata Sall …
   1. a arrêté de travailler ☐   2. a déménagé ☐   3. a travaillé comme opératrice téléphonique ☐
   … pour suivre une formation.

b. Elle a appris une technique …
   1. de cadrage. ☐   2. d'éclairage. ☐   3. d'écriture. ☐

c. 80% des élèves qui sortent de la formation …
   1. trouvent un travail. ☐   2. ont un projet. ☐   3. écrivent une série. ☐

d. La formation qui débute en juin sera orientée vers …
   1. la réalisation. ☐   2. la scénarisation. ☐   3. la télévision. ☐

e. Il existe des projets d'ouverture d'écoles …
   1. sur le continent africain exclusivement. ☐   2. dans le monde entier. ☐   3. en Europe. ☐

COMPRÉHENSION ÉCRITE

Lisez le texte et répondez aux questions.

LA VILLE NOUVELLE DE DIAMNIADIO

Deux cars, une chaleur enveloppante et une belle centaine d'acteurs économiques …, c'est parti pour la visite de la ville nouvelle de Diamniado. Située à 40 kilomètres de Dakar, la capitale du Sénégal, ce projet pharaonique commence à prendre forme.

De la terre rouge à perte de vue et des nuages de poussière soulevés par le passage de la délégation. Plantés là, quelques arbres et des immeubles d'envergure. Les routes, fraîchement tracées, donnent une idée des futures constructions qu'elles desserviront.

La visite commence par le centre international de conférence Abdou Diouf, le point de départ de cette ville nouvelle. S'ensuivent les logements résidentiels avec des programmes collectifs ou des maisons individuelles. Puis, les nouveaux locaux ministériaux. Enfin, la visite se termine avec le Palais des Sports. Équipements dernier cri, 15 000 places, loges luxueuses, architecture contemporaine … cet ensemble sportif n'a rien à envier à ceux des Européens. [...]

Au total, Diamniadio c'est 1 644 hectares divisés en quatre arrondissements. L'un est tourné vers l'événementiel (parc des expositions, hôtel…), l'autre vers la logistique (parc industriel, MIN, gare), enfin les deux restants sont consacrés à l'enseignement, la formation et la recherche. Le but d'un tel chantier ? Désengorger Dakar. Point phare du Plan Sénégal Émergent (PSE), l'installation des ministères dans cette nouvelle ville, participe au renouveau du service public « pour une administration plus efficace. » [...]

D'après https://www.laprovence.com/article/economie/5880620/immobilier-decouverte-de-la-ville-nouvelle-de-diamniadio.html (DR)

a. Cet article raconte la visite du chantier …
   1. d'une ville moderne. ☐
   2. d'une ville-dortoir à côté de Dakar. ☐
   3. de monuments. ☐

b. La ville de Diamniadio est …
   1. construite depuis quelques années. ☐
   2. en cours de construction. ☐
   3. en cours de modernisation. ☐

c. Le Palais des Sports est …
   1. mieux que les installations européennes. ☐
   2. construit dans le respect de l'environnement. ☐
   3. ultramoderne. ☐

d. L'un des objectifs est …
   1. de fluidifier la circulation de Dakar. ☐
   2. de se doter d'une ville universitaire. ☐
   3. d'amener des investisseurs privés. ☐

e. Le projet de la ville nouvelle de Diamniadio est …
   1. gigantesque. ☐
   2. luxueux. ☐
   3. respectueux de l'environnement. ☐

PRODUCTION ÉCRITE

Participer à un forum de discussion.

Vous décidez de participer au forum de discussion du site du centre Pompidou, où une discussion a commencé pour proposer des peintres pour la prochaine exposition numérique. Vous dites quel artiste vous choisiriez et vous expliquez pourquoi ses œuvres doivent faire partie de l'exposition. Vous argumentez votre propos et l'illustrez par des exemples précis. (250 mots)

@centrepompidou : Quel artiste voudriez-vous voir exposer lors de notre prochaine exposition numérique ?

@romanlisa : Sans aucune hésitation, je propose Klimt ! C'est mon peintre préféré. Ses tableaux sont magiques et merveilleux. Je suis sûre que le numérique mettra en valeur les couleurs captivantes de ses tableaux et soulignera les plus beaux détails !

PRODUCTION ORALE

Lisez le document et répondez aux questions pour présenter votre point de vue.

Mettez-vous dans les conditions de l'examen : vous avez 20 minutes pour préparer le sujet et noter sur votre brouillon vos idées principales.

a. Quel est le thème général du document ?
b. Quelle est la problématique ?
c. Quel est votre point de vue ? Quels arguments peuvent le défendre et quels exemples peuvent l'illustrer ?

L'art à l'école

Le site du ministère de l'éducation artistique affirme que « l'éducation artistique et culturelle est indispensable à la démocratisation culturelle et à l'égalité des chances. » Il ajoute même que ce parcours artistique « contribue au développement de la créativité des élèves et améliore leur confiance en eux. » Pourtant, dans les faits, les matières artistiques sont encore peu valorisées dans nos écoles, aussi bien par les étudiants que par les enseignants et parents. Comment expliquer ce phénomène ? Les matières artistiques sont-elles plus un loisir qu'une matière scolaire ? Ou, au contraire, leur enseignement dans les écoles est-il une nécessité ?

UNITÉ 5 — Jeux de lois

LEÇON 1 • A voté !

VOCABULAIRE

1. Complétez pour retrouver les mots manquants.

En France, la production d'une L _ _ comprend 3 étapes : tout d'abord l'I _ _ _ _ _ _ _ _ E soit le projet ou la P _ _ _ _ _ _ _ _ _ N de loi, vient ensuite la D _ _ _ _ _ _ _ _ _ _ N avec des débats C _ _ _ _ _ _ _ _ _ _ _ _ _ _ S, puis enfin l'A _ _ _ _ _ _ N de la loi ou son R _ _ _ T.

2. Associez les mots à leur définition.

a. Le Parlement
b. Le code civil
c. Les institutions
d. Le citoyen, la citoyenne
e. L'amendement

1. Ensemble de structures politiques établies par la loi qui disposent d'une certaine autorité.
2. Modification apportée à un projet ou à une proposition de loi.
3. Document qui rassemble les règles liées au droit civil en France.
4. L'assemblée ou l'ensemble des assemblées qui exercent le pouvoir législatif dans un régime constitutionnel.
5. Personne dotée de droits et de devoirs, comme par exemple le droit de vote.

GRAMMAIRE

3. Complétez avec les expressions de conséquence.

de ce fait - de sorte que - c'est pour ça qu' - ainsi

a. Cette loi a été votée .... tu dois la respecter.
b. Le vote n'est pas obligatoire. ...., il y a de plus en plus d'abstentionnistes.
c. Cette loi est très polémique, elle a .... créé de nombreux débats à l'assemblée.
d. Les femmes avaient moins de droits que les hommes, ... une réforme s'imposait.

COMPRÉHENSION ORALE

4. 🔊 24 Écoutez et répondez aux questions.

a. En 1893, la Belgique a …
   1. instauré le droit de vote. ☐
   2. rendu le droit de vote obligatoire. ☐
   3. mis en place ses institutions. ☐

b. Les 3 étudiants en sociologie …
   1. sont pour ☐
   2. sont contre ☐
   3. ont des avis différents sur ☐
   … l'obligation du droit de vote.

c. Pour les deux derniers étudiants interrogés, voter est …
   1. une décision individuelle. ☐
   2. un droit difficilement acquis. ☐
   3. un acte citoyen. ☐

d. Le suffrage universel en Belgique s'est instauré …
   1. sans violence. ☐
   2. rapidement. ☐
   3. après plusieurs conflits. ☐

e. En Belgique, si on s'abstient trois fois d'aller voter, on peut …
   1. perdre la possibilité de travailler. ☐
   2. aller en prison. ☐
   3. ne plus jamais pouvoir aller voter. ☐

f. En Belgique, le taux d'abstention est …
   1. presque nul. ☐
   2. en augmentation. ☐
   3. le même que dans les autres États. ☐

COMPRÉHENSION ÉCRITE

5 Lisez le texte et répondez aux questions.

COMMENT FAIT-ON LES LOIS EN SUISSE ?

En Suisse, c'est le Parlement qui crée les nouvelles lois, dans le cadre d'une procédure clairement définie qui implique de nombreux acteurs et groupes d'intérêt, tant au niveau institutionnel que de la société civile : les partis, les 26 cantons, les autorités locales, les groupes économiques, les syndicats, les ONG, les églises.

Une fois qu'un projet de loi est déposé au Parlement, il est examiné en commission par le Conseil national (qui représente le peuple) et le Conseil des États, qui représente les cantons*. Le Parlement décide de celui qui examine le texte en premier. Les deux organes ont les mêmes pouvoirs et doivent tomber d'accord sur le libellé exact d'une loi avant qu'elle soit adoptée en troisième lecture officielle.

Et les citoyens ?

Ils n'ont pas directement de pouvoir dans l'élaboration des lois sur le plan national. Cependant, ils peuvent faire entendre leur voix lors de la consultation, c'est-à-dire lorsque le gouvernement recueille les opinions de toutes les parties impliquées dans un projet.

Les citoyens peuvent également s'opposer à une loi approuvée par le Parlement s'ils réussissent à obtenir au moins 50 000 signatures sur 100 jours. S'en suit un vote national sous la forme de référendum. Cette procédure a été utilisée plus de 220 fois entre 1875 et 2019.

Les citoyens suisses peuvent aussi proposer des modifications à la Constitution en lançant des initiatives populaires. S'il y a suffisamment de signatures - 100 000 paraphes** recueillis sur 18 mois - le gouvernement doit fixer une date pour que l'ensemble du corps électoral puisse se prononcer sur ces initiatives.

* canton = division administrative d'un territoire
** paraphe = signature

D'après https://www.swissinfo.ch/fre/politique/parlement_comment-les-lois-adviennent-en-suisse-/45408896

a. En Suisse, le processus de création des lois …
   1. inclut les citoyens et les institutions. ☐
   2. se fait essentiellement au parlement. ☐
   3. est dominé par les lobbys. ☐

b. Le Conseil national et le Conseil des États …
   1. ont des attributions similaires. ☐
   2. sont complémentaires. ☐
   3. élaborent les lois. ☐

c. En Suisse, le référendum peut être utilisé pour …
   1. adopter une loi. ☐
   2. amender une loi. ☐
   3. annuler une loi. ☐

d. Les citoyens suisses peuvent …
   1. proposer des lois. ☐
   2. modifier la constitution. ☐
   3. approuver des lois. ☐

e. Si une initiative populaire réunit plus de 100 000 signatures sur 18 mois, le gouvernement doit …
   1. prévoir un vote. ☐
   2. réformer la constitution. ☐
   3. démissionner. ☐

PRODUCTION ÉCRITE

6 « Donner le droit de vote dès l'âge de 16 ans est une bêtise. À cet âge-là, les jeunes ne sont pas capables de décider quoi que ce soit. En leur donnant ce droit, nous irions droit à la catastrophe ! »
Vous avez lu cette opinion d'un journaliste dans un article d'une revue francophone et vous décidez d'écrire au courrier des lecteurs pour dire pourquoi cela vous semble exagéré. Vous expliquez que le droit de vote à 16 ans pourrait redynamiser la jeunesse et l'impliquer dans la vie publique en argumentant vos idées et en illustrant votre propos. (250 mots)

UNITÉ 5

LEÇON 2 • Sur le banc des accusés

VOCABULAIRE

1 Retrouvez les mots ou expressions à l'aide des définitions.

a. Groupement d'individus formé pour préparer un ou plusieurs crimes ou délits. → une ....
b. Personne qui réalise un faux, contrefait quelque chose. → un(e) ....
c. Action de se faire justice par soi-même de manière violente. → un ....
d. Erreur commise lors d'un jugement où la personne poursuivie est accusée à tort. → une ....

2 Reliez les 2 colonnes pour retrouver les expressions.

a. Commettre …
b. Comparaître …
c. Condamner …
d. Être mis …
e. Passer …
f. Plaider …

1. en examen.
2. à mort.
3. aux aveux.
4. des crimes ou des délits.
5. coupable ou non coupable.
6. à la barre.

GRAMMAIRE

3 Remettez dans l'ordre pour former des phrases. Attention aux majuscules et à la ponctuation.

a. à force de / un deuxième procès / crier / elles ont obtenu / leur innocence

→ ....

b. il a pu / son bon plaidoyer / la peine de son client / alléger / en raison de

→ ....

c. sous prétexte de / un crime / protéger / elle a commis / son entourage

→ ....

d. moins lourde / du fait de / sa condamnation / ses aveux / a été

→ ....

e. de pays et d'identité / être condamné / il a changé / de crainte d'

→ ....

COMPRÉHENSION ORALE

4 🔊 **25** Écoutez et répondez aux questions.

a. L'affaire Sauvage est un procès qui traite …
   1. du meurtre d'une femme. ☐   2. d'un crime. ☐   3. d'un accident de chasse. ☐

b. Le juge a considéré qu'il ne s'agissait pas d'un geste pour se défendre parce que l'accusée …
   1. était armée. ☐   2. a prémédité son acte. ☐   3. a tiré dans le dos de la victime. ☐

c. Parmi les membres du comité de soutien de Jacqueline Sauvage, il y a …
   1. des personnalités du show-biz. ☐   2. François Hollande. ☐   3. des juges. ☐
d. La grâce présidentielle …
   1. permet d'effacer une peine. ☐   2. est répandue. ☐   3. ne s'utilise presque jamais. ☐
e. Finalement, Jacqueline Sauvage a été …
   1. reconnue non-coupable. ☐   2. libérée. ☐   3. jugée trois fois. ☐

COMPRÉHENSION ÉCRITE

5 Lisez le texte et répondez aux questions.

Procès Sankara

[…] Trente ans de prison ferme ont été requis contre l'ancien président du Burkina Faso Blaise Compaoré, soupçonné d'être le principal commanditaire de l'assassinat de son prédécesseur Thomas Sankara, tué avec douze de ses compagnons lors d'un coup d'état en 1987. Le parquet militaire a demandé au tribunal de reconnaître Blaise Compaoré, coupable « d'attentat à la sûreté de l'État », de « recel de cadavre » et de « complicité d'assassinat ».
Chassé du pouvoir par la rue en 2014, Blaise Compaoré vit depuis en Côte d'Ivoire et est le grand absent de ce procès […]. Il a toujours nié toute implication dans les événements du 15 octobre 1987.
[…] Lors de son réquisitoire mardi matin, le parquet militaire a retracé la chronologie des évènements du 15 octobre 1987, date du coup d'état fatal au leader progressiste et icône panafricaine, qui était au pouvoir depuis 1983. Selon le parquet, alors que Thomas Sankara s'est rendu au Conseil de l'Entente, […] lieu où s'est produit la tuerie, « ses bourreaux étaient déjà sur place ». […] « Le commando scindé en deux groupes a investi les lieux en abattant les gardes du chef de l'État. Le commando a ensuite ordonné au président Sankara et ses collaborateurs de sortir de la salle. Ils seront tour à tour abattus », a poursuivi l'accusation.
[…] « Après quatre mois de débat, c'est un sentiment de soulagement qui anime les familles », a indiqué Me Prosper Farama, l'avocat de la famille Sankara. « Hélas, au cours de ce procès aucun accusé n'a avoué, ne s'est repenti. Personne ! Nous demandons au tribunal de rendre justice aux familles. Nous ne voulons pas une vengeance, nous demandons simplement justice », a-t-il ajouté. Le procès doit se poursuivre avec les plaidoiries des avocats de la défense.

https://www.letemps.ch/monde/proces-sankara-30-ans-ferme-requis-contre-blaise-compaore

a. L'ancien président du Burkina Faso Blaise Compaoré …
   1. est accusé de ☐   2. est condamné pour ☐   3. comparaît à la barre pour ☐
   … complicité d'assassinat.
b. Blaise Compaoré …
   1. n'assiste pas à son procès. ☐   2. est en prison. ☐   3. plaide coupable. ☐
c. Le tribunal militaire considère que le meurtre de Thomas Sankara était …
   1. accidentel. ☐   2. inévitable. ☐   3. préparé à l'avance. ☐
d. L'avocat de Thomas Sankara …
   1. regrette ☐   2. s'amuse de ☐   3. approuve ☐
   … l'attitude des accusés.
e. Le procès doit se poursuivre avec la parole …
   1. des avocats de la famille ☐   2. des experts. ☐   3. des avocats des accusés. ☐
   de la victime.

UNITÉ 5

LEÇON 3 • Rendre justice

VOCABULAIRE

1. Complétez le texte avec les mots suivants.

juges - audience - avocat - preuves - tribunal - jugement - accusation

Devant un .... judiciaire, un procès peut se dérouler avec ou sans ....

La défense et l'..................... doivent s'échanger leurs demandes, arguments et ....

L'..................... est tenue par un ou plusieurs .... qui veillent au bon déroulement des débats.

Un .... est ensuite rendu et peut être contesté.

GRAMMAIRE

2. Soulignez le participe passé bien accordé.

a. Elles se sont *rendues - rendu* au tribunal où elles ont *plaidées - plaidé* non coupable.

b. Ils les ont *acquitté - acquittés*, faute de preuve.

c. Sa plainte, ils l'ont *enregistré - enregistrée* mais ils l'ont *classée - classé* sans suite.

d. Ils se sont *accusés - accusé* mutuellement mais les preuves que les policiers avaient *trouvé - trouvées* ont *dévoilé - dévoilée* la vérité.

e. Elles se sont *plaint - plaintes* mais le procureur n'a pas *engagé - engagées* de poursuites contre leur agresseur présumé.

f. Ils ont *méprisé - méprisées* les plaignantes qu'ils ont même *insulté - insultées*.

PHONÉTIQUE

3. 🔊 26 Écoutez l'enregistrement, séparez les groupes rythmiques et soulignez quand l'intonation est montante. Puis, répétez les phrases.

a. Monsieur le président, messieurs les jurés, mon client n'est pas coupable.

b. En donnant la mort à l'accusé, vous céderiez à la colère, à la peur, à la panique.

c. L'aveu, au contraire, c'est la porte ouverte à l'erreur judiciaire !

d. Ne croyez-vous pas que, même en prison, tout homme a droit au respect ?

e. Mon client est la seule victime, victime d'un crime, victime de la société, victime de la justice !

COMPRÉHENSION ORALE

4. 🔊 27 Écoutez et répondez aux questions.

a. L'affaire concerne une femme de ménage accusée d'avoir essayé …

   1. de voler son employeur. ☐   2. d'empoisonner son employeur. ☐   3. de tuer son employeur. ☐

b. Pour trouver des preuves, l'employeur a …

   1. filmé l'accusée. ☐   2. suivi l'accusée. ☐   3. fait avouer l'accusée. ☐

c. Le tribunal …
   1. n'a pas de preuves ☐   2. a des preuves ☐   3. doute ☐
   … de la culpabilité de l'accusée.

d. Selon l'avocat de la famille, l'accident …
   1. a eu des conséquences graves. ☐   2. n'a eu aucune conséquence. ☐   3. aurait pu avoir des conséquences graves. ☐

e. La femme de ménage ne pourra plus jamais travailler …
   1. nulle part. ☐   2. dans des familles. ☐   3. dans des bureaux. ☐

COMPRÉHENSION ÉCRITE

5 **Remettez ce texte dans l'ordre et résumez-le en une phrase.**

a. La police dit que l'homme proposait des bijoux en or 10 carats pour 300 $ disant qu'il avait besoin de l'argent pour acheter de l'essence.

b. Les autorités ont déterminé ensuite que la valeur réelle des objets était entre 2 $ et 10 $.

c. Un Torontois de 29 ans a été accusé de fraude d'au moins 5000 $ après avoir tenté de vendre à un agent de police de Hamilton qui n'était pas en service des bijoux qu'il disait être en or.

Ordres des phrases :

1	2	3

Résumé du texte :

→ ....

6 **Lisez le texte et répondez aux questions.**

a. Parmi ces affirmations lesquelles sont vraies ?
   1. Désormais les problèmes de voisinage seront réglés par un conciliateur de justice. ☐
   2. Le conciliateur de justice a été mis en place pour réduire la saturation des tribunaux. ☐
   3. Les litiges du quotidien inférieurs à 5 000 euros ne pourront plus être résolus au tribunal. ☐
   4. François est salarié. ☐
   5. Marie-Claire doit bouger pour résoudre les conflits. ☐
   6. Jean-Marc pense que son travail n'est pas assez considéré. ☐

b. Le conciliateur de justice …
   1. est fonctionnaire d'État. ☐
   2. est un professionnel très bien formé. ☐
   3. reçoit une faible somme d'argent. ☐

LE CONCILIATEUR DE JUSTICE

Voisins bruyants, haie mal taillée, conflit avec un entrepreneur, une compagnie aérienne ou un fournisseur internet : depuis le 1er janvier 2020, pour les litiges du quotidien inférieurs à 5 000 euros, il n'est plus possible d'aller directement au tribunal, le recours à un conciliateur de justice est devenu obligatoire. Objectif : désengorger les tribunaux, où le traitement de ces affaires peut parfois prendre des années.

À Moulins, François, retraité, tente au quotidien de rétablir le dialogue avant que les situations ne se détériorent. Près de Bordeaux, Marie-Claire traite 120 dossiers par an et se déplace deux jours par mois dans les mairies et sur le terrain. À Perpignan, Jean-Marc souhaite lui aussi aider les gens à régler leurs problèmes sans aller au tribunal. Seulement, il souffre d'un certain manque de reconnaissance : l'État ne lui verse qu'une indemnité forfaitaire d'environ 400 euros par an, bien loin de couvrir tous ses frais…

https://www.francetvinfo.fr/economie/emploi/metiers/droit-et-justice/video-querelles-de-voisinage_4675407.html

UNITÉ 5

LEÇON 4 • J'ai des témoins !

VOCABULAIRE

1 Parmi ces phrases, lesquelles sont extraites d'une lettre de dépôt de plainte ?

a. Cette situation est insupportable d'autant que je pense que ces faits sont punis par la loi.
b. Je suis au regret de vous informer que votre dépôt de plainte enregistré le 10 février a été classé sans suite, pour infraction insuffisamment caractérisée.
c. J'espère pouvoir échanger de vive voix très prochainement avec vous et je vous prie d'agréer mes plus sincères salutations.
d. Dans l'attente des suites que vous donnerez à ce courrier, je vous prie d'agréer, Madame la procureure de la République, l'expression de mes salutations distinguées.
e. Malgré mes démarches pour faire cesser cette nuisance, M. Michelet n'a pas changé ses habitudes, c'est pourquoi, je m'adresse à vous aujourd'hui.
f. Je vous précise que des témoins peuvent attester les faits.

Phrases extraites d'un dépôt de plainte :

a. ☐   b. ☐   c. ☐   d. ☐   e. ☐   f. ☐

2 Classez ces mots et expressions dans le tableau selon qu'ils appartiennent au vocabulaire du plaignant ou de l'accusé.

commettre une infraction – auteur/autrice des faits - être dédommagé(e) - être condamné(e) - toucher des dommages et intérêts - victime - la défense - une peine

plaignant(e)	accusé(e)

COMPRÉHENSION ORALE

3 🔊 28 Écoutez et répondez aux questions.

a. Les décisions juridiques expliquées par le journaliste sont extraites …
   1. d'un livre. ☐   2. d'un film. ☐   3. du tribunal de Riom. ☐
b. Elles ont en commun d'être …
   1. originales. ☐   2. sévères. ☐   3. bouleversantes. ☐
c. Parmi les décisions citées, on peut trouver l'interdiction de …
   1. réveiller ses voisins tôt le matin. ☐   4. organiser des cirques sans autorisation. ☐
   2. se plaindre des nuisances sonores de volaille. ☐   5. donner des prénoms fantaisistes à ses enfants. ☐
   3. donner un surnom méprisant à un collègue. ☐   6. ne pas faire profiter ses voisins du vin de ses vignobles. ☐

Unité 5 • Jeux de lois

d. Titeuf est un héros de BD ...
   1. antipathique. ☐
   2. sympathique. ☐
   3. ridicule. ☐

e. Le livre est conseillé pour ...
   1. les amateurs d'affaires judiciaires. ☐
   2. les professionnels de la justice. ☐
   3. tous. ☐

COMPRÉHENSION ÉCRITE

4 Lisez le texte et répondez aux questions.

COMMENT DÉPOSER PLAINTE ?

Le dépôt de plainte permet à une personne d'informer la justice qu'une infraction (fait interdit par la loi et puni d'une sanction pénale) a été commise et dont elle se dit victime. La poursuite de la plainte peut entraîner la sanction pénale de l'auteur. La victime peut se constituer partie civile si elle souhaite obtenir réparation de son préjudice (soit des dommages et intérêts : somme d'argent destinée à réparer le préjudice subi). Si la victime ne connaît pas l'auteur, elle doit porter plainte contre X. Le dépôt de plainte peut se faire auprès de la police, la gendarmerie ou du procureur de la République (magistrat à la tête du parquet ou ministère public). Il est destinataire des plaintes et signalements. Il dirige les enquêtes, décide des poursuites et veille à l'application de la loi. […]

Avant de prendre sa décision, le procureur peut demander une enquête à la police ou à la gendarmerie. Cette enquête est appelée enquête préliminaire. […] Une fois qu'il estime avoir assez d'éléments, le procureur peut prendre l'une des décisions suivantes : classement sans suite, ouverture d'une information judiciaire, demande de mesures alternatives aux poursuites, demande d'un procès (directement).

Si le procureur de la République estime que la culpabilité de l'auteur présumé ne fait aucun doute, le procureur peut procéder à une citation directe et saisir directement le tribunal. Tel peut être le cas si la personne mise en cause reconnaît les faits ou si les éléments de preuve sont nombreux et incontestables.

https://www.demarches.interieur.gouv.fr/particuliers/porter-plainte

a. On doit déposer une plainte auprès ...
   1. des services de police ou du procureur de la République. ☐
   2. du tribunal. ☐
   3. du palais de justice. ☐

b. Pour être dédommagée, la victime doit ...
   1. porter plainte. ☐
   2. se porter partie civile. ☐
   3. attendre 3 mois. ☐

c. L'enquête préliminaire ...
   1. est systématique pour vérifier la légitimité de la plainte. ☐
   2. se réalise si la police doute des faits. ☐
   3. est engagée à l'initiative du procureur. ☐

d. Les poursuites peuvent être abandonnées sur décision ...
   1. du plaignant. ☐
   2. de la police. ☐
   3. du procureur de la République. ☐

e. Le procureur prend une décision ...
   1. qui est définitive. ☐
   2. qui peut être revue. ☐
   3. en 3 mois maximum. ☐

f. Si l'auteur présumé de l'infraction passe aux aveux, le Procureur peut ...
   1. le mettre en prison. ☐
   2. le condamner à payer une amende. ☐
   3. le faire comparaître au tribunal. ☐

PRODUCTION ÉCRITE

5 Écrire une lettre de plainte.

Vous avez glissé sur une crotte de chien et vous vous êtes cassé un bras suite à votre chute. Vous savez qu'il s'agit du chien de votre voisine (Madame Musso) et des témoins peuvent l'attester. Vous souhaitez engager des poursuites et vous écrivez un dépôt de plainte au Procureur de la République. (250 mots)

Jeux de lois • Unité 5

BILAN GRAMMAIRE

1 Continuez librement les phrases suivantes.

   a. Les citoyens suisses disposent d'un certain pouvoir législatif de sorte que ....

   b. Le droit de vote est obligatoire en Belgique, de ce fait ....

   c. Son plaidoyer était très émouvant et convaincant, c'est pour ça que ....

   d. Il a commis de nombreux délits dans son enfance ainsi, ...

2 Reliez pour former des phrases.

   a. À force de lutter pour leurs droits, ...   1. de crainte que cela se reproduise.

   b. Elles ont porté plainte, ...   2. du fait de ses approximations et oublis.

   c. Sous prétexte de plaider non coupable, ...   3. il ne s'est pas présenté au procès.

   d. Sa plainte a été classée sans suite, ...   4. les Françaises ont obtenu le droit de vote en 1944.

   e. Son témoignage n'a pas aidé la défense ...   5. de sorte qu'il a contesté cette décision.

3 Accordez le participe passé si nécessaire.

   a. Les infractions qu'il a commis ..... sont condamnables.

   b. La plainte qu'elle a déposé ..... n'a pas été retenu .....

   c. Cécile s'est renseigné ...... auprès d'un service juridique qui lui a conseillé ..... de porter plainte.

   d. Les lois que le Parlement a porté .... sont très impopulaires.

   e. La réforme judiciaire que le gouvernement a entrepris .... est très ambitieuse.

4 Conjuguez les verbes au passé composé ou au plus-que-parfait. Attention à l'accord du participe passé.

En 1972 .... (*s'ouvrir*) le procès de Bobigny avec pour accusée une jeune fille de 16 ans qui .... (*avorter*) des suites d'un viol. Sa mère et une « faiseuse d'ange » l'................ (*y aider*). À cette époque, l'avortement était une infraction passible de la peine de mort. Gisèle Halimi est l'avocate qu'elles .... (*choisir*) pour leur défense. Elle .... (*passer*) sa vie à lutter pour les droits des femmes qu'elle .... (*défendre*). Ce procès .... (*devenir*) un symbole du féminisme et .... (*permettre*) de montrer que des avortements, beaucoup de médecins en .... (*pratiquer*).

Unité 5 • Jeux de lois

BILAN VOCABULAIRE

1 Complétez le texte avec les mots suivants.

tribunal - punies - poursuivie - retenues - pénales - innocente - cour - condamnée - délits - présomption - infractions - défendue - culpabilité

Il existe plusieurs types d'................... : (contraventions, ... et crimes) et de juridictions .... (tribunal de police, ... correctionnel, ... d'assises). Toute personne suspectée ou .... est présumée .... tant que sa .... n'a pas été établie. Les atteintes à sa .... d'innocence sont .... par la loi. Elle a le droit d'être informée des charges .... contre elle, d'être .... et de faire appel si elle est ....

2 Barrez l'intrus dans chaque liste.

a. un forfait - un délit - une plainte - un crime

b. une loi - un bourreau - une réglementation - une obligation

c. le plaignant - la victime - l'aveu - l'accusateur

d. une preuve - une condamnation - une sanction - une peine

3 Faites une phrase avec au moins 2 mots de l'exercice 2.

Exemple : La **victime** a porté **plainte** et espère que son agresseur passera aux **aveux**.

→ ....

4 Soulignez le mot correct.

a. Crime avec préméditation, organisation de malfaiteurs, corruption, *de toute façon/en bref* le jugement était sévère.

b. Qu'elle ait commis le meurtre ou non, *en résumé/en tout cas* elle a participé à son organisation.

c. Pas de témoins, ni de caméra de surveillance, aucune empreinte, pas une trace ADN, *en un mot/quoi qu'il en soit* le crime était presque parfait !

d. Les policiers n'avaient aucune preuve. *Quoi qu'il en soit/En résumé*, il est passé aux aveux.

5 Reliez ces mots à leur définition.

a. La circonstance atténuante   1. Exposé oral effectué à l'audience par un avocat.

b. La plaidoirie   2. Conséquence juridique du non-respect d'une règle de droit.

c. Faire appel   3. Donner une compensation matérielle en réparation d'un dommage subi.

d. La sanction   4. Fait susceptible d'atténuer la gravité d'une infraction.

e. Dédommager   5. Recourir à une juridiction supérieure en vue d'obtenir la modification d'un jugement.

ENTRAÎNEMENT AU DELF B2

COMPRÉHENSION ORALE

Mettez-vous dans les conditions de l'examen : entre la première et la deuxième écoute vous avez 30 secondes de pause. Après la deuxième écoute, vous avez 1 minute pour vérifier vos réponses.

29 Écoutez 2 fois l'enregistrement et répondez aux questions.

a. La proposition faite par Emmanuel Macron vise à augmenter le pouvoir ...
   1. législatif du Parlement européen. ☐
   2. exécutif du Parlement européen. ☐
   3. judiciaire du Parlement européen. ☐

b. Actuellement, les parlementaires européens ne peuvent pas ...
   1. délibérer sur des lois. ☐
   2. voter des lois. ☐
   3. proposer des lois. ☐

c. À l'idée d'accorder plus de pouvoir au Parlement, les États membres de l'Europe sont .....
   1. enthousiastes. ☐
   2. hostiles. ☐
   3. réservés. ☐

d. Par rapport à ce projet, Philippe Lamberts est ...
   1. en opposition. ☐
   2. très enthousiaste. ☐
   3. sceptique quant à sa mise en place. ☐

e. Selon lui, le projet permettrait...
   1. d'avoir des textes de lois mieux écrits. ☐
   2. d'accélérer et d'assouplir les procédures. ☐
   3. d'avoir des lois plus démocratiques. ☐

COMPRÉHENSION ÉCRITE

Lisez ces avis sur l'obligation de vote et associez chaque affirmation à la personne qui correspond.

FAUT-IL RENDRE LE VOTE OBLIGATOIRE?

MICHEL
Même si on peut être tenté d'adhérer à l'idée du vote obligatoire vu les taux de participation récents aux élections en France, si on y réfléchit bien, un acte volontaire a plus de poids et prouve un véritable engagement, il peut servir aussi de baromètre d'adhésion de la population aux différentes options proposées par la classe politique! Car s'il y a autant d'abstention c'est d'abord parce que les projets politiques de tous les partis sans exception ne font pas du tout rêver! Ou alors on ne croit pas du tout dans la faisabilité de tel ou tel plan!

PACO
Oui il le faudrait, mais cela semble impossible dans l'absolu. [...] Le « droit » de vote est un de ces devoirs tacites qui est le fondement de notre système démocratique [...] Au final, en politique comme ailleurs, et concernant le droit de vote, il faut savoir faire des compromis car personne ne peut incarner parfaitement plus que sa propre pensée. Mais il ne faut surtout pas passer à côté de ce geste citoyen, obtenu dans le sang il y a bien longtemps. Ne pas voter c'est oublier notre histoire passée et ne pas se soucier de celle qui s'écrit aujourd'hui!

DIVER
Le vote obligatoire, c'est un peu de la démagogie! Dans une démocratie il ne s'agit pas de contraindre tout le monde à venir dans un bureau de vote pour effectuer ce devoir civique! Dans une démocratie, il s'agit surtout de faire participer le plus grand nombre à l'élaboration de projets pour l'avenir et ensuite obtenir leur adhésion pour la réalisation tous ensemble de tous les chantiers décidés lors des élections! Si les gens ne viennent pas voter c'est parce que les programmes de tous les partis politiques ne leur inspirent pas d'émotions particulières, ils ne s'y retrouvent pas du tout!

http://debats.netoo.net/debat/45/faut-rendre-vote-obligatoire

a. Il pense que l'obligation de voter est contraire aux principes démocratiques : → ....

b. Il est pour le vote obligatoire mais il pense que ce n'est pas faisable : → ....

c. Il pense que les gens ne vont pas voter parce que les projets politiques ne sont pas crédibles : → ....

d. Il pense que les actions valent plus qu'un bulletin de vote : → ....

e. Il pense que voter est un geste très important : → ....

f. Il pense que voter c'est faire des concessions : → ....

PRODUCTION ÉCRITE

Écrire au courrier des lecteurs.

Dans un article sur la partialité de la justice, vous avez lu que la justice française jugeait plus sévèrement les personnes les plus vulnérables. Vous êtes choqué(e) et décidez d'écrire au courrier des lecteurs pour donner votre opinion. Vous indiquez ce qui peut expliquer cette partialité et proposez une ou plusieurs solutions. (250 mots)

PRODUCTION ORALE

Lisez le document et répondez à ces questions pour présenter votre point de vue.

Mettez-vous dans les conditions de l'examen : vous avez 20 minutes pour préparer le sujet et noter sur votre brouillon vos idées principales.

a. Quel est le thème général du document ?
b. Quelle est la problématique ?
c. Quel est votre point de vue ? Quels arguments peuvent le défendre et quels exemples peuvent l'illustrer ?

L'ENGAGEMENT DES JEUNES

L'engagement des jeunes se retrouve moins dans ses formes traditionnelles, que constituent notamment les syndicats et les partis politiques, que dans les associations. […] Partant de ce constat, les pouvoirs publics ont mis en place des dispositifs de soutien à cet engagement, tels que le service civique, créé en 2010, ou « La France s'engage », initié en 2014, qui permet, par exemple, le financement de projets innovants au service de la société. Si ces dispositifs fournissent une aide financière aux initiatives, ils ne concernent cependant qu'une certaine partie des jeunes, la plus diplômée et informée. Il faudrait que les professionnels soient davantage disponibles pour assurer l'accompagnement nécessaire aux publics plus défavorisés.

UNITÉ 6 — Consciences en éveil

LEÇON 1 • Le monde au féminin

VOCABULAIRE

1 Associez ces verbes à leur équivalent.

a. Épargner
b. Embaucher
c. Persévérer
d. Se lancer
e. Approvisionner

1. Insister
2. Fournir
3. Économiser
4. Recruter
5. Commencer

2 Complétez les phrases avec les mots suivants :

égalitaire – entreprenariat – s'appuient – professionnelle – se lancent – accès – autonome – investir – exclusion – social – programmes – créer

Dans le monde, de plus en plus de femmes .... dans l'........................ Particulièrement touchées par l'........................ financière, elles .... sur des .... de microcrédit pour .... dans du matériel et .... leur entreprise. L'impact .... de leur réussite .... est indiscutable, non seulement elle facilite l'........................ à l'éducation des enfants mais elle participe aussi à la construction d'une société plus .... où la femme a les moyens d'être ....

GRAMMAIRE

3 Formez des phrases pour exprimer le but en utilisant les expressions entre parenthèses.

a. contracter un prêt → monter sa propre affaire *(dans le but de)*
→ ....

b. chercher des femmes expertes en bâtiment → garantir la parité dans ses programmes. *(afin de)*
→ ....

c. les tontines → encourager l'indépendance financière et sociale des femmes. *(viser à)*
→ ....

d. l'investissement → tirer des bénéfices. *(l'objectif de)*
→ ....

COMPRÉHENSION ORALE

4 🔊 30 **Écoutez et répondez aux questions.**

a. La tontine est une méthode d'épargne ...
1. récente. ☐
2. innovante. ☐
3. ancienne. ☐

b. L'argent des tontines vise à développer des projets ...
1. d'entreprenariat. ☐
2. individuels. ☐
3. innovants. ☐

c. Dans une tontine, chacun donne ...
1. en fonction de ses besoins. ☐
2. la même somme. ☐
3. en fonction de ses moyens. ☐

d. Si quelqu'un refuse de rembourser sa part, les autres membres du groupe ...
1. remboursent sa part. ☐
2. recourent à la justice. ☐
3. trouvent des solutions entre eux. ☐

COMPRÉHENSION ÉCRITE

5 **Lisez le texte et répondez aux questions.**

Femmes politiques et médias au Québec

Déjà minoritaires en politique, les femmes seraient victimes de stéréotypes sexistes et moins bien représentées dans les médias. C'est ce que dévoile le rapport intitulé « Les représentations médiatiques des femmes aux élections municipales » publié mardi 15 septembre 2020 dans le cadre d'une conférence en ligne. Au Québec, lors des élections municipales de 2017, les femmes représentaient 32% des candidats de la province. De cette proportion, 19% ont accédé au poste de mairesse et 35% à celui de conseillère municipale, selon la première phase de la recherche. [...] Jugées sur leur apparence et davantage critiquées que leurs homologues masculins, les politiciennes s'imposeraient plus de préparation lorsqu'elles prennent la parole publiquement ou acceptent une demande d'entrevue. Leurs propos seraient plus souvent rapportés indirectement tandis que les hommes auraient le droit d'être cités directement. De plus, le ton employé et leur émotivité seraient régulièrement soulignés. Ce procédé décrédibiliserait les femmes, leur donnant l'air de moins maîtriser leur sujet. Les femmes auraient aussi tendance à être moins sollicitées pour parler de sujets tels que l'économie, l'infrastructure ou la construction ; des domaines qui sont habituellement catégorisés comme « masculins ». Cette invisibilisation de leurs propos et les biais sexistes intériorisés auraient un impact sur la perception des électeurs : ils les considèreraient moins aptes à occuper un poste de pouvoir. [...] Dans le cadre de cette étude, quatre capsules vidéo ont été produites. Elles recommandent de privilégier une formulation neutre, d'accorder autant d'espace médiatique aux femmes qu'aux hommes, de ne pas faire de commentaires sur l'apparence, et d'intégrer la lutte de stéréotypes dans les communications.

D'après : *https://lespotiches.com/monde/international/femmes-politique-traitement-genre-medias-quebec/ (D.R)*

a. Cet article analyse ...
1. le traitement ☐
2. le rôle ☐
3. l'évolution ☐
... des femmes politiques québécoises dans les médias.

b. Les femmes politiques ...
1. sont moins invitées ☐
2. réfléchissent plus avant de passer ☐
3. ont moins la parole ☐
... dans les médias que les hommes.

c. En général, les médias rapportent les discours des hommes politiques ...
1. directement. ☐
2. indirectement. ☐
3. intégralement. ☐

d. L'invisibilisation des propos des femmes politiques a des conséquences sur ...
1. le vote. ☐
2. leur image. ☐
3. la parité. ☐

UNITÉ 6

LEÇON 2 • Regards neufs sur le monde

VOCABULAIRE

1 **a. Barrez l'intrus de chaque liste.**

  a. mettre en place - favoriser - organiser - mettre en œuvre

  b. fédérer - associer - rassembler - améliorer

  c. relever - promouvoir - valoriser - diffuser

  d. participer - prendre part - laisser de côté - assister

  e. s'engager - se mobiliser - prendre position - accompagner

b. Complétez la phrase avec les intrus.

C'est à ces jeunes de .... ces défis, d'........................... les projets, de .... l'inclusion pour .... leur vie, car le système a pu les ....

2 **Soulignez les mots qui conviennent.**

L'activisme est une attitude *politique/opprimée* qui préconise l'*inclusion/action* concrète. L'artivisme *conjugue/détermine* l'art et l'activisme. Ainsi, l'artiviste est un artiste qui est *engagé/créatif* et qui veut *mobiliser/promouvoir* le spectateur sur des *domaines/enjeux* sociétaux.

GRAMMAIRE

3 **Conjuguez les verbes à l'indicatif ou au subjonctif.**

  a. Je me doute qu'il .... *(falloir)* sensibiliser les jeunes à ce problème.

  b. Je doute qu'il .... *(être)* conscient des enjeux importants pour demain.

  c. Il semble qu'elle .... *(vouloir)* organiser une action artiviste avec des peintres.

  d. Je pense qu'ils .... *(venir)* nombreux mais je ne pense pas qu'ils .... *(comprendre)* le message.

  e. Il me semble qu'il .... *(pouvoir)* s'insérer facilement.

  f. Je ne pense pas qu'il .... *(falloir)* annuler l'action, il me semble qu'on .... *(devoir)* continuer.

COMPRÉHENSION ORALE

4 🔊 **31** Écoutez et répondez aux questions.

a. Les joueurs de jeux vidéo se sentent concernés par les problèmes …
1. de société. ☐
2. des travailleurs. ☐
3. des femmes. ☐

b. Les personnes sondées sont …
1. jeunes. ☐
2. de différentes nationalités. ☐
3. engagées. ☐

c. La majorité des joueurs …
1. préfère les ☐
2. n'achète qu'aux ☐
3. promeut les ☐
… entreprises socialement responsables.

d. Toutes les entreprises membres de l'Alliance Play for the Planet ont …
1. mené des actions. ☐
2. fait des promesses. ☐
3. mobilisé les joueurs. ☐

e. L'industrie des jeux vidéo …
1. est ☐
2. va devenir ☐
3. a la capacité d'être ☐
… un acteur majeur des sujets de société.

COMPRÉHENSION ÉCRITE

5 Lisez le texte et répondez aux questions.

LES BELGES ET LA POLITIQUE

Une grande majorité des Belges ne se sentent pas écoutés, voire incompris par les décideurs politiques. Huit participants sur dix au sondage RTBF estiment qu'ils « n'ont pas leur mot à dire sur ce que fait le monde politique ». […] Seuls les plus jeunes (18-24 ans) trouvent qu'ils ont davantage leur mot à dire que leurs aînés. […] 79,5% des sondés estiment avoir une assez bonne compréhension des grands enjeux de notre société. À ce niveau, on remarque une différence entre genres : les hommes ont plus tendance à affirmer qu'ils comprennent les grands sujets de société (86%), contre 73% des femmes. Autre constatation : plus les sondés ont un diplôme élevé, plus ils affirment avoir une bonne compréhension des enjeux de société. […]
Le fossé entre les citoyens et le monde politique semble donc grand. […]

Est-ce une fatalité ou les citoyens peuvent-ils tout de même faire entendre leur voix ? Plusieurs possibilités étaient proposées aux participants au sondage. Les personnes interrogées pouvaient cocher plusieurs réponses : des options plus passives, comme « compter sur les élus », « des initiatives citoyennes » ou « l'arrivée d'un mouvement radical » [ou] des options plus actives comme « s'engager dans des initiatives citoyennes », « manifester » ou « être membre d'un parti ». Finalement, il reste 44% des sondés qui ne se retrouvent dans aucune de ces propositions. […] Les publics jeunes entre 18 et 34 ans optent à 40-45% pour des modes d'expression actifs pour faire entendre leur voix, bien plus que les autres tranches d'âge.

https://www.rtbf.be/article/8-belges-sur-10-trouvent-quils-nont-pas-leur-mot-a-dire-sur-ce-que-fait-le-monde-politique-10854576

a. Le sondage analyse la relation des Belges avec …
1. le pouvoir. ☐
2. les partis politiques. ☐
3. les problèmes sociétaux. ☐

b. Le sondage révèle que la majorité des Belges a l'impression d'être …
1. impliquée dans ☐
2. laissée de côté par ☐
3. découragée par ☐
… le monde politique.

c. Les Belges estiment bien comprendre les enjeux sociétaux en particulier …
1. les jeunes. ☐
2. les femmes. ☐
3. les diplômés. ☐

d. La majorité des sondés pense …
1. ne pas pouvoir ☐
2. pouvoir ☐
3. être empêché de ☐
… faire entendre leur voix.

e. Les jeunes sont …
1. les plus motivés ☐
2. les mieux formés ☐
3. les plus inactifs ☐
… pour faire entendre leur voix.

Consciences en éveil • Unité 6

UNITÉ 6

LEÇON 3 • Le monde en partage

VOCABULAIRE

1 Reliez les mots à leur équivalent.

a. Contribuer
b. Mettre en avant
c. Remédier
d. Établir des relations
e. Tirer des bénéfices

1. Valoriser
2. Pallier
3. Profiter
4. Apporter
5. Nouer des liens

2 Retrouvez les mots du texte.

L'inclusion sociale signifie que les gens se considèrent comme citoyens À P_ _ _   E_ _ _ _ _ _ _, ce qui veut dire qu'ils vivent un sentiment d'A _ _ _ _ _ _ _ _ _ _ _, qu'ils sont A _ _ _ _ _ _ S, ont des R _ _ _ _ _ valorisés et participent activement à la C _ _ _ _ _ _ _ _ _ _. En outre, leurs activités et leurs relations S _ _ _ _ _ _ S sont choisies en fonction de leurs P _ _ _ _ _ _ _ _ _ S personnelles.

GRAMMAIRE

3 Remettez les phrases dans l'ordre. Pensez aux majuscules et à la ponctuation.

a. invisible / est /à la différence du / l'illectronisme / handicap physique
→ ....

b. se base sur / l'enseignement inclusif / entre les élèves / au contraire / les égalités et les différences
→ ....

c. effacer / l'intégration / contrairement à / tend à / les différences / l'insertion
→ ....

d. développent / en revanche / que les jeunes / il est important / un sentiment d'appartenance.
→ ....

COMPRÉHENSION ORALE

4 🔊 32 Écoutez et répondez aux questions.

a. La Plume Aquatintienne est une association qui lutte contre ...
   1. l'exclusion numérique. ☐   2. la précarité. ☐   3. la déscolarisation. ☐

b. L'association aide les personnes à ...
   1. réparer un téléphone portable. ☐   2. acheter un téléphone portable. ☐   3. se servir d'un téléphone portable. ☐

Unité 6 • Consciences en éveil

c. Quel est le pourcentage de la population française touchée par l'illectronisme ?
   1. Moins de 15%. ☐   2. Plus de 15%. ☐   3. 27%. ☐

d. La majorité des gens que reçoit l'association est …
   1. illettrée. ☐   2. isolée. ☐   3. handicapée. ☐

e. Tous les bénévoles de l'association sont …
   1. informaticiens. ☐   2. bilingues. ☐   3. à la retraite. ☐

COMPRÉHENSION ÉCRITE

5 Lisez le texte et répondez aux questions.

L'inclusion des travailleurs handicapés en Afrique : un chantier digne d'Hercule …

Le droit à l'emploi pour tous est consacré par la quasi-totalité des législations africaines, mais il reste encore un mirage sur le continent noir. Ce constat est encore plus vrai chez les travailleurs handicapés en Afrique. De manière générale, comparées aux personnes non-handicapées, celles souffrant d'un handicap connaissent des taux de chômage et d'inactivité économique plus élevés. En Afrique, ce sont seulement 10 % des enfants handicapés qui vont à l'école. En plus, 80% des adultes handicapés n'ont pas d'emploi. Pour la plupart, leur handicap revient à une vie de pauvreté et de discrimination. Si la prise en compte de l'insertion professionnelle des personnes en situation de handicap commence à se faire ressentir timidement dans les pays développés, elle reste encore un chantier digne d'Hercule pour les pays en voie de développement.

Pourtant, des lois existent. En effet, une loi a rendu obligatoire l'emploi des travailleurs handicapés dans les entreprises. Cette obligation concerne tous les employeurs, qu'ils soient publics ou privés. À ce titre, ils sont tous dans l'obligation de déclarer le nombre d'employés handicapés bénéficiaires de l'obligation d'emploi des travailleurs handicapés (OETH). Cette obligation vaut également pour les entreprises de moins de 20 salariés. Toutefois, les employeurs de moins de 20 salariés demeurent exonérés de l'OETH. Il n'en reste pas moins que si cette mesure est appliquée, on peut espérer une régression de la discrimination des personnes en situation de handicap dans le monde du travail.

D'après : https://talent2africa.com/travailleurs-handicapes-en-afrique/#:~:text=En%20Afrique%2C%20seuls%2010%20%25%20des,dans%20le%20monde%20du%20travail

a. En Afrique, le droit à l'emploi est …
   1. réel. ☐   2. impossible. ☐   3. souhaité. ☐

b. En Afrique, 80% des personnes en situation de handicap …
   1. sont pauvres. ☐   2. sont inactives. ☐   3. n'ont pas fait d'études. ☐

c. Dans les pays développés, l'inclusion des personnes handicapées est …
   1. en cours. ☐   2. un succès. ☐   3. un échec. ☐

d. En Afrique, les mesures qui existent pour l'insertion des handicapés sont de nature …
   1. légale. ☐   2. associative. ☐   3. individuelle. ☐

PRODUCTION ÉCRITE

6 Écrire une lettre formelle.

Vous faites partie d'une association de quartier qui organise des actions et des événements pour les aînés. Conscient(e) du problème croissant de l'illectronisme, vous écrivez au maire de votre ville pour le sensibiliser à ce problème et lui présenter un projet pour le combattre. Vous lui demandez s'il serait prêt à mettre à disposition des locaux pour sa réalisation. (250 mots)

UNITÉ 6

LEÇON 4 • Un monde en débat

VOCABULAIRE

1 **Complétez le texte avec les mots suivants.**

rhinocéros – se métamorphosent – cause – sauvages – bien-être – rapaces – mettent l'accent – milieu – enclos – agrandissent

La .... animale préoccupe de plus en plus de citoyens. Conscients de cette tendance, les zoos .... et .... sur le .... des animaux. Ainsi, ils .... les espaces qui leur sont réservés comme les .... pour les animaux .... (éléphants, lions ou ....) ou les volières pour les .... L'objectif est d'offrir aux animaux des conditions de vie plus proches de leur .... naturel.

PHONÉTIQUE

2 **Lisez ces phrases et retrouvez le poème en soulignant de couleur différente celles dont les derniers mots riment.**

a. 🔊 33 **Écoutez l'audio pour vérifier vos réponses, puis répétez les phrases.**
   a. Les éléphants, rhinocéros et les hyènes
   b. Ils pourraient mourir d'ennui
   c. Ils rêvent de retourner dans leur pays
   d. Ces animaux de la savane africaine
   e. Mais se meurent dans leurs enclos ternis
   f. Ils se retrouvent dans la banlieue parisienne.

b. **Trouvez des rimes supplémentaires**

....
....

COMPRÉHENSION ORALE

3 🔊 34 **Écoutez et répondez aux questions.**

a. Combien de personnes interrogées sont favorables à l'interdiction des animaux sauvages dans les cirques ?
   1. Moins de 65%. ☐   2. Plus de 65%. ☐   3. 77%. ☐

b. André-Joseph Bouglione a arrêté ses spectacles avec des animaux parce qu'il …
   1. les maltraitait. ☐   2. veut qu'ils soient libres. ☐   3. les exploitait commercialement. ☐

c. Amandine Sanvisens défend une loi visant l'interdiction dans les cirques …
   1. de tous les animaux. ☐   2. des animaux sauvages. ☐   3. des espèces protégées. ☐

d. Selon Amandine Sanvisens, les troubles du comportement observés chez les animaux révèlent …
   1. une perte d'appétit. ☐   2. une baisse de moral. ☐   3. une déconnection avec la nature. ☐

e. Christian Caffy pense que les animaux peuvent vivre dans des espaces réduits à condition …
   1. de les alimenter. ☐   2. de respecter leur rythme. ☐   3. de leur garantir une occupation. ☐

COMPRÉHENSION ÉCRITE

4 Observez ces graphiques et soulignez le mot correct dans leur analyse.

a.

LES FRANÇAIS ET LA CAUSE ANIMALE

L'importance accordée par les Français à la protection des animaux

Question : Pour vous personnellement, la protection des animaux est-elle une cause … ?

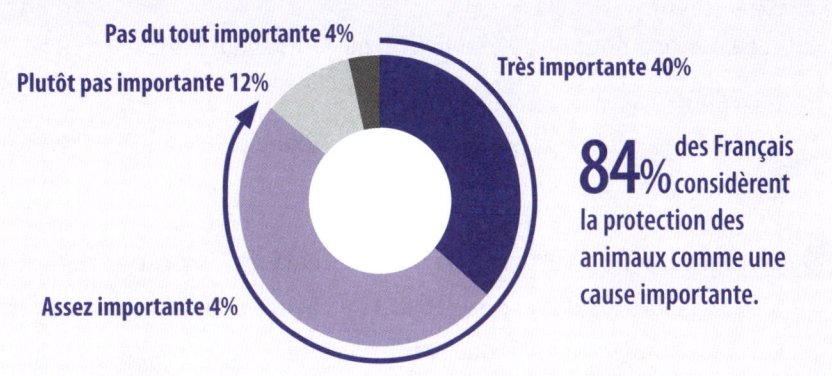

Pas du tout importante 4%
Plutôt pas importante 12%
Très importante 40%
Assez importante 4%

84% des Français considèrent la protection des animaux comme une cause importante.

Cette enquête *conteste/démontre* l'attachement les Français à la cause animale. Pour 84% des personnes interrogées, il s'agit d'un sujet *important/insignifiant*, un chiffre *stable/en baisse* sur les 10 dernières années (83% en 2011 et 80% en 2017). Elles ne sont que 4% à considérer que le bien-être des animaux *n'a aucune importance/est plutôt important*.

b.

L'ADHÉSION AUX MESURES FIGURANT DANS LA LOI

Question : Personnellement, êtes-vous favorable ou opposé(e) à l'application en France des mesures suivantes ?

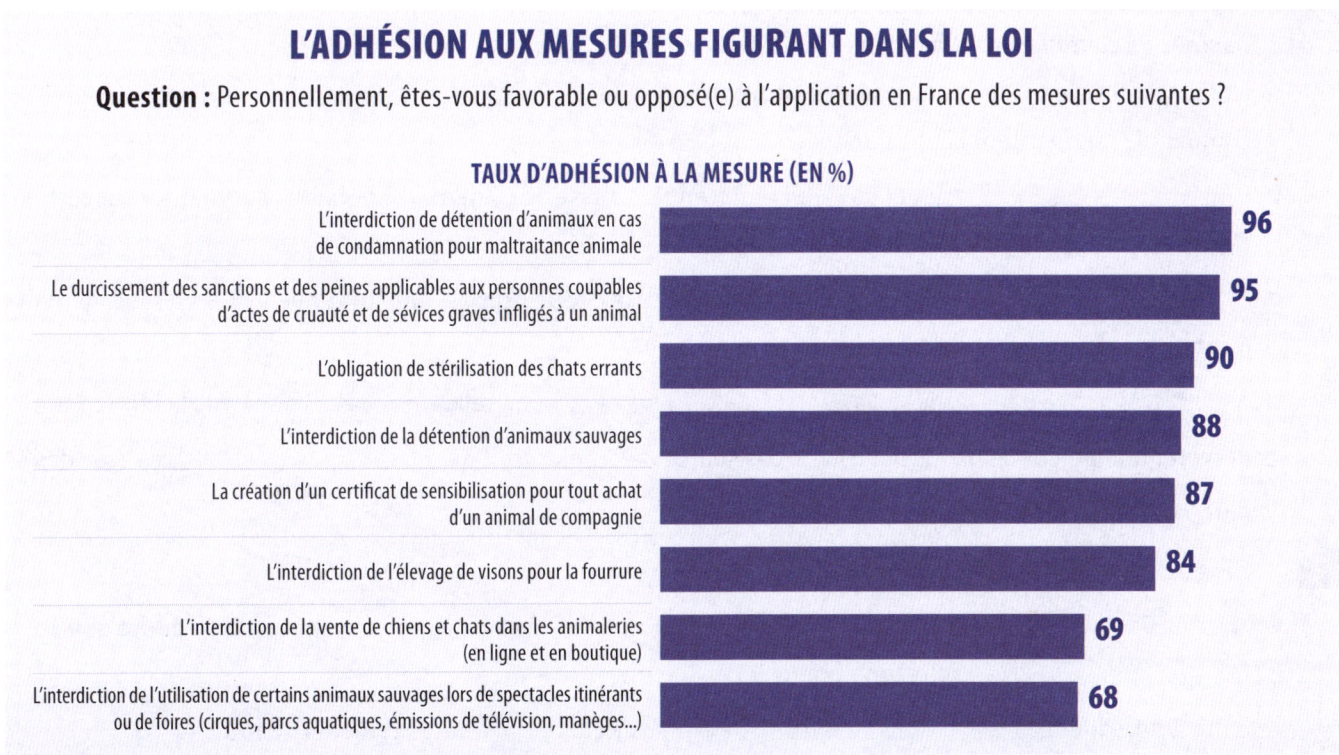

TAUX D'ADHÉSION À LA MESURE (EN %)

- L'interdiction de détention d'animaux en cas de condamnation pour maltraitance animale — 96
- Le durcissement des sanctions et des peines applicables aux personnes coupables d'actes de cruauté et de sévices graves infligés à un animal — 95
- L'obligation de stérilisation des chats errants — 90
- L'interdiction de la détention d'animaux sauvages — 88
- La création d'un certificat de sensibilisation pour tout achat d'un animal de compagnie — 87
- L'interdiction de l'élevage de visons pour la fourrure — 84
- L'interdiction de la vente de chiens et chats dans les animaleries (en ligne et en boutique) — 69
- L'interdiction de l'utilisation de certains animaux sauvages lors de spectacles itinérants ou de foires (cirques, parcs aquatiques, émissions de télévision, manèges…) — 68

La majorité des personnes interrogées *s'opposent/adhèrent* aux principales mesures présentes dans le texte. 96% des Français *approuvent/rejettent* l'interdiction de détenir des animaux en cas de condamnation pour maltraitance et 95% *l'allègement/le durcissement* des sanctions à l'encontre de personnes coupables d'actes de cruauté. C'est pourquoi la proposition de créer un certificat de sensibilisation pour tout achat d'un animal domestique apparaît comme une *mauvaise/bonne initiative* pour 87% des répondants, de même que l'interdiction de la vente de chiens et de chats dans les animaleries (69%), en *baisse/hausse* de 12 points en quelques mois.

BILAN GRAMMAIRE

1 Transformez les phrases en utilisant l'expression de but proposée.

a. L'éducation inclusive est mise en place pour favoriser l'égalité des chances.

(L'objectif de) → L'objectif de l'éducation inclusive est de favoriser l'égalité des chances.

b. Les handicapés doivent avoir accès à des emplois valorisants pour prendre leur place dans la société.

(Pour que) → ....

c. La parité a pour but d'établir une parfaite égalité entre les sexes.

(Viser à) → ....

d. Limiter la vitesse vise à réduire les accidents.

(Pour) → ....

2 Soulignez le bon verbe, barrez l'autre. Parfois les 2 réponses sont possibles.

a. *Je me doute/Je doute* que l'écriture inclusive puisse changer les choses.

b. *Il me semble/Il semble* que la tontine ait changé sa vie !

c. *Je pense/Je ne pense pas* que les femmes sont sous-représentées sur les plateaux de télévision.

d. *Je me doute/Je doute* que la protection de l'environnement soit vraiment la priorité du maire.

e. *Il me semble/Il semble* que leur projet d'association avance.

f. *Je pense/Je ne pense pas* que les limitations de vitesse réduisent le nombre d'accidents.

3 Complétez avec l'expression d'opposition qui convient.

à l'opposé - au contraire - contrairement - mais - en revanche

a. La cause animale est un enjeu pour les citoyens .... les abandons d'animaux de compagnie augmentent chaque année.

b. .... aux pays qui réduisent la vitesse, le Danemark souhaite l'augmenter sur certains tronçons.

c. .... des cirques traditionnels, ce cirque propose une pratique inclusive sans animaux et en mettant en scène des handicapés.

d. Elle est très active dans la vie sociale, ..., elle n'est pas à l'aise avec le numérique.

e. Recruter une personne handicapée n'est pas source de problème, ..., ça crée des équipes plus diverses et plus créatives.

4 Conjuguez les verbes au bon mode.

– Tu as vu, ils .... *(faire)* une journée de sensibilisation sur l'autisme. Je doute que ce .... *(être)* une bonne idée !

– Je me doute que tu .... *(ne pas y croire)*. Tu doutes toujours de tout !

– Oui, mais quand même ! Pour qu'on .... *(rendre)* visible l'autisme, il faut que les acteurs .... *(mettre)* en place des actions plus concrètes. Je ne pense pas qu'une journée .... *(suffire)*. Il me semble que ça ne .... *(servir)* à rien ! On organise une journée alors qu'il .... *(s'agir)* d'un problème majeur !

– Qu'est-ce que tu es négatif ! Je pense que ça .... *(valoir)* la peine d'essayer !

Unité 6 • Consciences en éveil

BILAN VOCABULAIRE

1 Retrouvez les mots qui correspondent aux définitions.

a. Quelque chose qui est considéré comme le plus important : la P _ _ _ _ _ _ É

b. Action d'impliquer et d'intégrer : l' I _ _ _ _ _ _ N

c. Objectifs à atteindre en matière sociale : les E _ _ _ _ X S _ _ _ _ _ _ _ X

d. Entraide, assistance réciproque et coopération entre individus : la S _ _ _ _ _ _ _ _ É

2 Inclusif ou pas ? Remplissez le tableau.

avoir sa place – sous-représenté(e) – bien-être – invisible – dédaigner – faciliter l'accès – reconnu(e) – faible estime de soi

inclusif	non-inclusif

3 Reliez ces mots à leurs synonymes.

a. Se fier à

b. Préconiser

c. Éveiller

d. Empêcher

e. Limiter

1. Gêner

2. Faire confiance à

3. Freiner

4. Stimuler

5. Conseiller

4 Complétez le texte avec les mots suivants.

leviers – accessibilité – déterminant – représentativité – handicap – exclues – bien-être – inclusion – reconnues – enjeu

Le handicap touche 12 millions de personnes. C'est un .... majeur de la qualité de vie et du .... des personnes. De nombreuses personnes en situation de .... ne sont pas .... dans la société et se sentent .... socialement. Ainsi, 67% d'entre elles déplorent un manque d' .... des lieux publics. Pourtant, de nombreux .... d'action visant à leur .... existent. C'est à la société d'être à la hauteur de cet .... sociétal majeur, dont l'objectif est d'améliorer la .... et l'acceptation des personnes en situation d'handicap.

ENTRAÎNEMENT AU DELF B2

COMPRÉHENSION ORALE

Mettez-vous dans les conditions de l'examen : entre la première et la deuxième écoute vous avez 30 secondes de pause. Après la deuxième écoute, vous avez 1 minute pour vérifier vos réponses.

🔊 35 Écoutez 2 fois l'enregistrement et répondez aux questions.

a. Le pronom IEL est très ...
   1. utilisé. ☐   2. ancien. ☐   3. polémique. ☐

b. Le pronom IEL est rentré dans ...
   1. tous les dictionnaires numériques. ☐   2. un dictionnaire numérique. ☐   3. les dictionnaires des éditions *Le Robert*. ☐

c. Les académiciens sont ...
   1. la référence pour ☐   2. précurseurs dans ☐   3. prudents lors de ☐
   ... l'ajout d'un mot au dictionnaire.

d. L'expert pense que ce pronom rendra la langue plus ...
   1. difficile. ☐   2. inventive. ☐   3. riche. ☐

e. Dans les collèges et les lycées, les questions de genre sont ...
   1. étudiées. ☐   2. dénoncées. ☐   3. prises en compte. ☐

COMPRÉHENSION ÉCRITE

On a demandé à plusieurs personnes ce qu'elles pensaient de la corrida. Lisez leur opinion et associez chaque affirmation à la personne qui correspond.

POUR OU CONTRE LA CORRIDA ?

Manuel

C'est vrai que le sujet est sensible, mais je n'ai pas peur de le dire, je suis un aficionado (amateur de corrida). Pour moi, la corrida est un spectacle unique, la lutte admirable d'un animal sauvage exceptionnel et d'un torero. La tauromachie (l'art de combattre les taureaux) suit des règles mais aussi des principes éthiques. Dans un combat, taureau et torero risquent tous les deux leur vie, et c'est ce qui rend la lutte si belle et si émouvante. Contrairement à ce que l'on pense, c'est un combat équilibré où ce qui compte c'est l'éthique, la technique et l'esthétique.

Marlène

La corrida fait partie de l'histoire méditerranéenne. Dans le Sud de la France, on n'imagine pas une fête sans taureaux. Beaucoup de touristes sont d'ailleurs attirés par ces spectacles. C'est une culture à part entière qui transmet des valeurs comme le courage, la loyauté... Évidemment, on ne peut pas être en faveur de la maltraitance animale ! Pourtant, on ne peut pas comparer le sacrifice de quelques milliers de taureaux, élevés pendant 4 ans dans des conditions optimales aux milliards d'animaux torturés ou tués dans les abattoirs.

Aymeric

C'est un spectacle insupportable. D'ailleurs, selon la loi, un torero lors d'une corrida est coupable de « maltraitance » et d' « actes de cruauté ». Certains argumentent qu'il s'agit d'une tradition, mais rien ne peut justifier cette cruauté. De même, j'entends que le bien-être des taureaux de corrida est parfaitement respecté, néanmoins, il me semble inadmissible de penser ça d'un combat où l'animal est condamné à mourir, alors que le torero est à l'abri. Quant à l'attraction touristique de la tauromachie dans les villes du sud de la France, elle est sans importance car ça ne représente que très peu de personnes.

a. La corrida est un art. → ....

b. La corrida est une tradition. → ....

c. La corrida est de la torture. → ....

d. Le bien-être de l'animal est respecté. → ....

e. C'est dangereux pour le torero. → ....

f. Les touristes sont séduits par les corridas. → ....

PRODUCTION ÉCRITE

Écrire un article critique.

Des écoles qui ouvrent leurs portes aux minorités et qui prennent en compte les handicapés ainsi que les différentes situations liées au genre, ça existe et ça fonctionne. En Italie, par exemple la quasi-totalité des enfants handicapés vont dans des écoles ordinaires. Convaincu(e) que ce mode d'éducation est pertinent, vous regrettez le manque d'écoles mettant en pratique les principes de l'inclusion en France. Vous écrivez un article en décrivant les caractéristiques de l'école inclusive, vous expliquez ses avantages et argumentez en faveur de sa mise en place dans les écoles. (250 mots)

PRODUCTION ORALE

Lisez le document et répondez à ces questions pour présenter votre point de vue.

Mettez-vous dans les conditions de l'examen : vous avez 20 minutes pour préparer le sujet et noter sur votre brouillon vos idées principales.

a. Quel est le thème général du document ?
b. Quelle est la problématique ?
c. Quel est votre point de vue ? Quels arguments peuvent le défendre et quels exemples peuvent l'illustrer ?

Les stéréotypes de genre à l'école

Si l'école doit jouer un rôle majeur dans l'éducation à l'égalité des genres, il semblerait pourtant que les inégalités y soient bien présentes. Des travaux de recherche menés depuis plus de 20 ans montrent ainsi que les enseignants n'ont pas les mêmes attentes pour une fille que pour un garçon. En outre, l'orientation reste toujours très sexuée, les filles ayant accès à moins de formations dans des secteurs professionnels prestigieux. Par ailleurs, plusieurs manuels scolaires sont montrés du doigt car elles y sont sous-représentées et uniquement dans des rôles traditionnels. Toutes ces tendances comportent le risque non seulement de provoquer des tensions et de la violence, mais aussi de limiter la réussite des filles en milieu scolaire ou dans leur vie professionnelle.

UNITÉ 7 — Hypothèque sur la planète

LEÇON 1 • Pollutions en cascade

VOCABULAIRE

1 **Complétez le texte avec les mots suivants.**
empreinte – gaz – production – stockage – produits – consomme – impact – data centers

Le numérique .... 10 à 15 % de l'électricité mondiale. La moitié des .... à effet de serre .... par internet provient de l'utilisateur, l'autre moitié se divise entre le réseau et les .... dont l'.................... écologique équivaut à celui de 30 000 habitants européens. L'.................... écologique des internautes est aussi considérable. L'envoi et le .... des emails demandent une .... d'électricité équivalant à celle de 18 centrales nucléaires pendant une heure.

2 **Reliez les mots des deux colonnes pour retrouver les expressions.**
- a. Bilan ...
- b. Empreinte ...
- c. Émission de gaz ...
- d. Matières ...
- e. Combustible ...
- f. Réchauffement ...
- g. Énergies ...

1. à effet de serre
2. premières
3. fossile
4. renouvelables
5. climatique
6. énergétique
7. écologique

3 **Faites une phrase avec au moins deux des expressions de l'exercice 2.**
Exemple : *Internet a une lourde empreinte écologique car les matières premières et les combustibles fossiles nécessaires au fonctionnement du réseau sont nombreux.*

....
....
....

GRAMMAIRE

4 **Subjonctif ou infinitif ? Mettez chaque verbe à la forme correcte.**

a. Il est souhaitable que les GAFAM .... (*utiliser*) des énergies renouvelables pour .... (*faire*) fonctionner leurs réseaux.

b. Il faut .... (*implanter*) les data centers dans les pays nordiques pour que les ordinateurs .... (*pouvoir*) refroidir sans climatisation.

c. Cette cheffe d'entreprise voudrait que la chaleur émise par son data center .... (*être récupérée*) pour .... (*être réutilisée*).

d. Nous voulons .... (*changer*) nos habitudes concernant le numérique car nous voulons que notre empreinte énergétique .... (*diminuer*).

e. Je voudrais que les internautes .... (*connaître*) l'impact écologique de leur utilisation d'Internet car j'aimerais qu'ils .... (*réduire*) leur consommation énergétique.

COMPRÉHENSION ORALE

5 🔊 36 **Écoutez et répondez aux questions.**

a. C'est la première fois …
  1. qu'est organisée la journée mondiale du nettoyage. ☐
  2. que les déchets digitaux sont pris en compte. ☐
  3. qu'est organisé un cyber nettoyage en automne. ☐

b. Vincent Courboulay est …
  1. professeur d'université. ☐
  2. dessinateur de BD. ☐
  3. expert en nettoyage. ☐

c. La pollution des données virtuelles est …
  1. sans conséquence. ☐
  2. invisible. ☐
  3. minimisée. ☐

d. La pollution due à un clic est …
  1. conséquente. ☐
  2. anodine. ☐
  3. mal connue. ☐

e. Le numérique en général est responsable des émissions de gaz à effet de serre à hauteur …
  1. de moins de 5 %. ☐
  2. de plus de 50 %. ☐
  3. d'un peu plus de 4 %. ☐

COMPRÉHENSION ÉCRITE

6 **Lisez le texte et répondez aux questions.**

LA FACE CACHÉE DU NUMÉRIQUE

Nos foyers sont de plus en plus équipés : ordinateurs, assistants vocaux, tablettes, smartphones, montres connectées… Nous avons de plus en plus de matériel informatique que nous renouvelons rapidement, le plus souvent sans nous soucier des conséquences pour l'environnement.

Pourtant, pour produire des appareils électriques à forte composante électronique, il faut mobiliser, en moyenne, de 50 à 350 fois leur poids en matières, soit 800 kg pour un ordinateur portable. La phase de fabrication est non seulement plus énergivore que la phase d'utilisation, mais aussi plus émettrice en CO2. En effet, la plupart des composants sont fabriqués en Chine ou en Corée dont l'électricité provient du charbon et pèse lourdement dans le changement climatique. Leur transport, en avion le plus souvent, vient alourdir le bilan.

Un geste simple

Faire durer nos équipements numériques constitue le geste le plus efficace pour diminuer leurs impacts. Si on passe de 2 à 4 ans d'usage pour une tablette ou un ordinateur, on améliore de 50 % leur bilan environnemental. Alors que ce geste paraît évident pour certains, 88 % des français changent de portable alors que l'ancien fonctionne encore.

Reste une question : comment garder plus longtemps ses équipements numériques ? C'est très simple : évitez de les remplacer sur un coup de tête ou suite à une offre promotionnelle, entretenez-les, installez des protections contre les virus et pensez au don, au troc ou à la vente d'occasion quand vous les remplacez et qu'ils marchent encore car le réemploi prolonge leur durée de vie.

a. Selon l'article, nous avons de plus en plus de matériel électrique et …
  1. nous avons les mêmes objets en double.. ☐
  2. nous rachetons trop vite du nouveau matériel. ☐
  3. nous jetons le matériel inutilisé sans le trier. ☐

b. Utiliser du matériel électrique à forte composante électronique est …
  1. plus ☐
  2. aussi ☐
  3. moins ☐
  … polluant que de le fabriquer.

c. Le transport de ces appareils …
  1. est le plus énergivore. ☐
  2. se fait en général en avion. ☐
  3. entraîne l'utilisation de combustibles fossiles polluants. ☐

d. Le geste le plus utile est …
  1. d'augmenter la durée de vie de nos appareils. ☐
  2. d'acheter du matériel neuf. ☐
  3. de profiter des offres promotionnelles. ☐

e. Il faut éviter de remplacer un objet …
  1. quand il est cassé. ☐
  2. qui fonctionne encore. ☐
  3. qui a coûté très cher. ☐

Hypothèque sur la planète • Unité 7

UNITÉ 7

LEÇON 2 • Une nécessaire prise de conscience

VOCABULAIRE

1 Complétez le texte avec les mots suivants.

durables – jetables – récipient – emballés – déchets – d'occasion – recycler

On peut acheter des produits neufs ou .... ou en vrac. Dans ce cas, il faut prévoir un .... Certains produits, comme les mouchoirs ou les couverts peuvent être à usage unique et donc .... Dans ce cas, il faut prévoir des solutions .... pour .... les .... produits.

PHONÉTIQUE

2 Première syllabe allongée ou pause après chaque syllabe ?
🔊 37 Écoutez l'enregistrement, complétez le tableau en cochant et répétez les phrases.

	Première syllabe allongée	Pause après chaque syllabe		Première syllabe allongée	Pause après chaque syllabe
a. inimaginable			e. incroyable		
b. inimaginable			f. incroyable		
c. indécent			g. scandaleux		
d. indécent			h. scandaleux		

GRAMMAIRE

3 Transformez les phrases suivantes pour exprimer la concession avec les conjonctions proposées. Faites des changements si nécessaire.

a. Les entreprises utilisent des emballages en plastique. / Chaque année, plus de 10 millions de tonnes de plastique finissent dans les océans. (*alors que*)

→ ....

b. McDonald's a verdi son logo. / Cette marque de fastfood reste l'une des plus polluantes au monde. (*avoir beau*)

→ ....

c. Il a fait beaucoup d'efforts. / Il n'a pas réduit son empreinte carbone. (*malgré*)

→ ....

COMPRÉHENSION ORALE

4 🔊 38 Écoutez et répondez aux questions.
a. Dans la décharge de la capitale du Ghana, les vêtements représentent …
  1. la totalité des déchets. ☐   2. plus de 80 % des déchets. ☐   3. plus de 50 % des déchets. ☐
b. La pollution due à ces vêtements arrive dans …
  1. la mer. ☐   2. les airs. ☐   3. le centre-ville. ☐

c. Chaque semaine, le port d'Accra reçoit des vêtements usagés. Combien ? Quinze …
   1. mille. ☐   2. millions. ☐   3. milliards. ☐

d. C'est de plus en plus difficile de recycler ces vêtements parce qu'ils sont …
   1. inaccessibles. ☐   2. de mauvaise qualité. ☐   3. trop nombreux. ☐

COMPRÉHENSION ÉCRITE

5 Lisez le texte et répondez aux questions.

GREENWASHING, COMMENT LE REPÉRER ?

Les produits bio et écologiques sont à la mode, mais attention au greenwashing ! Pour se donner une image plus green et plus responsable, de nombreuses entreprises ont recours à des techniques marketing, pour tromper le consommateur sensible à l'environnement.

Voici quelques conseils pour ne pas tomber dans le piège du marketing vert.

Avant d'acheter un produit qui semble écoresponsable, il faut se renseigner sur la marque : son propriétaire, son histoire, ses valeurs et ses engagements. Un discours écologique sincère s'accompagne de faits concrets, sinon c'est sûrement du greenwashing. Ensuite, attention à l'emballage et à ce qui est écrit ! Les marques championnes du greenwashing abusent des mentions « sans » (sans paraben, sans OGM, etc.). L'objectif est d'attirer l'attention du consommateur sur l'absence de certaines substances nocives et de lui faire oublier les autres ingrédients, souvent moins connus, mais tout aussi néfastes pour l'environnement. Apprenez aussi à reconnaître les labels* environnementaux fiables et méfiez-vous également des logos ! Comme McDonald's, nombreuses sont les marques qui verdissent leur identité visuelle. Pourtant un logo plus vert ne garantit pas une conduite exemplaire en matière d'environnement. D'ailleurs, depuis 2008, l'association *Les Amis de la Terre* organise les Prix Pinocchio pour dénoncer le greenwashing des grandes entreprises. Le prix est décerné à celle dont le discours marketing est le plus en décalage avec la réalité de ses actions, néfastes pour les droits humains, le climat et l'environnement.

*label = certification délivrée par un organisme public ou privé

a. Dans cet article, on parle des entreprises qui font du greenwashing pour …
   1. les dénoncer. ☐   2. expliquer comment les repérer. ☐   3. les signaler. ☐

b. Ces entreprises utilisent le marketing vert par …
   1. stratégie. ☐   2. conviction. ☐   3. activisme. ☐

c. Une entreprise vraiment écologique …
   1. a un logo vert. ☐   2. agit sur le terrain. ☐   3. utilise des produits bio. ☐

d. Certaines entreprises annoncent les produits nocifs qu'elles n'utilisent pas pour …
   1. prouver leur engagement. ☐   2. obtenir des labels fiables. ☐   3. cacher des produits. ☐

e. Le prix Pinocchio …
   1. récompense les entreprises les plus écologiques. ☐
   2. signale les entreprises qui donnent une image écologique et agissent différemment. ☐
   3. dénonce les entreprises pour leur abus en matière d'environnement. ☐

PRODUCTION ÉCRITE

6 Dans le cadre de ses Prix Pinocchio qui servent à dénoncer le «greenwashing» des grandes entreprises, l'association « Les Amis de la Terre » demande aux consommateurs de réagir sur leur forum en proposant des entreprises. Vous écrivez un message pour proposer une entreprise et dénoncer ses pratiques en argumentant votre point de vue. (250 mots)

UNITÉ 7

LEÇON 3 • Et si on changeait le monde ?

VOCABULAIRE

1 Soulignez les mots qui peuvent être précédés du préfixe « éco ».
   a. Le geste – b. Le recyclage – c. Le tourisme – d. Le logis – e. Le citoyen – f. L'économie – g. responsable – h. bio

2 Retrouvez la définition des mots précédés du préfixe « éco » trouvés à l'exercice 1.
   a. Voyages centrés sur la découverte de la nature, dans le respect de l'environnement et de la culture locale.
   b. Habitation où tout est pensé dans le respect de l'environnement et pour un développement durable.
   c. Prend en considération des mesures de protection de l'environnement.
   d. Petite action quotidienne visant à diminuer la pollution.
   e. Personne qui met en pratique des principes respectueux de l'environnement.

GRAMMAIRE

3 Conjuguez les verbes entre parenthèses pour exprimer une hypothèse incertaine.
   a. Si on .... (limiter) le gaspillage, on .... (pouvoir) diminuer notre empreinte écologique.
   b. Si chaque citoyen .... (faire) 5 écogestes par jour, cela .... (avoir) un réel impact environnemental.
   c. S'ils .... (ramasser) tout le plastique de cette plage, ils y .... (mettre) plusieurs jours.
   d. Si nous .... (réparer) nos objets cassés, nous .... (acheter) beaucoup moins.
   e. Si vous .... (être) plus créatifs, vous .... (savoir) comment recycler vos vêtements.

4 Reliez les deux colonnes pour former des phrases.
   a. Je voudrais qu' ....
   b. Je souhaite ....
   c. J'espère que ...
   d. Je souhaite que ...
   e. J'espérais qu' ...

   1. les citoyens seront bientôt tous écoresponsables.
   2. il serait venu avec nous à la collecte de déchets.
   3. mon empreinte écologique soit réduite de moitié.
   4. on recycle nos déchets pour en faire du compost.
   5. faire un effort pour les générations futures.

COMPRÉHENSION ORALE

5 🔊 39 Écoutez et répondez aux questions.
   a. Eric Akopian a eu l'idée de fonder son association ...
      1. en faisant du sport. ☐   2. en se promenant sur la plage. ☐   3. un jour de mauvais temps. ☐
   b. Il a organisé une collecte de déchets ...
      1. avec des professionnels du recyclage. ☐   2. comme s'il s'agissait d'une sortie entre amis. ☐   3. en concentrant ses efforts sur un type de déchets en particulier. ☐

c. *Clean my Calanques* fait des opérations de nettoyage …
   1. toutes les semaines. ☐   2. tous les mois. ☐   3. 5 fois par an. ☐

d. Parmi les déchets, ils ont déjà trouvé … (plusieurs réponses possibles)
   1. des lettres d'amour. ☐   2. des cartes au trésor. ☐   3. de l'argent. ☐
   4. des armes. ☐   5. des jouets. ☐

e. Ils recyclent les déchets …
   1. eux-mêmes. ☐   2. avec des partenaires. ☐   3. avec l'aide de la ville. ☐

f. Ils essaient de sensibiliser plus de citoyens en proposant des …
   1. vidéos. ☐   2. concerts. ☐   3. rencontres sportives. ☐

COMPRÉHENSION ÉCRITE

6 Lisez le texte et répondez aux questions.

L'émergence de la slow fashion

Le secteur textile a pris conscience de son impact environnemental et il est en train d'évoluer, poussé d'une part par les consommateurs engagés pour l'environnement et d'autre part par les ONG qui dénoncent les conséquences néfastes de l'industrie textile. Cette dernière suit le modèle de l'économie linéaire que l'on réduit parfois à 4 verbes : « extraire, fabriquer, consommer, jeter ». Ce système se base sur l'accès illimité aux matières premières et énergies fossiles. Mais, il devient de moins en moins durable car aujourd'hui ces ressources deviennent rares ou sont extrêmement polluantes.

Par ailleurs, le cycle de vie des vêtements est très court. De leur fabrication à la poubelle, tous les stades du processus entraînent l'émission de gaz à effet de serre et la consommation d'importantes quantités de ressources naturelles et d'énergie qui deviennent des déchets, que l'on ne peut plus recycler.

Dans ce contexte, une mode alternative, la slow fashion plus respectueuse de l'environnement est en train d'émerger. Des entreprises cherchent à se réinventer et expérimentent de nouveaux modèles plus vertueux. Elles basent leur activité sur le modèle de l'économie circulaire qui se veut écoresponsable, en limitant le gaspillage des ressources et l'impact environnemental ainsi qu'en augmentant l'efficacité à tous les stades du cycle des vêtements.

L'entreprise Veja, par exemple, fabrique des baskets avec un tissu conçu à partir de bouteilles plastique recyclées, le B-Mesh. On peut aussi citer Panoply, un site Internet qui permet de louer des vêtements des collections de créateurs connus. Plus original, Téorum recycle les combinaisons en néoprène pour les mettre sur ses vêtements.

a. Le secteur textile …
   1. est passé de l'économie circulaire à l'économie linéaire. ☐
   2. est majoritairement basé sur l'économie circulaire. ☐
   3. se tourne de plus en plus vers l'économie circulaire. ☐

b. Le secteur textile a pris conscience de son impact environnemental …
   1. par lui-même. ☐   2. par sens de l'éthique. ☐   3. sous pression. ☐

c. Le modèle linéaire est mis en cause parce qu'il est basé sur …
   1. la disponibilité des ressources. ☐   2. le prix. ☐   3. l'impact des ressources. ☐

d. La slow fashion fabrique des vêtements …
   1. selon les principes de l'économie circulaire. ☐   2. sans impact environnemental. ☐   3. sans gaspillage. ☐

e. Avec ses baskets, Veja lutte contre …
   1. les déchets. ☐   2. la déforestation. ☐   3. l'économie linéaire. ☐

f. Panoply permet …
   1. d'acheter ☐   2. de porter ☐   3. de recycler ☐
   … des vêtements haute couture.

UNITÉ 7

LEÇON 4 • Place à l'action

VOCABULAIRE

1 Reliez les contraires.

a. Anodin
b. Favoriser
c. Abondant
d. Impactant
e. Fertile
f. Augmenter

1. Rare
2. Diminuer
3. Désertique
4. Empêcher
5. Inoffensif
6. Considérable

2 Complétez cette lettre ouverte avec les mots suivants.

c'est pourquoi – climatique – incitent – demandons – environnement – implanter – indispensable – surconsommation – conséquences – envisage – émissions – désastreux – opposons – pourtant – préserver

> Madame, Monsieur,
>
> Comme vous le savez, la surproduction et la .... ont des impacts .... sur l'.................... Or, les entreprises d'e-commerce telle que Alizon nous .... à consommer plus, alors que l'urgence .... nous demande de réduire nos .... de gaz à effet de serre.
>
> Nous devons empêcher l'installation de ce type d'entreprises dans notre région et .... la population. .... Alizon .... d'.................... un entrepôt dans notre ville. Nous nous .... fortement à ce projet. .... nous vous .... de l'arrêter immédiatement.
>
> Il est .... que les activités de cette multinationale aux .... néfastes sur l'emploi et sur l'environnement s'arrêtent.
>
> Respectueusement

COMPRÉHENSION ORALE

3 🔊 40 Écoutez et répondez aux questions.

a. Céline Libouban …
   1. organise des formations et des stages … sur la permaculture. ☐
   2. dirige une école de formation supérieure ☐
   3. assiste à une formation ☐

b. Un écolieu se trouve …
   1. en ville. ☐
   2. à la campagne. ☐
   3. en ville ou à la campagne. ☐

c. Les formations …
   1. peuvent durer jusqu'à 4 jours. ☐
   2. sont axées sur la culture des sols. ☐
   3. ont lieu dans un château. ☐

Unité 7 • Hypothèque sur la planète

d. Pour Céline Libouban, la prise de conscience des gens est liée à …
1. un besoin d'éthique. ☐   2. un phénomène physique. ☐   3. une envie de nature. ☐

e. Les formations ont un tarif …
1. minimum. ☐   2. fixé selon le revenu. ☐   3. de référence. ☐

COMPRÉHENSION ÉCRITE

4 Lisez ces témoignages de trois participants à un évènement international : *Terra Madre d'Afrique de l'Ouest* et associez chaque affirmation au participant qui correspond.

a. Il / Elle est particulièrement content(e) d'avoir pris part aux discussions.
→ ....

b. Les débats lui ont permis d'envisager une nouvelle action.
→ ....

c. Il / Elle s'est rendu compte que le continent africain était engagé contre l'utilisation de plantes génétiquement transformées.
→ ....

d. Il / Elle se félicite de la réussite de l'événement.
→ ....

e. Ce qui lui a particulièrement plu, c'est la possibilité de parler avec tous les acteurs.
→ ....

f. Il / Elle est reconnaissant(e) de la participation des différents acteurs : administrations locales, associations et population concernée.
→ ....

> *Slow Food est un réseau mondial de communautés locales fondé en 1989 afin de contrer la disparition des traditions alimentaires locales et la propagation de la culture du fast-food. Depuis lors, Slow Food est devenu un mouvement mondial qui implique des millions de personnes dans plus de 160 pays et œuvre pour que nous puissions tous avoir accès à une alimentation bonne, propre et équitable.*
>
> **CARLO PETRINI, président de Slow Food International**
> « Je suis ravi du succès de la première édition de Terra Madre Burkina ! Cet évènement nous a permis de concrétiser sur place notre philosophie de construction d'un mouvement mondial. L'organisation de Terra Madre au Burkina Faso a permis la création d'un réseau et d'une force vive complémentaires… […] Je remercie également les autorités locales pour leur accompagnement, les membres du réseau Slow Food burkinabé et les petits producteurs pour la mobilisation, et toutes les personnes qui ont animé et participé à nos débats et au marché. […]
>
> **JEAN-MARIE KOALGA, président du comité d'organisation de Terra Madre Burkina Faso et membre de Slow Food.**
> « Terra Madre Burkina Faso m'a permis de découvrir l'implication et la détermination de l'Afrique dans la lutte contre les OGM qui sont responsables de la disparition des semences autochtones et de l'appauvrissement des terres cultivables au profit des multinationales qui exploitent et endettent les petits producteurs. Organisés pour la première fois en Afrique de l'Ouest, cet évènement et ces débats ont permis de présenter clairement les objectifs de Slow Food. Je suis heureux d'en avoir fait partie. » […]
>
> **HABIBATOU GOUMBANE, membre de Slow Food, Burkina Faso**
> « Terra Madre au Burkina Faso fut une opportunité immense et unique d'échanges et de partage entre producteurs, cuisiniers, consommateurs et spécialistes, qui est très importante non seulement pour les communautés locales, mais également pour l'ensemble du pays. Grâce aux discussions organisées pendant l'évènement, nous prévoyons d'initier une nouvelle activité de valorisation et de sauvegarde d'une variété locale de fonio en voie de disparition. » […]
>
> Extrait de l'article : https://www.slowfood.com/fr/terra-madre-burkina-faso-bilan-premier-terra-madre-afrique-de-louest/

PRODUCTION ÉCRITE

5 Faisant face à une situation économique désastreuse, la municipalité de votre ville a décidé de reprendre les locaux qu'elle prêtait à la ressourcerie de votre ville et, de ce fait, elle la condamne à fermer. Convaincu(e) de l'utilité de cette structure, vous écrivez une lettre ouverte au responsable politique en charge du dossier pour défendre l'importance de la ressourcerie pour les habitants. Vous expliquez également pourquoi ce projet est écoresponsable et participe à la réduction des déchets (choix de consommation, entretien des objets, produits de seconde vie, tri…). (250 mots)

BILAN GRAMMAIRE

1 Mettez les verbes à la forme correcte.

« Bon, j'ai bien réfléchi, il faut qu'on .... (*penser*) aux conséquences de nos actes.

Il faut que nous .... (*faire*) des changements dans notre quotidien car nous souhaitons tous .... moins (*polluer*). Il faudrait que nous .... (*boire*) de l'eau du robinet, que nous .... (*prendre*) des douches et .... (*couper*) l'eau. Il faut aussi que nous .... (*acheter*) des produits en vrac, que nous .... (*réduire*) et .... (*composter*) nos déchets alimentaires et que nous .... (*trier*) les autres.

Super, il faut qu'on .... (*commence*) dès maintenant ! »

2 Choisissez l'expression de concession qui convient. N'oubliez pas la majuscule !
malgré – bien que – en dépit – alors que – même si – a beau

a. .... tu te dis conscient de la pollution numérique, tu changes de téléphone tous les ans.

b. On .... trier nos déchets, si après personne ne les recycle, ça ne sert à rien !

c. .... les mégots de cigarettes sont néfastes pour l'environnement, ils peuvent être transformés en électricité.

d. .... les déchets textiles soient présents sur toute la planète, les entreprises continuent à sortir des nouvelles collections toutes les 3 semaines.

e. .... de son logo vert avec une plante, cette multinationale est très polluante pour l'environnement.

f. .... l'augmentation des bouteilles recyclées, le plastique pollue encore la planète.

3 Soulignez la forme correcte du verbe.

a. Si nous *fermerions/fermions* cette usine, nous *réduirions/réduisions* nos émissions de gaz à effet de serre.

b. Si vous *jetteriez/jetiez* mieux vos déchets, vous *pouviez/pourriez* diminuer votre empreinte carbone.

c. Si nous *implantions/implanterions* notre data center au Danemark, nous *pouvons/pourrions* réduire les émissions de gaz à effet de serre qu'il produit.

d. Si nous *boirions/buvions* de l'eau du robinet, nous *achèterions/achetions* moins de plastique.

e. Si la fast fashion ne *renouvellerait/renouvelait* pas ses collections si vite, nous *consommions/consommerions* moins.

4 Reliez les deux colonnes pour former des phrases.

a. Il voudrait que les agriculteurs ...
b. Elle souhaite que son projet de ressourcerie ...
c. Ils espèrent que leurs enfants ...
d. Nous espérons que son projet de permaculture ...
e. Vous souhaitez ...

1. se concrétisera.
2. organiser une opération de nettoyage de déchets.
3. connaisse un énorme succès.
4. prennent en compte le respect de l'environnement.
5. vivront dans un monde meilleur.

Unité 7 • Hypothèque sur la planète

BILAN VOCABULAIRE

1 Complétez le texte avec les mots suivants.
environnement – impact – énergétique – matières premières – émise – réduire – bilan – empreinte – consommation

L'................ carbone se définit par la quantité de CO2 .... par une activité, une personne, un groupe ou une organisation due à sa .... en énergie et en .... Chacun d'entre nous peut faire son propre .... carbone pour évaluer l'................ de ses activités sur l'................ Prendre conscience de sa consommation permet de .... ou optimiser sa consommation ....

2 Complétez le texte avec les mots suivants.
énergivore – consomme – gaz – bilan énergétique – ressources – rejette

Le .... de la voiture électrique est nuancé. D'un côté, en roulant la voiture ne .... pas de .... à effet de serre et elle ne .... pas beaucoup d'électricité. Par contre, sa fabrication est ...., en partie à cause de la fabrication de la batterie qui demande l'extraction de .... fossiles rares et coûteuses.

3 Complétez le tableau pour retrouver les mots de la même famille.

Verbe	Nom	Adjectif(s)
durer		
	l'émission	
produire		
		recyclé(e)
recyclable		
	le respect	

4 Faites une phrase avec au moins deux des mots de l'exercice 3.
Exemple : *Cette usine qui produit du matériel digital émet peu de gaz à effet de serre.*

....

5 Soulignez le mot qui convient pour retrouver cette définition.

Terme né de l'association des mots « permanente » et « agriculture », la *permaculture/écocitoyenneté* définit une forme d'agriculture *durable/intensive*, respectueuse de la *production/biodiversité*, des hommes et des *consommations/ressources* de la planète. Elle s'inspire de la *communauté/nature* en imitant le fonctionnement des *animaux/écosystèmes* naturels et se compose *d'impacts/de techniques* qui permettent de se passer de produits *chimiques/inoffensifs*.

ENTRAÎNEMENT AU DELF B2

COMPRÉHENSION ORALE

Mettez-vous dans les conditions de l'examen : entre la première et la deuxième écoute vous avez 30 secondes de pause. Après la deuxième écoute, vous avez 1 minute pour vérifier vos réponses.

41 Écoutez 2 fois l'enregistrement et répondez aux questions.

a. Les vieux trains à diesel vont être remplacés par des trains à hydrogène …
  1. en France. ☐   2. à Valenciennes. ☐   3. dans 4 régions françaises. ☐

b. Cette technique est déjà utilisée dans …
  1. l'aviation. ☐   2. le transport routier. ☐   3. les deux. ☐

c. Dans l'atmosphère, l'hydrogène est …
  1. rare. ☐   2. difficile à prélever. ☐   3. polluant. ☐

d. Actuellement, la majorité de l'hydrogène est produit à partir d'énergies …
  1. fossiles. ☐   2. renouvelables. ☐   3. marines. ☐

e. On pourrait faire baisser le coût de l'hydrogène vert en …..
  1. investissant dans ☐   2. détaxant ☐   3. subventionnant ☐
  … sa production.

COMPRÉHENSION ÉCRITE

Lisez ce texte et répondez aux questions.

LE MOUVEMENT COLIBRIS

[...] La légende amérindienne raconte qu'un jour il y eut un grand incendie de forêt. Terrifiés, tous les animaux observèrent le désastre, impuissants. Le colibri, lui, ne renonça pas et prit une goutte d'eau dans son bec puis la jeta sur le feu. Un tatou lui dit alors : « Colibri, tu ne vas quand même pas croire que c'est avec ces gouttes d'eau que tu vas éteindre le feu ? » Le colibri répondit : « Je le sais mais je fais ma part ».
Comme le colibri, Pierre Rabhi, figure de l'agro-écologie décédé samedi 4 décembre à l'âge de 83 ans, invitait chacun à « faire sa part ». C'est d'ailleurs sur cette maxime qu'est basée la philosophie du mouvement qu'il a co-fondé en 2007 avec l'écrivain et auteur du documentaire militant à succès *Demain*, Cyril Dion. Ainsi, « le Mouvement Colibris œuvre à l'émergence d'une société écologique et solidaire, en favorisant le passage à l'action individuelle et collective », peut-on lire sur le site de l'association.

Quelles sont les ambitions du mouvement ?
Anciennement appelé Mouvement pour la Terre et l'Humanisme, le Mouvement Colibris veut réinventer la société. Fondé sur l'action citoyenne, il appelle aux actions locales, comme les jardins partagés, les fermes pédagogiques ou encore les circuits d'approvisionnement courts.
Conférences, rencontres-débats, plateforme d'échanges, cours en lignes … Les initiatives de l'association pour « inspirer, relier et soutenir celles et ceux qui inventent de nouveaux modes de vie » sont nombreuses.
Parmi ses projets les plus connus on retrouve celui des oasis, imaginé par Pierre Rabhi. Il s'agit d'un concept d'habitats participatifs qui repose sur cinq piliers : agriculture et autonomie alimentaire, écoconstruction et sobriété énergétique, mutualisation, gouvernance respectueuse, accueil et ouverture sur le monde. [...]

Ouest-France.fr, extrait du texte « Mort de Pierre Rabhi. C'est quoi le mouvement Colibris co-fondé par l'agriculteur écologiste ? »

a. Quelle phrase résume le mieux la légende amérindienne du colibri ?
  1. Les petits sont puissants. ☐   2. Ensemble on peut réussir si chacun s'y met. ☐   3. Si on y croit, on réussit toujours ! ☐

b. Pierre Rabhi a créé le Mouvement Colibris …
  1. seul. ☐   2. avec un ami militant. ☐   3. avec un créateur engagé. ☐

c. Le Mouvement Colibris se concentre sur la mise en place ...
   1. d'actions individuelles. ☐   2. d'actions politiques. ☐   3. d'une écocitoyenneté. ☐

d. Les oasis, imaginées par Pierre Rabhi sont des habitats ...
   1. écologiques, solidaires et gratuits. ☐   2. écologiques, conviviaux et accessibles. ☐   3. participatifs, solidaires et écologiques. ☐

PRODUCTION ÉCRITE

Écrire une lettre ouverte.

Pour son inauguration, la bibliothèque municipale de votre ville va offrir des petits cadeaux (crayons, porte-clés, etc.) aux habitants. Mais il y a un problème : ces cadeaux sont emballés sous plastique. Conscient·e de l'impact du plastique sur l'environnement, vous écrivez une lettre ouverte au responsable politique en charge du dossier pour expliquer pourquoi ces cadeaux ne peuvent pas être emballés sous plastique et pour lui proposer des alternatives. (250 mots)

PRODUCTION ORALE

Lisez le document et répondez à ces questions pour présenter votre point de vue.

Mettez-vous dans les conditions de l'examen : vous avez 20 minutes pour préparer le sujet et noter sur votre brouillon vos idées principales.

a. Quel est le thème général du document ?
b. Quelle est la problématique ?
c. Quel est votre point de vue ? Quels arguments peuvent le défendre et quels exemples peuvent l'illustrer ?

" La diète végétarienne

Albert Einstein disait : « Rien ne peut être aussi bénéfique à la santé humaine et augmenter les chances de survie de la vie sur terre que d'opter pour une diète végétarienne ». Aujourd'hui plus encore, devenir végétarien est bénéfique non seulement pour votre santé, mais aussi pour la planète.

En effet, manger de la viande nuit à l'environnement (entre autres parce que l'élevage est la principale cause de la déforestation et consomme trop d'eau) et l'élevage industriel est synonyme de souffrance animale alors que les animaux sont doués de sensibilité.

De plus, de nombreuses études ont démontré que manger de la viande était mauvais pour la santé.

UNITÉ 8 — En quête du passé

LEÇON 1 • Histoires de vies

VOCABULAIRE

1 Trouvez les synonymes des mots suivants.

a. Un ancêtre
b. Un événement
c. Une donnée
d. Une histoire
e. Une filiation

1. Une indication
2. Une ascendance
3. Un récit
4. Un aïeul
5. Un fait

GRAMMAIRE

2 Complétez le texte en utilisant les connecteurs temporels.

tandis qu' – après – avant – à l'âge de – à ce moment-là

Olympe de Gouges est née en 1948 et s'est mariée .... 17 ans. .... le décès de son mari, elle est montée à Paris. ...., elle a commencé sa carrière littéraire .... elle s'engageait dans des combats politiques. Son œuvre majeure *La Déclaration des droits de la femme et de la citoyenne* a été écrite 2 ans .... son exécution.

3 Complétez le texte en utilisant les connecteurs temporels.

depuis – puis – après – de – jusqu'en – ensuite – à

Jacques Testart a été chercheur à l'Institut National de la Recherche Agronomique .... 1964 .... 1977. Il a .... travaillé à l'Institut national de la santé et de la recherche médicale, comme chercheur .... comme directeur de recherches, ... 2007. .... ses recherches sur les « mères porteuses » chez les animaux, il a contribué au succès de la fécondation in vitro. .... 1986, il défend une « science éthique et citoyenne ».

COMPRÉHENSION ORALE

4 🔊 42 Écoutez et répondez aux questions.

a. Le livre *La plus secrète mémoire des hommes* parle …
   1. d'un écrivain maudit. ☐
   2. des liens entre l'Afrique et l'Europe. ☐
   3. de la colonisation. ☐

b. Mohamed Mbougar Sarr est …
   1. le plus jeune écrivain ☐
   2. le premier écrivain noir ☐
   3. le premier écrivain subsaharien ☐

… à recevoir le prix Goncourt.

c. Il a fait des études de …
  1. littérature. ☐   2. sciences sociales. ☐   3. médecine. ☐

d. Il a écrit son premier livre à …
  1. 23 ans. ☐   2. 24 ans. ☐   3. 25 ans. ☐

e. Actuellement, il vit …
  1. en France. ☐   2. au Sénégal. ☐   3. entre la France et le Sénégal. ☐

COMPRÉHENSION ÉCRITE

5 Lisez le texte et répondez aux questions.

Quand les tests ADN « récréatifs » font exploser les secrets de famille

[…] Contrairement à la recherche généalogique, qui demande du temps et de la minutie, le test ADN récréatif a l'avantage d'offrir une cartographie de ses origines en quelques semaines seulement, sans effort. Pour une majorité de personnes, qui en usent sans savoir pour autant ce qu'ils recherchent, il est cependant bien moins précis que la première méthode. C'est d'ailleurs ce qu'a constaté Anne, une utilisatrice : ses résultats ADN ont été le point de départ d'une recherche généalogique finalement plus classique mais surtout l'amorce de discussions intimes avec son père.

Pour Pierre-Luc Racine, autre utilisateur, l'imprécision a été une source d'amusement. "Le site m'indique que j'ai 20 % d'Amérique du Nord, d'Amérique Centrale et d'Amérique du Sud, ce qui est la description d'un lieu la plus large que j'ai vue de toute ma vie", commente-t-il. Dans les deux cas, le test a partiellement répondu à une question de fond.

Quant au secret qui pourrait être dévoilé par ce biais, passée la stupeur, il aurait la vertu d'apaiser l'esprit et ses tourments dont on ne sait parfois pas bien d'où ils viennent, souligne l'experte en psychogénéalogie. "On cherche une réponse, une fois qu'on la trouve, la blessure intime se referme", analyse-t-elle.

Emmanuelle Ringot, *Marie Claire*, 17/06/21

a. Quel est l'avantage du test ADN récréatif par rapport à la recherche généalogique ?
....

b. Quel est son inconvénient ?
....

c. Le test ADN a permis à Anne …
  1. de découvrir un secret de famille. ☐   2. de retrouver des ancêtres. ☐   3. d'échanger avec son père. ☐

d. Pour Pierre-Luc Racine, les résultats sont …
  1. risibles. ☐   2. insuffisants. ☐   3. satisfaisants. ☐

e. Selon la psychogénéalogiste, découvrir un secret de famille par ce biais est …
  1. libérateur. ☐   2. traumatisant. ☐   3. blessant. ☐

PRODUCTION ÉCRITE

6 Participer à un forum.

Vous répondez à ce post écrit sur le forum d'un site de généalogie en présentant les avantages et les inconvénients des deux techniques. (250 mots)

@Nicolas, 47 ans : Bonjour, j'aimerais remonter mes origines mais j'ai un doute sur la méthode à adopter. Arbre généalogique ou test ADN ? Lequel me conseillez-vous. Merci pour vos réponses.

En quête du passé • Unité 8

UNITÉ 8

LEÇON 2 • Des histoires à la française

VOCABULAIRE

1 Complétez les phrases avec les expressions du regret.

hélas – si seulement – quel dommage – regrette – regretter

a. Coco Chanel disait ne rien .... de sa vie sauf ce qu'elle n'avait pas fait.

b. .... Notre Dame n'avait pas brûlé, tu pourrais voir comment elle était !

c. .... que cette invention soit si chère, elle pourrait être utile à tellement de gens !

d. C'était un bon scientifique, ..., il n'a pas pu continuer son projet, faute d'argent.

e. Il .... les conséquences de son invention.

GRAMMAIRE

2 Conjuguez les verbes pour former des hypothèses au passé.

a. Si les légendes .... (*ne pas exister*), les Hommes .... (*perdre*) une partie de leur histoire.

b. Pendant la deuxième Guerre Mondiale, si la radio .... (*ne pas être inventée*), la résistance .... (*être*) plus difficile à organiser.

c. Si cette innovation .... (*connaître*) un succès mondial, il .... (*devenir*) millionnaire.

d. Si le Minitel .... (*s'imposer*) dans le monde, on .... (*devoir*) recycler des milliards de Minitels à l'arrivée d'Internet.

e. Si les femmes .... (*ne pas lutter*) pour leurs droits, elles .... (*ne jamais pouvoir*) voter.

COMPRÉHENSION ÉCRITE

LE BRAILLE

Louis Braille est né le 4 janvier 1809 dans un petit village situé à 40 km de Paris. À l'âge de 3 ans, il perd un œil en jouant avec un outil de l'atelier de son père. L'autre œil est gagné par une infection et il devient aveugle. Malgré son lourd handicap, il suit une scolarité normale, c'est même un excellent élève. À cette époque, les élèves aveugles apprennent la lecture et l'écriture avec une technique compliquée de caractères romains mis en relief. Quelques années plus tard, apparaît la sonographie, un système plus facile à utiliser et inventé par Charles Barbier, qui représente des sons à l'aide de 12 points en relief. Cette technique comporte pourtant de nombreux inconvénients : elle ne respecte pas les règles d'orthographe et ne permet de transcrire ni les signes de ponctuation, ni les chiffres, ni les symboles mathématiques, ni même les notes de musique. Braille consacre alors tout son temps libre à perfectionner le système Barbier et présente en 1825 une première version de son système. Quatre ans plus tard, naît le braille, un système universel d'écriture pour aveugles. Simple et ingénieuse, cette méthode ouvre à des millions de personnes aveugles l'accès à l'ensemble des connaissances écrites. Grâce à l'alphabet braille, il est possible de représenter non seulement l'alphabet, mais également les signes mathématiques et les notes de musique. 150 ans après, le braille reste d'actualité et facilite l'accès au monde de l'informatique.

Louis Braille et son invention - Documentation - Ligue Braille

3 Lisez le texte et répondez aux questions.

a. Louis Braille est aveugle ...

1. dès sa naissance. ☐ 2. suite à un accident. ☐ 3. seulement d'un œil. ☐

b. La première méthode pour permettre aux aveugles de lire et d'écrire ...

1. était complexe. ☐ 2. datait de l'empire romain. ☐ 3. se basait sur la sonorité des mots. ☐

c. La sonographie ne permet pas de reproduire ...

1. tous les sons. ☐ 2. tous les mots. ☐ 3. les nombres. ☐

d. Le braille est un système d'écriture ...

1. adapté à tous les aveugles. ☐ 2. pour l'éducation des aveugles. ☐ 3. pour sensibiliser les aveugles à la musique. ☐

e. Cent cinquante ans après son invention, le braille ...

1. est encore efficace. ☐ 2. a dû être actualisé avec l'arrivée de l'informatique. ☐ 3. n'est plus utilisé. ☐

COMPRÉHENSION ORALE

4 🔊 43 Écoutez et répondez aux questions.

a. Parmi ces affirmations lesquelles sont vraies ?

1. Ce sont les Chinois qui ont inventé le pantalon. ☐
2. L'apparition du pantalon est liée au monde de la mode. ☐
3. Le pantalon a aussi été un symbole politique. ☐
4. Aujourd'hui, les femmes peuvent porter un pantalon partout dans le monde. ☐

b. Le pantalon a été créé pour ...

1. se protéger du froid. ☐ 2. se protéger de la végétation. ☐ 3. faciliter les mouvements. ☐

c. Longtemps réservé aux hommes, le pantalon est l'un des symboles ...

1. de la Révolution française. ☐ 2. de la libération de la femme. ☐ 3. du monde de la mode. ☐

d. Les premières à porter le pantalon en public sont ...

1. des actrices. ☐ 2. des femmes d'affaires. ☐ 3. des sportives. ☐

PRODUCTION ÉCRITE

5 Si j'avais... !
Refaites l'histoire ! Faites l'hypothèse d'un regret qui se serait concrétisé dans votre vie. Imaginez cette vie en utilisant l'hypothèse passée, faites des suppositions. (250 mots)

UNITÉ 8

LEÇON 3 • Savoureuses histoires

VOCABULAIRE

1 Complétez les phrases avec les mots suivants.

remonte – provenant – origines – vient de – d'origine – racines – originaire – date

a. C'est au Chili et au Pérou que se trouvent les .... de la pomme de terre, mais son apparition en Europe .... à 1534.

b. La consommation de thé .... de la fin de l'Antiquité et il est .... asiatique.

c. .... d'Amérique, le cacao .... l'an 2000 avant notre ère.

d. Pour découvrir les .... de la cuisine africaine, ce restaurant est idéal avec ses plats .... du Mali, du Sénégal et du Cameroun.

PHONÉTIQUE

2 🔊 44 Écoutez ces questions rhétoriques et dites si elles contiennent un ou deux groupes rythmiques, puis répétez-les.

	Un groupe rythmique	Deux groupes rythmiques
a. Est-ce un mythe ?		
b. À qui la faute ?		
c. C'est vrai ?		
d. Qui voudrait le faire ?		
e. Est-ce vraiment réaliste ?		
f. Qui est responsable ?		

COMPRÉHENSION ORALE

3 🔊 45 Écoutez et répondez aux questions.

a. Le patrimoine culturel immatériel de l'Unesco comprend …
   1. des traditions immatérielles. ☐   2. des recettes de cuisine. ☐   3. un savoir-faire industriel. ☐

b. Dans la liste du patrimoine culturel immatériel, on trouve …
   1. moins de 10 ☐   2. plus de 10 ☐   3. plus de 200 ☐
   … spécialités ou techniques culinaires.

c. Associez les plats à leur provenance.
   a. Dolma   1. La Corée
   b. Nshima   2. L'Afrique
   c. Kimchi   3. Le Japon
   d. Washoku   4. Le Moyen-Orient

Unité 8 • En quête du passé

d. Pour valider le dossier, il faut que la spécialité culinaire soit ...
  1. originaire du ☐   2. présente sur le ☐   3. majoritairement consommée sur le ☐

  ... territoire qui porte la candidature.

e. Figurer sur la liste de l'Unesco permet aux États de ...
  1. promouvoir leur nation. ☐   2. montrer leur influence. ☐   3. faciliter le dialogue avec les autres États. ☐

COMPRÉHENSION ÉCRITE

4 Lisez le texte et répondez aux questions.

L'AFRIQUE ET SES SAUCES D'ARACHIDE

[...] La sauce d'arachide est cuisinée sous de nombreuses formules dans de nombreux pays africains. Elle y connait d'ailleurs de nombreuses appellations. Très répandue dans toute l'Afrique de l'Ouest, elle est appelée mafé au Sénégal. Dans ce pays, cette sauce traditionnelle est un ragoût* à base de cacahuètes et de tomates préparé avec du bœuf, de l'agneau ou du poulet. Il est généralement servi avec du riz. Pour l'histoire, notons que les peuples mandingue et bambara du Mali sont à l'origine du mafé, mais il est rapidement devenu populaire au Sénégal et en Gambie. En raison de la croissance de l'industrie de l'arachide au cours de la colonisation au 19ème siècle, des variations du plat ont commencé à apparaître à travers l'Afrique de l'Ouest et en Afrique centrale. [...]

Si c'est l'expression mafé qui semble plus répandue dans le monde culinaire, c'est important de souligner que la sauce d'arachide connait de multiples appellations. [...] Elle est extrêmement consommée en Afrique. Elle est d'autant plus appréciée qu'elle est à la portée de toutes les bourses. Avec des économies minimes, les familles peuvent facilement l'avoir sur les tables. Elle se fait toujours remarquer par son caractère onctueux et délicieux quel que soit le coin du continent où elle est cuisinée. Elle connaît de multiples mets d'accompagnement à l'instar du riz, de la banane, du plantain, ou encore de la patate douce. Les enfants l'apprécient particulièrement, à condition que le piment n'y soit pas à forte dose. [...]

*ragoût : plat cuit à feu doux

https://kanklemi.com/blog/l-afrique-et-ses-sauces-d-arachide

a. Le Mafé vient ...
  1. du Mali. ☐   2. du Sénégal. ☐   3. de la Gambie. ☐

b. Il est consommé ...
  1. sur le continent africain. ☐   2. au Mali, au Sénégal et en Gambie. ☐   3. partout dans le monde. ☐

c. Le Mafé est apprécié par les familles parce qu'il ...
  1. plaît à tous. ☐   2. est facile à cuisiner. ☐   3. n'est pas cher. ☐

d. Il se mange ...
  1. seul. ☐   2. accompagné. ☐   3. pour les fêtes traditionnelles. ☐

PRODUCTION ÉCRITE

5 Participer à un forum.

Quelle spécialité ou technique culinaire souhaiteriez-vous inscrire au patrimoine culturel immatériel de l'Unesco ?

Vous lisez cette question sur un forum francophone et décidez d'y répondre. Vous proposez un plat dont vous expliquerez les origines. Vous dites aussi pourquoi il mérite de figurer sur la liste de l'Unesco. (250 mots)

UNITÉ 8
LEÇON 4 • Quand l'histoire divise

VOCABULAIRE

1 Reliez ces mots à leurs synonymes puis utilisez ceux de la colonne de gauche pour compléter le texte.

a. Mis à l'index
b. Une annulation
c. Une censure
d. Polémiques
e. Dénoncer

1. Violentes, critiques ou agressives
2. Une interdiction
3. Une élimination
4. Condamner
5. Boycottés

La cancel culture ou la culture de l' .... désigne la pratique qui consiste à .... publiquement les propos ou les agissements .... d'une personne, ou le caractère problématique d'une œuvre et à demander qu'ils soient .... Certains pensent qu'il s'agit d'une ....

COMPRÉHENSION ORALE

2 🔊 46 Écoutez et répondez aux questions.

a. Qui a accusé des marques comme Zara d'appropriation culturelle ?
   1. Les indigènes ☐   2. Des consommateurs ☐
   3. Le gouvernement mexicain ☐

b. Il est reproché à ces marques d'utiliser les mêmes ...
   1. designs ☐   2. tissus ☐
   3. vêtements ☐
   ... que les populations indigènes.

c. Il est demandé aux marques de clarifier la situation et ...
   1. d'éliminer les vêtements ☐   2. de rémunérer les ☐   3. de s'excuser publiquement. ☐
      concernés de leur collection.   populations indigènes.

d. Elodie Bordat-Chauvin dénonce la différence de ...
   1. prix ☐   2. prestige ☐   3. qualité ☐
   ... entre les pièces vendues par les marques et celles de l'artisanat.

e. Il est difficile pour les communautés indigènes de gagner un procès car elles ne disposent pas ...
   1. de brevets. ☐   2. d'appuis. ☐   3. de considération. ☐

Unité 8 • En quête du passé

COMPRÉHENSION ÉCRITE

3 Lisez le texte et répondez aux questions.

LA CANCEL CULTURE : QUAND LE HARCELEUR DEVIENT VICTIME

Née dans un contexte américain, la cancel culture contribue depuis une vingtaine d'années à l'expression émergente de la voix des minorités. Quels que soient leur orientation sexuelle, leur genre ou leur culture, elles occupent de plus en plus l'espace public et revendiquent une place dans le débat public, où elles s'attaquent à la parole des dominants, des privilégiés. Cette majorité se sent alors «menacée» et se dit à son tour victime.
Un exemple : #metoo
Pour bien comprendre ce phénomène, nous pouvons prendre l'exemple du mouvement féministe #metoo, souvent accusé de faire de la cancel culture : les femmes ont dénoncé publiquement leurs agresseurs sur les réseaux sociaux et en retour, des hommes se sont dit eux-mêmes victimes de harcèlement*. Ces personnes dénoncées pour des agissements problématiques occupent une position dominante et, pour se défendre, elles se victimisent. On peut les entendre se plaindre avec des phrases du genre : « Je ne peux plus rien dire », « je suis harcelé(e) », « une meute d'anonymes m'insultent sur les réseaux sociaux ». Pourtant, dans les faits, un professeur d'université accusé d'agissements graves sur les réseaux sociaux n'est que rarement écarté de son travail sans passer par la justice. Si c'était le cas, ça pourrait poser problème. Néanmoins, l'expérience montre qu'il ne s'agit pas de la majorité des cas et que la plupart des personnes accusées en ligne d'agissements graves ne subissent pas de conséquences dans le réel.

*harcèlement = violence répétée qui peut être verbale, physique ou psychologique

D'après : https://www.rtbf.be/info/societe/detail_la-cancel-culture-quand-le-harceleur-devient-victime?id=10561604

a. Depuis une vingtaine d'années, les minorités …
1. prennent la parole. ☐
2. dénoncent le harcèlement. ☐
3. prennent la place des privilégiés. ☐

b. Pour se défendre des accusations qui pèsent sur eux, les agresseurs …
1. démentent les accusations. ☐
2. jouent à la victime. ☐
3. vont au tribunal. ☐

c. Les hommes accusés de harcèlement par le mouvement #metoo occupaient une position …
1. de dominé. ☐
2. dominante. ☐
3. minoritaire. ☐

d. En général, une accusation en ligne entraîne …
1. un licenciement. ☐
2. une exclusion des réseaux sociaux. ☐
3. peu d'effets dans la vie quotidienne. ☐

PRODUCTION ÉCRITE

4 Écrire dans un courrier des lecteurs.

« L'appropriation culturelle est un concept que nous devrions tous oublier, il y a trop de polémiques, alors que nous vivons dans un monde globalisé. »

Vous lisez cette opinion du créateur de mode espagnol, Alejandro Gomez Palomo, dans un article d'une revue de mode francophone. Vous écrivez dans le courrier des lecteurs pour réagir et nuancer le propos d'Alejandro Gomez en argumentant votre point de vue. (250 mots)

BILAN GRAMMAIRE

1 Finissez librement les phrases en utilisant l'hypothèse passée.

a. Si la bombe atomique n'avait pas été inventée, ...

b. Le gouvernement mexicain n'aurait pas demandé de rémunérer les populations indigènes si ....
....

c. Si ce journaliste avait manqué de respect envers les femmes ....

d. Elle n'aurait pas retrouvé sa famille si ....

2 Complétez les phrases suivantes. Que dirait …

a. Un perdant du loto qui a 5 numéros gagnants sur 6.
   Il est dommage que ....

b. Une personne qui rêverait d'être bilingue et ne l'est pas.
   Si seulement ....

c. Un footballeur qui vient de rater un but décisif.
   Il aurait mieux valu ....

3 Faites l'accord si nécessaire.

a. Il a cherché ses origines pendant des années et les a trouvé .... depuis peu.

b. Elle a retrouvé le manuscrit de la légende que lui avait raconté .... sa grand-mère.

c. Ils se sont lavé .... les mains avec du savon.

d. Elle s'est fait .... avoir par cette publicité.

e. Ils se sont rendu .... compte de leurs erreurs.

f. Les frites qu'elle a cuisiné .... sont délicieuses.

4 Complétez les phrases avec les mots suivants.
en dépit de – bien que – malgré – quand bien même

a. .... ses excuses et ses explications, cette couturière est accusée d'appropriation culturelle.

b. .... avoir fait des test ADN, il ne connaît toujours pas ses origines précises.

c. .... la mairie déciderait d'enlever cette statue, les actes de barbarie de ce général ne seront jamais effacés.

d. .... la cancel culture puisse être critiquée, elle permet de réfléchir à comment communiquer en évitant les clichés.

BILAN VOCABULAIRE

1 Classez ces expressions selon qu'elles indiquent l'antériorité, la simultanéité ou la postériorité.

il y a trois jours – au moment où – dans trois jours – ce jour-là – le lendemain – à l'époque – le mois dernier – la veille – auparavant

antériorité	simultanéité	postériorité

2 Complétez les phrases avec les mots de la liste.

arbre – origines – liens – perdurent – ascendants – généalogiques – retracent – ADN

a. Beaucoup de légendes .... car elles .... des histoires dont la réalité a été déformée par l'imagination populaire.

b. Pour remonter ses ...., il est plus facile de commander un kit .... sur Internet que de faire des recherches .... poussées.

c. Elle a dressé son .... généalogique pour en savoir plus sur ses .... et descendants, et elle s'est découvert des .... de parenté avec un peintre renommé du XVIIIème siècle.

3 Reliez la colonne de gauche à celle de droite pour retrouver ces expressions.

a. Remonter   1. dans les années 80.
b. Dater   2. l'Antiquité.
c. Venir de   3. du XXIème siècle.
d. Naître   4. avant la colonisation.
e. Trouver ses racines   5. aux origines.

4 Complétez le texte avec les mots de la liste.

outil – valoriser – relations internationales – encourager – promotion – mets – marque

La gastrodiplomatie est la .... de la cuisine d'un pays et de ses .... savoureux pour .... ce pays. Véritable .... de communication, elle permet au pays de se construire une .... à l'extérieur et indirectement, d'.................... des investissements. Cette technique est très utilisée dans les .... depuis longtemps.

En quête du passé • Unité 8

ENTRAÎNEMENT AU DELF B2

COMPRÉHENSION ORALE

Mettez-vous dans les conditions de l'examen : entre la première et la deuxième écoute, vous avez 30 secondes de pause. Après la deuxième écoute, vous avez 1 minute pour vérifier vos réponses.

47 Écoutez 2 fois l'enregistrement et répondez aux questions.

a. La France a restitué au Bénin 26 œuvres d'art, dont une pièce majeure. C'est ...
   1. un trône. ☐   2. une sculpture. ☐   3. une peinture. ☐

b. Cet objet était le symbole...
   1. de la puissance de la France. ☐   2. des relations franco-béninoises. ☐   3. du puissant royaume de Dahomey. ☐

c. Pour les conservateurs de musées ces objets ...
   1. doivent rester en France. ☐   2. sont des pièces majeures du patrimoine français. ☐   3. sont le symbole du pouvoir de Napoléon. ☐

d. Les Béninois sont ...
   1. indifférents à ☐   2. reconnaissants de ☐   3. enthousiastes à propos de ☐
   ... cette restitution.

e. Le journaliste pense qu'il s'agit d'un geste modeste parce qu'...
   1. il reste encore beaucoup d'œuvres à restituer. ☐   2. il arrive trop tard. ☐   3. il ne concerne que la France. ☐

f. Au total .....
   1. 80% ☐   2. 90% ☐   3. 40% ☐
   ... du patrimoine africain se trouve en dehors du continent africain.

COMPRÉHENSION ÉCRITE

Lisez le texte puis répondez aux questions.

WOKEWASHING, CANCEL CULTURE ET #METOO

Les industries culturelles doivent aujourd'hui faire face à des questions telles que la parité, ou la représentation des minorités. L'industrie des musiques électroniques n'échappe pas au phénomène. Ainsi, bien que les femmes représentent la moitié de ses auditeurs, elles représentent seulement 19% en moyenne des artistes programmés durant un festival. De même, alors que de nombreux acteurs des musiques électroniques insistent sur les notions d'inclusivité* et de safe-space**, la réalité est quelque peu différente.

Il est vrai que la parole des femmes et/ou des personnes issues de minorités se libère alors que les mentalités d'une partie de l'opinion publique évoluent vers plus de compréhension sur ces questions de société.

Internet a permis de réaliser, à une grande échelle, que les oppressions étaient non seulement partagées par beaucoup, mais également qu'elles étaient inadmissibles. Indéniablement, face à cette libération de la parole et donc à la mise en lumière des progrès qu'il reste à faire, les différents acteurs des musiques électroniques doivent aujourd'hui prendre en compte dans leur communication ou leur image de marque les problématiques liées au sexisme, aux discriminations à l'encontre des personnes LGBTQIA+, ou encore au racisme.

*Inclusivité = le fait d'inclure tout le monde, toutes les sensibilités.
** Safe space = espace sûr

D'après : https://www.tangram-lab.fr/2021/06/11/wokewashing-cancel-culture-et-metoo-des-problematiques-de-societe-au-coeur-de-la-communication-des-acteurs-des-musiques-electroniques/

CORRIGÉS

Sommaire

Corrigés P. 3

UNITÉ 1

Leçon 1

1. a. 3 – b. 4 – c. 5 – d. 1 – e. 2

2. **a.** Au Nigéria, les grands-mères jouent un rôle important dans la vie du nouveau-né. C'est une des grand-mère (ou les deux) qui lui donne(nt) son premier bain.

   b. Selon une coutume maya, le bébé doit porter une cordelette rouge pour éloigner le mauvais esprit. Il doit la porter dès sa naissance et autour de ses poignets.

   c. Les dragées sont des sucreries associées aux fêtes religieuses comme le baptême, la communion, le mariage. On les offre à chaque convive pour partager ce moment de bonheur.

   d. En Grèce, les mariées inscrivent le nom de leurs amies célibataires sur la semelle de leurs chaussures pour leur porter bonheur et si possible les aider à trouver un mari.

3.

Phrases	La personne hésite	la personne n'hésite pas
a		✓
b	✓	
c	✓	
d		✓
e	✓	
f		✓

4. a. 3 – b. 1 – c. 2 – d. 1 – e. 2

5. a. 2 – b. 1 – c. 1 – d. 3 – e. 1

6. *Pistes de réflexion :*

   Formule de salutation

   Introduction : Définition de la maturité et rappel de la problématique (La maturité est-elle liée à l'âge ?)

   Développement : La maturité peut dépendre de l'âge avec des rites de passages dans certaines cultures et/ou une augmentation de l'autonomie dans d'autres (droit de vote, autonomie financière, etc.). Dans tous les cas, elle est liée à une idée de liberté, une certaine autonomie. Cependant, le vécu de certaines personnes peut les amener à avoir des responsabilités dès leur plus jeune âge. De la même manière, certains modes de vie encouragent la liberté des plus jeunes.

   Prise de congé

Leçon 2

1. **a.** perplexe
   b. détendu ... stressé
   c. exaspéré
   d. fière
   e. froids ... enthousiastes.

2. **a.** L'alliance qu'il avait offerte au mariage, elle la lui a rendue quand ils se sont séparés.
   b. Cette tradition l'a surpris, parce qu'elle ne lui en avait pas parlé avant.
   c. La chèvre, vous la leur (la lui) avez donnée en guise de dot ?
   d. Quant aux invités, nous avons choisi des plats traditionnels pour les leur servir pendant le repas.

3. **a.**2 – **b.**3 – **c.**1 – **d.**2

4. **a.** 1-a/d/e 2-c/d/f – **b.**1 – **c.**2

5. *Pistes de réflexion :*
   Formule de salutations
   Développement :
   Présentation du rituel : en quoi consiste-t-il ? A-t-on besoin de matériel pour le réaliser ? Quelle est sa signification ?
   Argumenter : pourquoi ce rituel doit-il figurer parmi les services proposés par l'entreprise et pourquoi croyez-vous que cela fonctionnera ?
   Prise de congé

Leçon 3

1. **a.** fil
   b. se sont tournés
   c. ont changé
   d. en accord ... retour
   e. Elles se sont délesté.

2. **a.** Il est vraiment doué pour la cuisine !
   b. Ils facturent 10 dollars l'entrée au concert.
   c. Depuis qu'il habite à la campagne, il ne peut plus faire les magasins aussi souvent et ça le rend triste !
   d. Dans leur village de tiny house, ils espèrent vivre dans une collectivité unie par un lien fort.
   e. Je me suis mise en colère parce qu'elle n'accepte pas mon mode de vie !

3. **a.**1 – **b.**1 – **c.**2 – **d.**2 – **e.**3 – **f.**3

4. Laeticia et Jérôme : b/d Vincent et Pascal : a/e Clément et Joanna : c/f

5. *Pistes de réflexion :*
Formule de salutation
Développement :
Présentation des différents types d'habitats alternatifs et des avantages et inconvénients de chacun : la tiny house (moins d'espace, mais aussi moins de dépenses, moins d'entretien et vie plus tournée vers l'extérieur), la géonef (écologique, bon marché mais il faut être bricoleur ou connaître des gens pour aider à la construction, car ce sont des habitats auto-construits), la yourte (bon marché, bruyante quand il y a du vent et ce type d'habitat est en général éloigné des grands axes de communication), le voilier (liberté, possibilité de bouger quand on veut, besoin d'être bricoleur, dépendance aux conditions météorologiques).
Prise de congé

Leçon 4

1. démarches – formulaire – justificatives – pièce – un justificatif – d'identité – pré-demande – courrier – enveloppe – gratuit – variable – validité.

2. Salut Marc, ça va ? Tu as l'air inquiet.

   Oui je dois faire un permis international et je ne sais pas comment m'y prendre. Tu sais moi les <u>démarches</u> administratives, c'est pas mon truc !

   Ah mais c'est très facile ! Je peux t'expliquer ! Tu dois d'abord faire une pré-demande <u>en ligne</u> et ajouter les <u>pièces justificatives</u>. Tu trouveras la liste sur leur site ! Ensuite, tu envoies le <u>formulaire</u> que tu as <u>rempli</u> par courrier.

   Ah expliqué comme ça, ça paraît facile ! Et je devrai le refaire chaque fois que je pars à l'étranger ?

   Non, le permis est <u>valable</u> 3 ans, tu es donc tranquille pendant quelques années au moins !

3. a.3 – b.1 – c.2 – d.3 – e.1

4. a.3 – b.2 – c.2 – d.1

Bilan grammaire

1. a. Les invitations, il **les** a envoyées aux invités. À ses parents, il ne **les** a pas envoyées, il **les leur** a données.
   b. Cette tradition, il ne **l'**a pas apprise seul, c'est sa mère qui **la lui** a apprise.
   c. Le service de porcelaine, ce sont les invités qui **l'**ont offert aux mariés. Ils **leur** ont offert le plus beau.
   d. Les différentes étapes de la cérémonie, tu **les** as expliquées aux participants ? Il faudra **les leur** expliquer.

2. **a.** Il faut leur en acheter pour le mariage.
   b. Tu lui en parles ?
   c. Tu le lui rappelleras ?
   d. Nous devrions le leur écrire.
   e. Vous pourriez les aider à la construire.

3. J'ai rencontré … nous nous sommes mariés … C'était magique ! …. a été l'attribution …. nous n'avons pas dû … nous les avions déjà choisis …

4. Changer de pays n'a pas été facile. Je suis arrivée en Espagne en 2002, mais je ne m'étais pas renseignée sur les démarches à réaliser avant mon départ. J'avais seulement loué une chambre en colocation. Pour être en règle, j'ai dû prendre rendez-vous au commissariat pour avoir un NIE (numéro d'identification des Étrangers). Ce papier a facilité toutes les démarches qui ont suivi et m'a permis de travailler.

Bilan vocabulaire

1. **a.** coutumes … naissance
   b. adolescence … étape
   c. Les rites … mort
   d. célébrer … mariage.

2. **a.** 3 – **b.** 5 – **c.** 6 – **d.** 4 – **e.** 1 – **f.** 2

3. habitations … géographiques … terre … mobiles … tente… immeubles … individuelles alternatives … cabane.

4.

Avantage	Inconvénient
durable	défavorable
profitable	décourageant
bénéfique	onéreux
avantageux	négatif
favorable	contraignant
efficace	complexe

5. adultes … inscrire… présenter … formulaire … pièce … mineurs … autorisation (carte … permis … livret … acte)

Entraînement au delf B2

Compréhension orale
a. 2 – b. 3 – c. 1 – d. 2 – e. 3

Compréhension écrite
a. 1 – b. 3 – c. 3 – d. 2 – e. 3

Production écrite

Corrigé type

De plus en plus de Français choisissent de vivre en milieu rural avec l'espoir de disposer de plus de liberté et d'être moins stressés. Ils cherchent avant tout un meilleur cadre et une meilleure qualité de vie, mais aussi un prix d'achat plus accessible que celui de l'immobilier urbain. Pourtant, ceux qu'on appelle les néo-ruraux ne sont parfois pas suffisamment préparés lorsqu'ils passent d'un mode de vie urbain à un mode de vie rural.

Si tous s'accordent à dire que l'air est plus sain et que la proximité avec la nature est apaisante, la vision idyllique de la campagne et les avantages évidents des premiers temps doivent être confrontés à la réalité du quotidien rural : isolement, éloignement géographique avec la famille, les proches, les structures scolaires, les soins, les activités culturelles et les loisirs, nécessité de disposer d'un véhicule pour se déplacer...

Les néoruraux vivent souvent à plus de 15 km du premier village, alors, pour faire leurs courses, ils se déplacent en voiture, et ne doivent rien oublier car impossible de faire 30 kilomètres pour acheter juste une salade ! Ainsi, ils peuvent être amenés à utiliser plus leur voiture qu'avant et à perdre du temps sur les routes. En outre, certaines zones ont une très mauvaise connexion internet ce qui peut devenir un problème pour ceux qui veulent télétravailler. De plus, entretenir un appartement de 70 m2 et une maison de 500m2 ne représente pas le même travail et ça peut vite devenir une source de stress et de problèmes. S'il est sûr qu'à la campagne le cadre de vie est nettement meilleur et l'air plus sain, il faut bien réfléchir et préparer son départ avant de s'y installer.

UNITÉ 2

Leçon 1

1. a. 3 – b. 5 – c. 1 – d. 6 – e. 2 – f. 4

2. a. – à b. – de c. – par d. – en

3. a. Dans l'attente de
   b. à maintes reprises
   c. d'il y a trois jours
   d. actuellement
   e. prochainement

4. a. 2 b. 3 c. 2 d. 1 e. 2

5. a. 2 b. 1 c. 2 d. 3

Leçon 2

1. a. l'unanimité b. tâches c. échanges d. Autoriser e. maintenir

2. a. 2 – b. 1 – c. 4 – d. 3

3. a. ras-le-bol
   b. J'en peux plus
   c. c'est bruyant !
   d. plus qu'assez … à rien.
   e. J'en ai marre … air !

4. a. 3 – b. 2 – c. 3 – d. 1

5. a. 2 – b. 1 – c. 2 – d. 2 – e. 3

6. *Pistes de réflexion :*
   Formule de salutation : Bonjour Madame/Monsieur
   Rappel de l'objet du courriel : Je vous écris aujourd'hui au sujet des animaux domestiques présents au bureau. En effet depuis quelques mois, les employés sont autorisés à amener leur animal domestique au bureau, or cette situation me gêne considérablement.
   Développement : détailler les problèmes liés à la situation : bruits (aboiements, miaulements) qui empêchent la concentration, interruption de travail, problèmes d'hygiène (poils laissés sur le bureau, etc.)
   Votre demande : C'est pourquoi je demande la mise en place d'un aménagement me concernant (télétravail les jours où les animaux sont acceptés) et/ou un bureau individuel.

Formule de politesse et prise de congé : En espérant que ma demande soit prise en considération, je vous envoie mes cordiales salutations.

Leçon 3

1. Nomadisme intra bâtimentaire : a/d Coworking : b Corpoworking : c/e

2. **a.** 3 – **b.** 4 – **c.** 5 – **d.** 1 – **e.** 2

3. **a.** 3 – **b.** 1 – **c.** 1 – **d.** 2 – **e.** 2

4. Gaël : a/e Jean-Louis : b/f Muriel : c/d

5. ***Corrigé type***

   Madame la Responsable du Service des Ressource Humaines,

   Je m'adresse à vous, en tant que représentante du personnel, pour vous communiquer les préoccupations et les propositions dont les employés m'ont fait part.

   Tout d'abord, beaucoup de salariés se plaignent de la mauvaise desserte de nos locaux à laquelle s'ajoute le problème des places de parking, peu nombreuses et réservées aux clients. Certains d'entre nous se sont déjà organisés en mettant en place un système de covoiturage, mais si cette initiative est reprise par votre département, on pense qu'elle pourrait être encore plus efficace. De plus, les locaux dans lesquels nous travaillons depuis maintenant 15 ans sont inadaptés aux nouvelles habitudes de travail. Ils sont constitués de petits bureaux séparés et fermés, ce qui empêche les interactions spontanées entre collègues. La majorité des collègues aimeraient travailler dans une ambiance plus ouverte et dans un espace beaucoup plus lumineux. Par ailleurs, un sentiment général de stress a aussi été souligné. Le sport peut être un bon moyen d'évacuer le stress mais il est difficile de se rendre à la salle de sport étant donné la localisation de l'entreprise. Nous avons donc pensé que nous pourrions mettre en place des activités sportives à l'heure du déjeuner ou équiper une salle inutilisée. Finalement, tout le monde est d'accord sur le besoin d'une salle de détente où les salariés et leurs supérieurs pourraient se retrouver pendant les pauses café par exemple. Nous sommes convaincus que cet espace faciliterait l'écoute et le travail en équipe.

   Je reste à votre disposition pour vous fournir tous les renseignements que vous jugerez utiles.

   Veuillez agréer, Madame, l'expression de mes salutations distinguées.

Leçon 4

1. **A :** Le recruteur : b/c/d Le candidat : a/e

   B :

1	2	3	4	5
d	a	b	e	c

2. Point – rémunération – écoute – revalorisation – responsabilité – résultats – note

3. **a.** 1 **b.** 2 **c.** 1 **d.** 2 **e.** 3

4.

1	2	3	4	5
e	d	b	a	c

5. *Pistes de réflexion :*
Formule de salutations
Présentation (poste et nombre d'année dans l'entreprise)
Demande de formation (expliquer de quoi il s'agit, date, durée, etc.)
Argumenter le choix : compétences développées grâce à la formation et conséquences sur le travail
Prise de congé

Bilan grammaire

1. **a.** j'avais déjà travaillé
   b. Tu n'avais pas dit
   c. J'avais déjà eu
   d. S'il avait rangé
   e. Je n'avais jamais emmené.

2. **a.** Vous aurez le soutien des banques au cas où vous développeriez un projet sur un marché porteur.
   b. Je ne travaillerai jamais pour une entreprise sans m'épanouir au travail.
   c. Il y aurait plus d'hommes dans le secteur de l'éducation infantile si les jeunes étaient intéressés.
   d. Tu n'obtiendras pas d'augmentation sans avoir négocié avec le DRH.

3. **a.** Une augmentation lui sera accordée en janvier 2023.
   b. Un nouvel espace de coworking ultra-moderne a été ouvert à Cotonou.
   c. Pour la promotion d'Olivia, notre décision sera prise très prochainement !
   d. Des services sont offerts aux employés pour améliorer leur bien-être.

4. **a.** il y a 3 semaines … toujours.
   b. souvent … chaque fois.
   c. À l'époque … rarement.

Bilan vocabulaire

1. **a.** 4 – **b.** 1 – **c.** 5 – **d.** 3 – **e.** 2

2. plains – marre – assez – supporte – peux –

3. l'épanouissement – environnement – sereins – télétravail – détente – espace

4. salariés – congés payés – secteurs – congés maternité et paternité – congés maladie – motifs – formations

5. **a.** C'est un vrai bras de fer !
   b. C'est une pointure !
   c. Elle est ouverte à la discussion.
   d. Il est dur en affaires.

Entraînement au delf B2

Compréhension orale
a.2 – b.1 – c.2 – d.3

Compréhension écrite
a.2 – b.1 – c.3 – d.1 – e.3

Production écrite
Pistes de réflexion : schéma du courrier des lecteurs

Formule de salutations

Introduction : rappel de la problématique (le bonheur au travail)

Développement : les avantages à augmenter le bonheur des salariés : plus d'efficacité, de productivité, de motivation et de meilleurs résultats.

Les manières d'y arriver : améliorer l'espace de travail, donner plus de responsabilités aux salariés, proposer des formations.

Prise de congé

Production orale
Pistes de réflexion :
   a. Quel est le thème général du document ? Les métiers d'artisanat.
   b. Quelle est la problématique ? Comment rendre les métiers de l'artisanat plus attirants pour les jeunes ?
   c. Quel est votre point de vue ? Quels arguments peuvent le défendre et quels exemples peuvent l'illustrer ?
   1. Définir les métiers d'artisanat et leurs caractéristiques : ils sont multiples et appartiennent à différents secteurs (bâtiment : peintre ; service : coiffeur ; fabrication : ébéniste ; alimentation : poissonnier)
   2. Démontrer leur importance : secteur économique dynamique, utile dans le quotidien des gens, offre un savoir-faire et favorise le lien social.
   3. Solutions pour redorer leur image auprès des jeunes : faire des campagnes publicitaires, témoignages de jeunes qui ont réussi dans les métiers de l'artisanat, améliorer la communication des établissements scolaires sur ces métiers.

UNITÉ 3

Leçon 1

1. a. 4 – b. 3 – c. 1 – d. 2

2. Aujourd'hui, les citoyens peuvent s'informer de nombreuses façons car il existe de nombreux supports pour diffuser les informations, qu'ils appartiennent aux médias traditionnels ou aux médias en ligne. Quel que soit le support, le travail du journaliste consiste à faire circuler des informations en s'appuyant sur des sources diverses, variées et fiables. Il faut ensuite vérifier ces informations pour enfin les publier.

3. a. Il se peut que tous les citoyens puissent voyager sur la lune d'ici à 20 ans.
b. Les données médicales seront probablement toutes digitalisées pour assurer un meilleur suivi.
c. Il est probable que l'espérance de vie s'allonge grâce aux innovations.
d. Il est possible d'avertir d'un danger avec un objet connecté.

4.

	[ɑ̃]	[ɛ̃]	[ɔ̃]
Exemple		1 (Dem**ain**)	2 (sal**on**) 3 (innovati**on**)
a.	3	2	1
b.	3	2	1
c.		1 – 2	
d.		1	
e.	1 – 2		
f.		2	1

5. a. Les satellites.
b. 3
c. 1

6. *Pistes de réflexion :*

Formule de salutation

Introduction : Vos habitudes de lecteurs (journal en ligne ou journal papier)

Développement : Avantages et inconvénients du journal papier. Il a encore de nombreux lecteurs. On peut y trouver des articles de fond ou des articles d'opinion. En général, ils suivent une ligne éditoriale bien définie que le lecteur connaît.

Avantages et inconvénients des journaux en ligne : beaucoup plus réactifs. Ils permettent des mises à jour en direct. Cependant, ils offrent moins d'articles de fond et proposent parfois des informations qui ne sont pas fiables. Ils sont donc à utiliser avec plus de précautions.

Complémentarité des deux : le lecteur ne cherche pas la même chose et lire les infos en ligne n'empêche pas de recourir au papier.

Conclusion : On peut douter de la disparition totale des journaux papier et donner cet exemple : quand la télévision est arrivée, certains ont pensé que le cinéma allait mourir mais presque 100 ans après la naissance de la télévision, le cinéma existe toujours.
Prise de congé

Leçon 2

1. **a.** 2 – **b.** 4 – **c.** 3 – **d.** 1

2. Comment vulgariser la science et éveiller les esprits ?
   Vulgariser la science c'est donner des clés de lecture et proposer une méthode de réflexion qui permet le questionnement. C'est aussi proposer un condensé des dernières innovations en faisant valider son propos par des scientifiques et, de cette manière, le partager avec le grand public.

3. **a.** Il ira à la conférence de samedi à condition que le professeur Lamard y participe.
   b. Elle fera vacciner ses enfants pourvu qu'on lui explique le fonctionnement de ce nouveau vaccin.
   c. À supposer qu'on ne change pas nos habitudes, la planète deviendra bientôt invivable.
   d. Au cas où le réchauffement climatique se poursuivrait au niveau actuel, l'augmentation du niveau des mers serait considérable.

4. **a.** En cas d'effets secondaires trop importants, ce médicament ne sera pas mis sur le marché.
   b. En admettant que le bénéfice-risque soit positif, il faudra attendre l'accord de l'Agence européenne du médicament (EMA).
   c. On réussira à préserver la planète à condition de réduire les gaz à effet de serre.

5. **a.** 2 – **b.** 1 – **c.** 3

6. Mathieu Nadeau-Vallée : b/e Thomas Milan : d/f Myriam Beaudry : a/c

Leçon 3

1. **a.** FAKE NEWS
   b. DESINFORMATION
   c. RUMEUR
   d. CANULAR
   e. THEORIE DU COMPLOT

2. **a.** 5 – **b.** 4 – **c.** 1 – **d.** 3 – **e.** 2

4. Fabrice a dit que le vaccin pourrait avoir des effets secondaires irréversibles, Sabrina lui a demandé comment il le savait. Elle a dit qu'il n'était pas biologiste, ni médecin ! Fabrice a dit qu'il l'avait lu sur Internet. Sabrina lui a demandé s'il avait vérifié la source. Il a dit qu'il ne l'avait pas vérifiée ! Il lui a demandé d'attendre, il lui a dit qu'il regardait

mais que l'article ne donnait pas de source. Sabrina a répondu que l'information n'était pas fiable. Elle a dit qu'il fallait toujours vérifier ses sources avant de diffuser une information !

5. a. 3 – b. 2 – c. 1 – d. 1

6. *Pistes de réflexion :*

Formule de salutation

Introduction : J'ai bien lu ton post et je me permets d'y réagir.

Développement : Les fake news existeront toujours, c'est pourquoi nous devons sensibiliser les jeunes et les aider à les reconnaître.

L'éducation aux médias donne des outils concrets aux étudiants pour les aider à distinguer le vrai du faux (exemple d'outils). Elle permet de développer l'esprit critique et d'éveiller les consciences, ce qui est utile dans tous les domaines.

Certains jeunes ont réalisé qu'ils lisaient des fausses informations grâce à l'un de ces cours et ont pu chercher par eux-mêmes la vérité dans d'autres supports (témoignages).

Prise de congé

Leçon 4

1. **a.** Le rein d'un porc, dont les gènes ont été modifiés, a été implanté sur un humain. C'est un espoir immense pour des milliers de personnes en attente d'une greffe d'organes.
   b. Grâce à la génétique, certains scientifiques espèrent faire revivre des espèces disparues en reproduisant leur ADN complet à partir de restes fossiles d'êtres vivants.
   c. Les espèces en voie d'extinction sont nombreuses et il faut également les préserver pour éviter la destruction de nos écosystèmes.

2. a. 4 – b. 3 – c. 5 – d. 2 – e. 1

3.
Arguments pour :	Arguments contre :
réduction des délais	menace pour l'emploi
augmentation de la productivité	perte du lien social
	peur incontrôlée

4.
1	2	3	4	5	6
d	f	b	a	c	e

5. **a.** Une femme qui a subi une triple amputation (deux jambes et un bras) et qui sera la première à être équipée d'une prothèse bionique commandée par le cerveau.
   b. 3
   c. 1

Bilan grammaire

1. **a.** Selon certains scientifiques, limiter les impacts climatiques serait possible en stockant les données de l'internet dans l'ADN d'organismes vivants comme les végétaux.
   b. Des dispositifs destinés à lutter contre les violences fonctionnent en activant le téléphone portable et en envoyant des appels au secours.
   c. L'Homme a fragilisé la terre en exploitant ses ressources sans en évaluer les conséquences.
   d. Tout en menaçant la vie privée des patients, le dossier électronique de santé évite les pertes de temps et la prise inutile de médicaments.

2. **a.** C'est la raison pour laquelle je crois en ce projet.
   b. L'entreprise avec laquelle nous travaillons a ouvert un nouveau centre d'innovation.
   c. Le média auquel je fais le plus confiance est la radio. /La radio est le média auquel je fais le plus confiance.
   d. C'est la rumeur contre laquelle elle a lutté toute sa vie.
   e. C'est une information à laquelle il ne croit pas.

3. **a.** C'est la scientifique qui est la mieux placée pour gagner le concours de sciences.
   b. C'est la scientifique dont le projet est le plus avancé.
   c. C'est la scientifique que cet institut de recherche veut recruter.
   d. L'intelligence artificielle, c'est ce dont nous avons besoin pour améliorer notre quotidien.
   e. Des fake news, c'est ce que nous propose ce type de site de désinformation.
   f. L'éducation aux médias, c'est ce qui permet de lutter contre les fake news.

4. Le journaliste lui a demandé s'il pensait que les rêves les plus fous des transhumanistes, comme celui de l'immortalité, pourraient se concrétiser un jour.
   J. T. a répondu que cela ne fonctionnerait pas, mais que ça faisait quand même du mal à notre espèce, car cela isolait les gens. Il s'est demandé où était l'empathie, où était la solidarité dans tout ça. Il a observé qu'il ne faudrait pas oublier que si Homo sapiens avait réussi à s'imposer, c'était surtout grâce à la coopération qui caractérisait notre espèce.

Bilan vocabulaire

1. À quoi sert un vaccin ? Il sert à entraîner le système immunitaire à lutter contre un microbe qui peut être un virus, une bactérie ou même un parasite. Après l'injection d'une dose, des globules blancs libèrent dans le sang des anticorps qui se chargent de la destruction des microbes pour les empêcher d'entrer dans les cellules humaines et de provoquer des maladies ou des complications.

2. De plus en plus de médias proposent des émissions où ils signalent les fausses informations. Ils font preuve d'objectivité et remettent en question certaines

informations qu'ils considèrent peu fiables. Ils identifient les sources et vérifient le contenu en consultant des experts.

3. **a.** JT
   b. désinformation
   c. fonte des glaces
   d. écosystème

4. Liste a. : médias en ligne
   Liste b. : médias traditionnels
   Liste c. : recherche médicale
   Liste d. : génie génétique

Entraînement au delf B2

Compréhension orale
a. 1 – b. 1 – c. 2 – d. 1

Compréhension écrite
a. 1 – b. 2 – c. Faux – d. 2 – e. 3

Production écrite

Corrigé type

Madame la maire,

Je vous écris en tant qu'habitante de Grenoble, mais aussi et surtout en tant que lectrice de *Grenoble, le mag*, le journal local de la ville pour vous faire part de mon indignation. En effet, j'ai appris que votre mairie avait décidé de ne plus donner de subventions à ce journal et cette décision me surprend et m'attriste.

Grenoble, le mag est le seul journal, à ma connaissance, capable de donner des informations sérieuses et vérifiées sur le quotidien de notre ville et de ses habitants. De plus, c'est un journal très apprécié par les habitants qui attendent chaque semaine sa publication avec impatience. Ils y trouvent des articles de fond mais aussi des informations pratiques comme le programme des activités de loisirs à réaliser le week-end. À l'heure de la mondialisation et d'Internet, il semble indispensable qu'une ville comme la nôtre dispose d'un média de ce type. Or, si votre mairie arrête de le subventionner, elle le condamne sans aucun doute, à une mort certaine. Nous devrons alors nous tourner vers les journaux nationaux ou régionaux qui ne donnent presque jamais d'informations précises sur notre ville, ou pire encore vers internet où on ne peut jamais être sûr de la fiabilité de l'information.

C'est pourquoi, je vous demande aujourd'hui de revoir votre décision et de reconsidérer l'allocation de la subvention à *Grenoble, le mag*.

Dans l'espoir d'une réponse positive de votre part, je vous prie d'agréer, Madame, l'expression de mes salutations distinguées.

Un lecteur en colère.

UNITÉ 4

Leçon 1

1.

Arts visuels	Arts vivants	Arts visuels et arts vivants
les textures	le mouvement	la lumière
les couleurs	le corps	
la toile	la mise en scène	
la matière	la gestuelle	
le portrait	la musique	
le paysage	l'installation	

2. Exemple : *Cette toile a des couleurs vives et l'artiste joue avec la matière.*

3. a. Après avoir créé l'exposition *Imagine Van Gogh*, ils ont lancé Imagine Picasso.
b. Avant de plonger dans l'univers de l'artiste, on découvre tous ses tableaux.
c. Après avoir eu sa période « bleu », Picasso a connu sa période « rose ». (Après sa période « bleu », il a eu sa période « rose ».)

4. a. 1 – **b.** 3 – **c.** 3 – **d.** 1 – **e.** 3

5. a. 2 – **b.** 2 – **c.** 1 – **d.** 1 – **e.** 2

Leçon 2

1. a. forme … traits … couleur – **b.** noir et blanc … lignes … relief

2. a. se serait largement inspiré
b. Tu aurais dû
c. elle aurait réussi
d. aurait continué.
e. Je n'aurais pas compris …

3. a. **gran**diose
b. **extra**ordinaire !
c. **im**pressionnante !
d. **par**fait !
e. **é**clatantes

4. a. 2 – **b.** 1/5 – **c.** 2 – **d.** 3 – **e.** 1 – **f.** 1

5. a. 1 – **b.** 1 – **c.** 3 – **d.** 3 – **e.** 2

Leçon 3

1. **a.** 3 – **b.** 5 – **c.** 4 – **d.** 1 – **e.** 6 – **f.** 2

2. Positif : c/d – Négatif : b/e/g – Neutre : a/h/i

3. **a.** n'importe quel
   b. chaque
   c. Tous
   d. aucun
   e. Certaines

4. **a.** 1 – **b.** 3 – **c.** 2 – **d.** 1 – **e.** 1

5. **a.** 2 – **b.** 3 – **c.** 2 – **d.** 2 – **e.** 3

6. *Pistes de réflexion :*
   Formule de salutation
   Présenter le monument : qui est à l'origine du monument ? À quelle période a-t-il été construit ? Dans quel but a-t-il été conçu ? À quoi sert-il aujourd'hui ? Est-ce une attraction touristique ? Pourquoi ?
   Décrire le monument : type de construction, matériaux utilisés, composition, caractéristiques (particularités : étages, escaliers, portes, tours, détails de l'ornementation, etc.)
   Expliquer pourquoi la visite vous a plu : utiliser des adjectifs pour qualifier le monument : magnifique, merveilleux, impressionnant, fantastique, incroyable, etc,) et pour décrire vos impressions : émerveillé, fasciné, admiratif, ébloui, etc.)
   Donner des conseils pour les visiteurs : quel est le meilleur moment de l'année pour le visiter ? Quels sont les pièces/détails/visites guidées à ne pas manquer ?
   Prise de congé

Leçon 4

1. scénario ... réalisation ... plans ... actions ... rythme ... film ... genres...thriller.

2. **a.** J'ai rien **pigé** (compris)
   b. faire gaffe (faire attention)
   c. vraiment cool ! (vraiment bien)
   d. du coup (donc, par conséquent)

3. **a.** 3 – **b.** 3 – **c.** 2 – **d.** 3 – **e.** 2

4. Ricco76 : a/e Lolipop : b/f Michèle M : c/d

5. **Corrigé type**
   Je suis une lectrice assidue de votre revue dont je lis avec intérêt tous les numéros.

C'est d'ailleurs sur vos conseils que je choisis les films que je vais voir au cinéma ou sur les différentes plateformes. Néanmoins, J'aimerais réagir à votre critique du dernier *Spiderman*, parue dans le numéro de mars. Je trouve en effet les propos de l'auteur vraiment excessifs et les arguments peu convaincants ! Vous dites que le film est sans surprise et que le seul visionnage de la bande-annonce permet de connaître l'histoire du début à la fin. Je ne suis absolument pas d'accord avec vous. C'est vrai que la bande-annonce nous révèle l'existence du multi univers, cependant, ça ne suffit pas pour comprendre les différents événements du film et son intrigue. Moi, j'ai été surprise par l'inventivité dans l'histoire ! Les événements s'enchaînent et les connaisseurs retrouvent avec nostalgie l'homme araignée dans sa globalité. Peut-être, et c'est là le seul reproche que je ferais au film, que les non-initiés seront insensibles aux nombreuses références dissimulées un peu partout dans l'œuvre, mais ça ne veut pas forcément dire qu'ils ne passeront pas un bon moment.

Par ailleurs, vous pointez, dans votre critique, un manque de rythme et un jeu médiocre des acteurs. Au contraire, j'ai trouvé le rythme très juste, avec un début plus lent, ce qui permet d'installer l'intrigue jusqu'à ce que les événements s'enchaînent, avec des scènes d'action très bien filmées et spectaculaires. De plus, l'humour est toujours présent avec des dialogues dignes des meilleures comédies. Quant aux acteurs, leur jeu est sans aucun doute d'un excellent niveau, avec notamment le rôle de *Spiderman* très justement interprété. De fait, l'acteur réussit à transmettre aux spectateurs ses émotions avec justesse. Bref en plus d'être spectaculaire et drôle cette nouvelle aventure est vraiment émouvante et ce film, marquant, est peut-être le meilleur *Spiderman*.

Bilan grammaire

1. **a.** 3 – **b.** 1 – **c.** 4 – **d.** 2

2. **a.** révolutionne
   b. puisse.
   c. soit
   d. aborde
   e. se serve.

3. **a.** je ne serais jamais allé(e)
   b. irait
   c. ne ferions jamais
   d. aurait gagné
   e. devrait

4. **a.** Chaque.
   b. Aucune
   c. Certains
   d. n'importe quel (chaque)
   e. quelques

Bilan vocabulaire

1. immersive ... tableaux ... univers ... projetées ... murs ... formes ... sonore ... peintre... rose ... surréalisme.

2. a. tache
   b. œuvre
   c. polémiques
   d. tourelle

3. a. Le matériel pour dessiner
   b. les arts
   c. Les couleurs
   d. les constructions

4. a. espace – plafond – appartements
   b. édifice – cœur – immeubles – façades – corniches
   c. voie – mobiliers – aménagements – de mobilité

Entraînement au delf B2

Compréhension orale
a. 1 – b. 3 – c. 2 – d. 1 – e. 2

Compréhension écrite
a. 1 – b. 2 – c. 3 – d. 1 – e. 1

Production écrite

Corrigé type

Formule de salutation

Présentation de l'artiste proposé : brève biographie, courant dans lequel il s'inscrit, influences, certaines de ses œuvres majeures, description de son œuvre : techniques utilisées, thèmes abordés par l'artiste, couleurs dominantes, description d'une ou plusieurs œuvres pouvant figurer dans l'exposition.

Argumentation : pourquoi cet auteur mérite son exposition numérique ?

-La force de ses tableaux, l'épaisseur de la matière, les couleurs et la lumière pourraient prendre une autre dimension grâce aux images agrandies jusqu'au moindre détail.

-La vie riche de l'artiste qui permet une reconstitution intéressante.

-L'intérêt de faire connaître l'artiste et son œuvre à un plus vaste public, ce que permet ce type d'exposition.

Conclusion et prise de congé

UNITÉ 5

Leçon 1

1. loi ………. initiative ………. proposition ………. délibération ………. contradictoires ………. adoption ……….rejet

2. **a.** 4 – **b.** 3 – **c.** 1 – **d.** 5 – **e.** 2

3. **a.** de sorte que
   b. de ce fait
   c. ainsi
   d. c'est pour ça qu'

4. **a.** 2 – **b.** 3 – **c.** 1 – **d.** 3 – **e.** 3 – **f.** 2

5. **a.** 1 – **b.** 1 – **c.** 3 – **d.** 2 – **e.** 1

6. *Corrigé type*
   Pistes de réflexion : schéma du courrier des lecteurs
   Formule de salutation
   Introduction : rappel de la problématique (le droit de vote à 16 ans)
   Développement : les avantages à donner le droit de vote aux jeunes : impliquer les jeunes dans la vie politique, les sensibiliser plus tôt à leur devoir civique, amener de nouvelles idées.
   Certains jeunes travaillent déjà à cet âge, donc comme ils participent aux impôts, il semble normal qu'on leur donne le droit de vote.
   Mesure mis en place dans plusieurs pays (Autriche, Suisse, Grèce, et quelques régions allemandes).
   Cette mesure devrait s'accompagner d'une formation civique.
   Prise de congé

Leçon 2

1. **a.** une association de malfaiteurs/une bande organisée
   b. un faussaire
   c. un règlement de compte
   d. une erreur judiciaire

2. **a.** 4 – **b.** 6 – **c.** 2 – **d.** 1 – **e.** 3 – **f.** 5

3. **a.** À force de crier leur innocence, elles ont obtenu un deuxième procès.
   b. Il a pu alléger la peine de son client en raison de son bon plaidoyer.
   c. Elle a commis un crime sous prétexte de protéger son entourage.

d. Du fait de ses aveux, sa condamnation a été moins lourde.

   e. De crainte d'être condamné, il a changé de pays et d'identité.

4. **a.** 2 – **b.** 3 – **c.** 1 – **d.** 3 – **e.** 2

5. **a.** 1 – **b.** 1 – **c.** 3 – **d.** 1 – **e.** 3

Leçon 3

1. tribunal … avocat … accusation … preuves … audience … juges … jugement

2. **a.** <u>rendues</u> … <u>plaidé</u>
   b. <u>acquittés</u>
   c. <u>enregistrée</u> … <u>classée</u>.
   d. <u>accusés</u> … <u>trouvées</u> … <u>dévoilé</u>
   e. <u>plaintes</u> … <u>engagé</u>
   f. <u>méprisé</u> … <u>insultées</u>.

3. **a.** GR (groupe rythmique) 1 : Monsieur le prési**dent**,
   GR 2 : monsieur les ju**rés**, GR 3 : mon client n'est pas cou**pable**.
   Intonation montante à la fin de chaque groupe rythmique.
   b. GR1 En donnant la mort à l'accusé,
   GR2 : vous céderiez à la co**lère**, GR 3 : à la **peur**, GR 4 à la panique.
   Intonation montante à la fin des groupes rythmiques 2 et 3.
   c. GR1 : L'**aveu**, GR 2 : au contraire, GR3 : c'est la porte ouverte à l'erreur judi**ciaire** !
   Intonation montante à la fin des groupes rythmiques 1 et 3.
   d. GR1 : Ne croyez-vous pas que, GR2 : même en prison, GR3 : tout homme a droit au res**pect** ?
   Intonation montante à la fin du groupe rythmique 3.
   e. GR 1 : Mon client est la seule victime, GR 2 : victime d'un cr**ime**, GR 3 : victime de la soci**été**, GR 4 : victime de la jus**tice** !
   Intonation montante à la fin des groupes rythmiques 2,3 et 4.

4. **a.** 2 – **b.** 1 – **c.** 2 – **d.** 3 – **e.** 2

5. 1.c – 2.a – 3.b

6. **a.** 2-5-6 – **b.** 3

Leçon 4

1. a – d – e – f

2.

plaignant(e)	accusé(e)
être dédommagé(e)	commettre une infraction
toucher des dommages et intérêts	auteur/autrice des faits
victime	être condamné(e)
la défense	une peine

3. a. 1 – b. 1 – c. 2/3/5 – d. 2 – e. 3

4. a. 1 – b. 2 – c. 3 – d. 3 – e. 2 – f. 3

5. *Corrigé type*

Pistes de réflexion (voir livre p.71)

Rappel des faits : expliquer les circonstances de l'accident et ses conséquences : impossibilité de travailler et perte de salaire, perte de qualité de vie (accès limité aux loisirs et impossibilité de faire du sport), frais dus aux séances de rééducation et incertitude quant à la récupération totale de la mobilité du bras.

Précision : témoins qui peuvent attester que la crotte appartenait bien à votre voisin.

Formule de politesse et prise de congé

Bilan grammaire

1. a. Les citoyens Suisses disposent d'un certain pouvoir législatif de sorte qu'ils peuvent annuler une loi.
b. Le droit de vote est obligatoire en Belgique, de ce fait l'abstention y est moins importante.
c. Son plaidoyer était très émouvant et convaincant, c'est pour ça qu'il a gagné le procès.
d. Il a commis de nombreux délits dans son enfance ainsi, il a déjà été poursuivi en justice.

2. a. 4 – b. 1 – c. 3 – d. 5 – e. 2

3. a. commises
b. déposée
c. renseignée … conseillé
d. portées
e. entreprise

4. s'est ouvert … avait avorté … y ont aidée …. ont choisie …. a passé … a défendues … est devenu … a permis … avaient pratiqué.

Bilan vocabulaire

1. infractions ... (délits) ... pénales ... (tribunal ... cour ...) ... poursuivie ... innocente ... culpabilité ... présomption ... punies ... retenues ... défendue ... condamnée

2. a. ~~une plainte~~
   b. ~~un bourreau~~
   c. ~~l'aveu~~
   d. ~~une preuve~~

3. *Réponse libre*

4. a. en bref
   b. en tout cas
   c. en un mot
   d. Quoi qu'il en soit

5. a. 4 – b. 1 – c. 5 – d. 2 – e. 3

Entraînement au delf B2

Compréhension orale
a. 1 – b. 3 – c. 3 – d. 3 – e. 2

Compréhension écrite
Diver : a – Pacos : b/e/f – Michel : c/d

Production écrite
Corrigé type

Je suis très choqué(e) par votre article sur la partialité de la justice, car je croyais qu'en France, la justice jugeait de la même manière tout le monde, quel que soit son statut social.

Cependant, il est clair que les prévenus ne disposent pas tous des mêmes ressources pour se défendre ou pour faire valoir leurs arguments. On peut facilement penser qu'une personne bénéficiant d'une bonne éducation s'en sortira mieux et qu'elle fera plus facilement bonne impression, grâce notamment à sa façon de s'exprimer, de justifier son comportement, et d'expliquer sa situation personnelle et les événements. De plus, il y a aussi le rôle de l'avocat, qui influence largement le cours de la procédure judiciaire. Si aujourd'hui tout le monde peut bénéficier d'une assistance juridique gratuite, les personnes aux revenus plus élevés pourront plus facilement avoir recours à un (ou des) avocat(s) expérimenté(s). Pour éviter cela, on pourrait obliger les avocats expérimentés à représenter des personnes vulnérables, gratuitement au moins 5 fois par an. Par ailleurs, si le choix de l'avocat est central, reste le rôle du juge qui prend la dernière décision. La majorité d'entre eux ne connaissent rien de la réalité des populations qu'ils sanctionnent, et sont victimes de leurs préjugés, la plupart du temps sans même s'en rendre compte. Il faudrait peut-être les inciter à avoir une meilleure connaissance de leur co-citoyens, en organisant des stages auprès des personnes vulnérables. En bref, qu'ils soient plus près du terrain pour qu'ils puissent prendre des décisions équivalentes, quelle que soit l'origine de la personne qu'ils jugent.

UNITÉ 6

Leçon 1

1. a. 3 – b. 4 – c. 1 – d. 5 – e. 2

2. se lancent .... entreprenariat .... exclusion .... s'appuient .... programmes .... investir .... créer .... social .... professionnelle .... accès .... égalitaire .... autonome.

3. a. Elle a contracté/contracte un prêt dans le but de monter sa propre affaire.
   b. Il cherche des femmes expertes en bâtiment afin de garantir la parité dans ses programmes.
   c. Les tontines visent à encourager l'indépendance financière et sociale des femmes.
   d. L'objectif de l'investissement est de tirer des bénéfices.

4. a. 3 – b. 2 – c. 2 – d. 3

5. a. 1 – b. 2 – c. 1 – d. 2

Leçon 2

1. a
   a. ~~favoriser~~
   b. ~~améliorer~~
   c. ~~relever~~
   d. ~~laisser de côté~~
   e. ~~accompagner~~
   b.
   C'est à ces jeunes de **relever** ces défis, d'**accompagner** les projets, de **favoriser** l'inclusion pour **améliorer** leur vie, car le système a pu les **laisser de côté**.

2. politique .... action .... conjugue .... engagé .... mobiliser .... enjeux.

3. a. Je me doute qu'il faut sensibiliser les jeunes à ce problème.
   b. Je doute qu'il soit conscient des enjeux importants pour demain.
   c. Il semble qu'elle veuille organiser une action artiviste avec des peintres.
   d. Je pense qu'ils viendront nombreux mais je ne pense pas qu'ils comprennent le message.
   e. Il me semble qu'il peut s'insérer facilement.
   f. Je ne pense pas qu'il faille annuler l'action, il me semble qu'on doit continuer.

4. a. 1 – b. 2 – c. 1 – d. 2 – e. 3

5. a. 1 – b. 2 – c. 3 – d. 1 – e. 1

Leçon 3

1. a. 4 – b. 1 – c. 2 – d. 5 – e. 3

2. à part entière .... appartenance .... acceptés .... rôles ....
communauté .... sociales .... préférences.

3. a. À la différence du handicap physique, l'illectronisme est invisible.
   b. L'enseignement inclusif, au contraire, se base sur les égalités et les différences entre les élèves.
   c. Contrairement à l'insertion, l'intégration tend à effacer les différences.
   d. En revanche, il est important que les jeunes développent un sentiment d'appartenance.

4. a. 1 – b. 3 – c. 2 – d. 2 – e. 3

5. a. 3 – b. 2 – c. 1 – d. 1

6. *Pistes de réflexion* :
   Formule de salutation
   Se présenter et présenter l'association dont vous faite partie : Je vous écris en tant que bénévole, membre/porte-parole/directeur/directrice de l'association Nos aînés et nous. Notre association solidaire lutte contre l'exclusion des personnes âgées, en organisant des événements intergénérationnels...
   Expliquer et justifier votre demande : Les aînés sont les plus touchés par le problème de l'illectronisme qui définit le manque ou l'insuffisance de connaissances nécessaires à l'utilisation des outils électroniques.
   Expliquer votre projet et demander des locaux : Notre projet consiste à organiser des formations destinées aux personnes âgées, en vue de... C'est pourquoi, nous vous demandons de pouvoir utiliser des locaux, dans le but de ...
   Conclusion et prise de congé

Leçon 4

1. cause .... se métamorphosent ....mettent l'accent .... bien-être ....
agrandissent .... enclos .... sauvages (........... rhinocéros) .... rapaces ....milieu.

2.

Phrases	Rime 1	Phrases	Rime 2
a	hy**ènes**	b	enn**ui**
d	afric**aine**	c	pa**ys**
f	parisi**enne**	e	ter**nis**

3. a. 2 – b. 2 – c. 1 – d. 2 – e. 1

4. a. démontre – important – stable – n'a aucune importance.
   b. adhèrent – approuvent – le durcissement – bonne initiative – hausse

Bilan grammaire

1. b. Pour que les handicapés prennent leur place dans la société, ils doivent avoir accès à des emplois valorisants.
   c. La parité vise à établir une parfaite égalité entre les sexes.
   d. On limite la vitesse / La vitesse est limitée pour réduire les accidents.

2. a. Je doute
   b. Il semble
   c. Je pense
   d. Je doute
   e. Il me semble/Il semble
   f. Je pense/Je ne pense pas

3. a. mais
   b. contrairement
   c. à l'opposé
   d. en revanche
   e. au contraire

4. font .... soit .... n'y crois pas ....rende .... mettent .... suffise .... sert .... s'agit .... vaut

Bilan vocabulaire

1. a. priorité – b. inclusion – c. enjeux sociétaux – d. solidarité

2.
inclusif	non-inclusif
avoir sa place	sous-représenté(e)
bien-être	invisible
faciliter l'accès	dédaigner
reconnu	faible estime de soi

3. a. 2 – b. 5 – c. 4. – d. 1 – e. 3

4. déterminant ……….. bien-être ……….. handicap ……….. reconnues ……….. exclues ……….. accessibilité ……….. leviers ……….. inclusion ……….. enjeu ……….. représentativité

Entraînement au delf B2

Compréhension orale
a. 3 – b. 2 – c. 3 – d. 1 – e. 3

Compréhension écrite
Manuel : a/e Marlène : b/d/f Aymeric : c

Production écrite
Corrigé type

L'école inclusive a pour objectif de donner la même chance de réussir à tous les élèves quels que soient leurs handicaps et leurs difficultés et de leur permettre d'apprendre. Depuis plusieurs années, on parle de plus en plus de la mise en place de ces écoles. Malgré cette forte volonté, dans les faits, peu d'écoles de ce type existent aujourd'hui en France. Pourtant différentes études montrent que, de manière générale, l'inclusion a des effets positifs, aussi bien pour les « minorités » que pour les autres élèves. Ces effets positifs se mesurent en termes d'apprentissage mais aussi de confiance en soi et de qualité des relations sociales, pour les minorités. Les élèves ordinaires ont moins de préjugés à l'égard des élèves souffrant de handicap, ont plus envie de jouer avec eux et ont des attitudes plus positives. Alors qu'attendons-nous pour mettre en place ce type d'écoles ? C'est vrai que des obstacles existent, comme par exemple, la résistance de certains enseignants et parents, leur manque de formation ou encore le manque de soutien de l'institution. En effet, les enseignants et les enseignantes ne sont pas tous préparés à l'inclusion et certaines pratiques, peu adaptées, peuvent amener les élèves handicapés à se sentir marginalisés : manque d'interaction avec les autres élèves, support non adapté et donc difficulté face aux tâches, évaluations négatives. C'est pourquoi la mise en place d'écoles de ce type ne peut se faire qu'en formant correctement les enseignants. Elle semble aujourd'hui plus que nécessaire. En plus de ses avantages mentionnés plus haut, l'école inclusive permet de refléter plus justement notre société, et je pense que c'est aussi ce que doit être l'école : le reflet de la diversité de notre société.

UNITÉ 7

Leçon 1

1. consomme .... gaz .... produits .... data centers .... impact .... empreinte .... stockage .... production

2. **a.** 6 – **b.** 7 – **c.** 1 – **d.** 2 – **e.** 3 – **f.** 5 – **g.** 4

3. *Réponse libre*

4. **a.** utilisent .... faire
   b. implanter .... puissent
   c. soit récupérée .... être réutilisée.
   d. changer .... diminue.
   e. connaissent .... réduisent

5. **a.** 2 – **b.** 1 – **c.** 2 – **d.** 2 – **e.** 1

6. **a.** 2 – **b.** 1 – **c.** 2 – **d.** 1 – **e.** 2

Leçon 2

1. d'occasion .... emballés.... récipient... jetables... durables ... recycler ... déchets

2.

	Première syllabe allongée	Pause après chaque syllabe
a	✔	
b		✔
c		✔
d	✔	
e	✔	
f		✔
g	✔	
h		✔

3. **a.** Les entreprises utilisent des emballages en plastique alors que chaque année plus de 10 millions de tonnes de plastique finissent dans les océans.
   b. McDonald's a beau avoir verdi son logo, cette marque de fastfood reste l'une des plus polluantes au monde.
   c. Malgré tous ses efforts, il n'a pas réduit son empreinte carbone.

4. a. 3 – b. 1 – c. 2 – d. 2

5. a. 2 – b. 1 – c. 2 – d. 3 – e. 2

6. *Pistes de réflexion :*

   Formule de salutation

   Introduire le sujet et définir le greenwashing : (Tromper le consommateur sensible à l'environnement avec des techniques marketing qui donnent une image verte et responsable d'une marque ou d'un produit)

   Présenter l'entreprise et vos arguments

   Exemples :

   Une marque de fast-fashion propose à ses clients de rapporter leurs vieux vêtements pour les recycler. Mais en échange, ils obtiennent un bon de réduction de 5€ pour acheter des vêtements neufs et donc polluants.

   Une campagne publicitaire d'une entreprise de production et de fourniture d'électricité qui met en avant l'écologie et des solutions énergétiques pour lutter contre le réchauffement climatique (économies d'énergies, éolien, hydraulique...), alors que le budget qu'elle consacre à la recherche sur les énergies renouvelables est minime.

   Conclusion et rappel de la demande : par conséquent, cette entreprise paraît être la lauréate idéale pour le prix Pinocchio...

   Prise de congé

Leçon 3

1. geste – tourisme – logis – citoyen – responsable

2. a. écotourisme
   b. éco-logis
   c. écoresponsable
   d. écogeste
   e. écocitoyen

3. a. Si on limitait le gaspillage, on pourrait diminuer notre empreinte écologique.
   b. Si chaque citoyen faisait 5 écogestes par jour, cela aurait un réel impact environnemental.
   c. S'ils ramassaient tout le plastique de cette plage, ils y mettraient plusieurs jours.
   d. Si nous réparions nos objets cassés, nous achèterions beaucoup moins.
   e. Si vous étiez plus créatifs, vous sauriez comment recycler vos vêtements.

4. a. 4 – b. 5 – c. 1 – d. 3 – e. 2

5. a. 1 – b. 2 – c. 2 – d. 1 et 4 – e. 2 – f. 1

6. a. 3 – b. 3 – c. 1 – d. 1 – e. 1 – f. 2

Leçon 4

1. a. 6 – b. 4 – c. 1 – d. 5 – e. 3 – f. 2

2. surconsommation ……. désastreux ……… environnement ……. incitent …………… climatique …………… émissions ……… préserver ……… Pourtant ………… envisage ………… implanter ………… opposons ………… C'est pourquoi ………… demandons ……… indispensable ………… conséquences.

3. a. 1 – b. 3 – c. 1 – d. 2 – e. 3

4. Jean-Marie Koalga : a/c Habibatou Goumbane : b/e Carlo Petrini : d/f

5. *Pistes de réflexion :*
   Formule de salutation
   Introduction du sujet : vous présentez et formulez *Votre demande :* j'ai l'honneur de vous adresser ce courrier en tant que citoyen et client de la ressourcerie pour vous demander de renoncer à reprendre les locaux que la ressourcerie utilisent aujourd'hui.
   Présentation de vos arguments : en effet, lui enlever ses locaux rendrait difficile sa survie économique… Détailler les conséquences au niveau individuel et collectif, insister sur les conséquences écologiques en donnant des exemples des activités réalisées par la ressourcerie.
   Conclusion : rappel de la demande et proposition de compromis
   Par conséquent, nous souhaitons le maintien de la ressourcerie dans les locaux qu'elle utilise aujourd'hui… La ressourcerie pourrait payer un prix de location raisonnable par exemple, ou reverser un petit pourcentage de ses bénéfices à la ville.
   Prise de congé

Bilan grammaire

1. pense ………… fassions ……………… polluer ……………… buvions …………………
   prenions ……………… coupions ……………… achetions ……………… réduisions ……………
   compostions …………… triions ……………… commence

2. a. Alors que
   b. a beau
   c. Même si
   d. Bien que
   e. En dépit de
   f. Malgré

3. a. fermions – réduirions
   b. jetiez – pourriez
   c. implantions – pourrions

d. buvions – achèterions

e. renouvelait – consommerions

4. **a.** 4 – **b.** 3 – **c.** 5 – **d.** 1 – **e.** 2

Bilan vocabulaire

1. empreinte .... émise .... consommation .... matières premières............
bilan .... impact .... environnement ...... énergétique.

2. bilan énergétique .... rejette .... gaz .... consomme ....énergivore .... ressources

3.
Verbe	Nom	Adjectif(s)
durer	la durée	durable
émettre	l'émission	émis (e)
produire	la production	produit (e)
recycler	le recyclage	recyclé(e) recyclable
respecter	le respect	respecteux (euse)

4. *Réponse libre*

5. permaculture .... durable ....biodiversité .... ressources ....nature .... écosystèmes .... techniques .... chimiques

Entraînement au delf B2

Compréhension orale
a. 3 – b. 2 – c. 1 – d. 1 – e. 1

Compréhension écrite
a. 2 – b. 3 – c. 3 – d. 3

Production écrite

Corrigé type

Clément Saulnier
10, promenade du parc
34200 Sète

À l'attention du responsable des projets bibliothèque
Place du savoir
34200 Sète

Sète, le 18 octobre

Madame, monsieur

J'ai l'honneur de vous adresser ce courrier en tant que citoyen de la ville, électeur et usager de ses bibliothèques. Bien que je sois ravi à l'idée de l'ouverture de la nouvelle bibliothèque, j'avoue être surpris et fâché par les choix que vous avez faits concernant les cadeaux offerts aux habitants lors de son inauguration. Si donner des cadeaux aux habitants est une bonne idée, les offrir emballés dans du plastique est une aberration car l'impact écologique est trop grave pour être ignoré.

En effet, les conséquences écologiques du plastique sont multiples. Tout d'abord, la provenance : n'importe quel plastique vient d'un combustible fossile responsable de l'augmentation de CO_2 dans notre atmosphère et, de ce fait, du changement climatique. De plus, les emballages en plastique sont fins et rarement recyclables. Par conséquent, chaque emballage contribuera au problème de l'accumulation de déchets qui en plus, ne se décomposent pas naturellement. On sait aujourd'hui que les mers et les océans sont remplis de plastiques qui polluent les eaux et tuent les poissons.

Quant à la solution à ce problème, je comprends qu'elle doit être bon marché et durable. Je vous recommanderais donc un emballage en papier journal que l'on peut trouver au café du coin ou dans les kiosques à journaux. Toutefois, cet emballage n'est pas durable. Vous pouvez aussi opter pour le carton, que vous pourriez récupérer dans les supermarchés. En utilisant l'emballage en papier journal ou en carton, vous choisiriez un emballage durable et respectueux de l'environnement, ce qui pourrait améliorer l'image de la bibliothèque. En outre, ça montrerait à notre communauté un bel exemple, qui, peut-être, permettrait de faire prendre conscience à certains des conséquences environnementales du plastique à usage unique.

J'espère avoir réussi à vous convaincre et je vous prie d'agréer, Madame, Monsieur, l'expression de mes salutations distinguées.
Clément Saulnier

UNITÉ 8

Leçon 1

1. **a.** 4 – **b.** 5 – **c.** 1 – **d.** 3 – **e.** 2

2. à l'âge de .... Après .... À ce moment-là .... tandis qu'........... avant

3. de .... à .... ensuite .... puis .... jusqu'en .... Après .... Depuis

4. **a.** 2 **b.** 3 **c.** 2 **d.** 2 **e.** 1

5. **a.** la rapidité
   b. le manque de précision
   c. 3
   d. 1
   e. 1

6. *Pistes de réflexion :*
   Formule de salutation
   Se présenter en tant que lecteur et expliquer pourquoi vous avez décidé de répondre à ce message.
   Expliquer les avantages et les inconvénients de l'arbre généalogique : implication personnelle pour les recherches, processus long, incertitudes du résultat et du test ADN : rapide mais coûteux, incertitudes et résultats qui peuvent être approximatifs. Il ne demande pas d'implication personnelle.
   Prise de congé

Leçon 2

1. **a.** Coco Chanel disait ne rien regretter de sa vie sauf ce qu'elle n'avait pas fait.
   b. Si seulement Notre-Dame n'avait pas brûlé, tu pourrais voir comment elle était !
   c. Quel dommage que cette invention soit si chère, elle pourrait être utile à tellement de gens !
   d. C'était un bon scientifique, hélas, il n'a pas pu continuer son projet, faute d'argent.
   e. Il regrette les conséquences de son invention.

2. **a.** n'avaient pas existé .... auraient perdu
   b. n'avait pas été inventée .... aurait été ....
   c. avait connu .... serait devenu ....
   d. s'était imposé .... aurait dû ....
   e. n'avaient pas lutté .... n'auraient jamais pu ....

3. **a.** 2 – **b.** 1 – **c.** 3 – **d.** 1 – **e.** 1

4. a. 1/3 – b. 3 – c. 2 – d. 3

5. *Pistes de réflexion :*

Si j'avais fait…. (si je n'avais pas), aujourd'hui je serais allé(e), (j'aurais pu) etc.

Utiliser le conditionnel et le conditionnel passé pour imaginer les choses qui seraient réalité aujourd'hui.

Utiliser également l'hypothèse au passé (si + plus-que-parfait, conditionnel passé)

Leçon 3

1. a. origines .... remonte ....
   b. date .... d'origine ....
   c. Originaire ....vient de ....
   d. racines ....provenant ....

2.

	Un groupe rythmique	Deux groupes rythmiques
a. Est-ce un mythe ?	x	
b. À qui la faute ?	x	
c. C'est vrai ?	x	
d. Qui voudrait le faire ?		x
e. Est-ce vraiment réaliste ?		x
f. Qui est responsable ?		x

3. **a.** 1 – **b.** 2 – **c.** – a/4 – b/2 – c.1 – d./3 – **d.** 2 – **e.** 1

4. **a.** 1 – **b.** 1 – **c.** 3 – **d.** 2

5. *Pistes de réflexion :*

Formule de salutation

Expliquer pourquoi vous avez décidé de répondre à ce message.

Présenter un plat ou une technique culinaire que vous appréciez : parler de ses origines (utiliser le vocabulaire étudié dans l'unité : remonter à/dater de provenir/venir de d'origine/originaire origines/racines), s'il s'agit d'un plat : sa composition (ingrédients) et ses habitudes de consommation (qui le consomme, en quelles circonstances) ; s'il s'agit d'une technique : la décrire et dire qui l'utilise et comment elle se transmet.

Expliquer pourquoi ce plat/cette technique mérite de figurer sur la liste du patrimoine culturel : il correspond à la définition du patrimoine culturel, il est présent et très utilisé/consommé sur le territoire, et il est apprécié par la population.

Prise de congé

Leçon 4

1. a. 5 – b. 3 – c. 2 – d. 1 – e. 4

   La cancel culture ou la culture de l'annulation désigne la pratique qui consiste à dénoncer publiquement les propos ou les agissements polémiques d'une personne, ou le caractère problématique d'une œuvre et à demander qu'ils soient mis à l'index. Certains pensent qu'il s'agit d'une censure.

2. a. 3 – b. 1 – c. 2 – d. 1 – e. 1

3. a. 1 – b. 2 – c. 2 – d. 3

4. *Corrigé type*

   Ces derniers jours, j'ai lu des déclarations du designer espagnol où il disait que l'appropriation culturelle est un concept que nous devrions tous oublier alors que nous vivons tous dans la mondialisation. Ce sont sans doute des propos très controversés, car l'appropriation culturelle fait partie de nos vies, et bien que nous vivions dans un monde globalisé, tous les secteurs ne sont pas globalisés au même niveau.

   Au niveau commercial, économique et même social, il est vrai que le monde est fortement globalisé. L'appropriation dans ces secteurs est très relative, puisque les valeurs sont de plus en plus similaires. Lui, qui est créateur de mode, devrait savoir plus que quiconque que les vêtements vendus à Paris sont les mêmes que ceux vendus à New York, Berlin ou Buenos Aires. Pour l'industrie de la mode et du design, qui a toujours vécu d'influences, les appropriations n'ont aucune valeur.

   Cependant, si l'on parle d'appropriation culturelle, il faut ici clarifier certaines choses. Bien que la mondialisation ait fait une grande brèche dans la culture, les traditions, les langues, les coutumes sont encore très différentes dans chaque partie du monde. S'ils essaient de copier, de remplacer ou de supprimer, nous devons dire assez. Le respect de la différence est la base de la tolérance, et si on l'élimine, que reste-t-il ?

   Je pense qu'un artiste comme ce designer doit avoir de la notoriété, de la publicité et doit être controversé. Maintenant, il faut garder à l'esprit que nos coutumes doivent être préservées et si quelqu'un veut les copier ou les remplacer, nous devons être fermes et refuser de le faire.

Bilan grammaire

1. *Réponses libres*

2. Réponses possibles
   a. Il est dommage que je me sois trompé !
   b. Si seulement je pouvais parler aussi bien arabe que français !
   c. Il aurait mieux valu passer le ballon

3. a. Il a cherché des années ses origines et les a trouvées depuis peu.
   b. Elle a retrouvé le manuscrit de la légende que lui avait racontée sa grand-mère.

    c. Ils se sont lavé les mains avec du savon.
    d. Elle s'est fait avoir par cette publicité.
    e. Ils se sont rendu compte de leurs erreurs.
    f. Les frites qu'elle a cuisinées sont délicieuses.

4. **a.** Malgré
   b. En dépit d'
   c. Quand bien même
   d. Bien que

Bilan vocabulaire

1. L'antériorité : il y a trois jours, à l'époque, le mois dernier, la veille
   La simultanéité : au moment où, ce jour-là
   La postériorité : dans trois jours, le lendemain, auparavant

2. **a.** perdurent .... retracent ....
   b. origines .... ADN .... généalogiques
   c. arbre .... ascendants .... liens ....

3. **a.** 5 – **b.** 3 – **c.** 2 – **d.** 1 – **e.** 4

4. promotion .... mets .... valoriser .... outil .... marque .... encourager .... relations internationales

Entraînement au delf B2

Compréhension orale
a. 1 – b. 3 – c. 1 – d. 3 – e. 1 – f. 2

Compréhension écrite
a. 3 – b. 1 – c. 3 – d. 2 – e. 1

Production écrite

Corrigé type

Le destin de la statue de Franco, ce chef militaire est entre les mains des citoyens et citoyennes de notre ville. En effet, en convoquant cette consultation populaire, la mairie laisse les citoyens et citoyennes prendre la décision quant au futur de cette statue. C'est, selon moi, une preuve de courage, car la question a été éludée pendant des décennies.

Bien entendu, il ne s'agit pas seulement d'une statue mais surtout de la violence historique qu'elle représente. Aujourd'hui, la statue se trouve dans une rue très fréquentée, exposée en pleine lumière. On dirait un lieu honorifique dans la ville. Sa préservation est défendue par les défenseurs de l'histoire et de ses symboles, car les peuples qui ne connaissent pas leur histoire seraient plus violents. Quand bien même, ce qui pose question, c'est l'emplacement de cette statue. Ne serait-elle pas mieux dans un musée, accompagnée d'explications du contexte historique auquel elle appartient ? Ne serait-elle pas ainsi plus utile aux valeurs démocratiques et à la mémoire historique ?

Même si j'apprécie le geste de la mairie de laisser les citoyens et citoyennes décider du sort de cette statue, je ne peux m'empêcher de penser qu'il s'agit d'une façon de se « laver les mains » et de passer carrément le bébé aux mains de la décision populaire. Mais finalement, pourquoi pas ? Le destin de généraux militaires violents aux mains des citoyens, c'est peut-être ça la véritable justice historique.

UNITÉ 9

Leçon 1

1. a. 2 – b. 4 – c. 1 – d. 5 – e. 3

2.

La pièce	La performance des acteurs	Les sentiments des spectateurs
Il y a des longueurs.	Ils sont au service du texte.	Ils vibrent d'émotion.
C'est plein de rebondissements.	Ils transmettent les émotions.	Ils plongent dans l'univers de la pièce.

3. a. aura fini
   b. aura pensé
   c. serons sortis
   d. se sera bien passé.
   e. aura eu

4. a. 2 – b. 2 – c. 1 – d. 3 – e. 3

5. a. 1 – b. 2 – c. 3 – d. 1 – e. 1

Leçon 2

1. roman .... intrigue .... narration .... personnages ....dialogues .... lecteurs .... lectrices

2. ton .... retrace .... parcours .... force .... réside .... écriture .... touchants .... menés avec brio .... ciselée .... fluide .... rythme

3. a. soit
   b. l'a aidé(e) / l'aide
   c. gagne.
   d. est
   e. intéresse

4. a. 2 – b. 1 – c. 2 – d. 1 – e. 1

5. a. 2 – b. 3 – c. 1 – d. 2 – e. 1

6. *Pistes de réflexion :*
   Formule de salutation
   Se présenter en tant que lecteur et expliquer pourquoi les livres de l'écrivain vous plaise (reprendre le vocabulaire de la leçon pour décrire son écriture, les intrigues, les dialogues, les personnages, le rythme, etc.)

Retracer la biographie de la personne choisie : les moments charnière de sa vie, sa force de caractère et sa résilience, les personnes qui ont compté pour elle ; puis expliquer pourquoi la vie de cette personne peut servir de fil conducteur à un roman de développement personnel.
Prise de congé

Leçon 3

1. a. 2 – b. 5 – c. 6 – d. 1 – e. 3 – f. 4

2. a d f b h g i e c

3. parla .... alla .... respira .... lut .... s'arrêta .... baissa .... regarda

4. a. 3 – b. 1 – c. 2 – d. 3

5. a. 3 – b. 3 – c. 1 – d. 2 – e. 3

Leçon 4

1. succès – enfant – ans – tranquille – folle – se moque – arrive – perdue – il fait froid

3. a. 1 – b. 2 – c. 1 – d. 3 – e. 2

4. a. 2 – b. 1 – c. 3 – d. 2 – e. 2

5. *Pistes de réflexion*
   Formule de salutation
   Présentation et objet du courriel : Je suis une amie de Léa. Elle m'a contacté(e) car elle se trouve sur l'autoroute. Retranscrivez toutes les expressions familières en langage courant : bagnole : voiture ; paumée : perdue ; boulot : travail/bureau ; taf : travail / dossier ; super : très ; croire que je m'en fiche : elle regrette sincèrement de ne pas pouvoir arriver à l'heure et elle voudrait que vous sachiez à quel point ce dossier compte pour elle.
   Prise de congé

Bilan grammaire

1. a. 4 – b. 3 – c. 5 – d. 1 – e. 2

2. a. Je ne crois pas que cette pièce va marcher.
   b. Il semble que ce livre soit trop dense.
   c. C'est sûr que ses romans se lisent vite.
   d. J'ai la conviction qu'il s'agit de son meilleur roman.

3. *Exemples de corrigés*
   a. Je doute que cette pièce soit un succès, la mise en scène est très mauvaise.

b. Il y a peu de chances que cette comédienne obtienne un prix avec ce rôle.

c. Il est certain que l'exil est une expérience riche et douloureuse.

d. Je ne suis pas sûr(e) que l'intrigue soit si originale.

4. Alors que la guerre faisait rage dans la ville, une mère décida d'éloigner ses fils. Ils arrivèrent chez leur grand-mère, une femme méchante et autoritaire. Ils apprirent à surmonter le froid, la faim et les violences de la guerre. Leur vie changea le jour où ils trouvèrent un grand cahier. Ils commencèrent alors à rédiger leurs mémoires et ils continuèrent jusqu'à leur mort.

Bilan vocabulaire

1.

Avis positif	Avis négatif
a. Une œuvre bien ciselée, sans aucun temps mort ni longueur.	**b.** Les dialogues sont rythmés, néanmoins ils m'ont ennuyé.
d. Un livre puissant et touchant !	**c.** J'ai trouvé certains personnages assez insignifiants.
f. La force du livre, c'est que l'intrigue nous captive.	**e.** Dans l'ensemble, ça manque de rythme.
g. Quel plaisir de retrouver le style vif et l'écriture accrocheuse de l'auteur.	**h.** Par moments, la narration se perd dans des détails, et c'est à mourir d'ennui !

2. suit .... apprentissage .... se construire .... futur .... titre .... accéder .... se développer .... avenir.

3. **a.** fringues
   b. bagnole
   c. bouquins
   d. taf

4. **a.** Il a rien pigé.
   b. Elle part en vrille.
   c. Il s'en fiche !
   d. Elle fait gaffe.

Entraînement au delf B2

Compréhension orale
a. 2 b. 3 c. 1 d. 3 e. 1

Compréhension écrite
Leïla : a/e – Fadh : b/f – Guillaume : c/d

Production écrite
Corrigé type
Salut Marco,

J'ai lu avec intérêt ton message sur le forum et comme j'ai vécu la même expérience que toi, j'ai décidé de te répondre. C'est vrai que parler une langue avec un accent, ça peut être gênant. Je pense que le problème le plus important c'est la compréhension. Si à cause de ton accent, les autres ne peuvent pas te comprendre, alors oui, tu dois prendre des cours de phonétique. Cependant, je pense que, comme tu le dis, le plus gênant, ce sont les autres. Leurs réactions sont souvent très vexantes. Ils associent l'accent à un pays et très souvent ils collent une étiquette pleine de stéréotypes sur la personne qui parle avec un accent. Moi, je suis martiniquais, alors le français c'est ma langue maternelle. Cependant mon accent est différent de celui de la métropole. Alors quand je suis arrivé à Rouen, pour mes études, les autres étudiants présupposaient des tas de choses sur moi, parce que j'avais un accent martiniquais. Ils pensaient que j'aimais la fête, le rhum et les filles. En fait, je ne bois pas d'alcool et je ne sors jamais en discothèque. Je préfère les sorties culturelles comme le théâtre ou le cinéma. J'aime aussi beaucoup lire. Bref, une image à l'opposé de ce qu'on attend d'un Martiniquais. Malgré les remarques des autres, je n'ai jamais essayé de gommer mon accent, il fait pleinement partie de mon identité. Et puis si certains sont moqueurs, d'autres au contraire trouvent que c'est un très bel accent très agréable à écouter. Alors Marco, pour moi, c'est clair, si malgré ton accent, les gens te comprennent, tu ne dois pas prendre de cours de phonétique, mais, au contraire être fier de ton accent, car c'est une partie de toi.

J'espère t'avoir aidé. Salut !

DELF BLANC 1

Compréhension de l'oral

Exercice 1 : 1. a – 2. c – 3. b – 4. b – 5. c – 6. b – 7. c
Exercice 2 : 1. a – 2. b – 3. b – 4. c – 5. b – 6. a – 7. c
Exercice 3 doc 1 : 1. b – 2. a
Exercice 3 doc 2 : 1. b – 2. c
Exercice 3 doc 3 : 1. b – 2. b

Compréhension des écrits

Exercice 1 : 1. a – 2. a – 3. b – 4. c – 5. c – 6. b – 7. b
Exercice 2 : 1. b – 2. a – 3. b – 4. b – 5. b – 6. b – 7. a
Exercice 3 : Laurent : a/d – Terry : b/e – Safia : c/f

Production écrite

Corrigé type

Objet : les cours de conversation de français

Madame, Monsieur le responsable

Ces derniers jours, dans la presse locale, nous avons pu lire diverses informations sur la suppression des cours de conversation en français pour les étrangers. En tant que membre du collectif et en tant que porte-parole des étudiants qui ont suivi ce cours, je condamne fermement cette décision pour différentes raisons. Tout d'abord, pour les non-francophones, ce type de cours signifie apprendre le français dans un lieu francophone et pouvoir le pratiquer dans nos vies réelles dans un contexte français. Deuxièmement, les étrangers qui viennent dans votre ville ne connaissent souvent personne, et le fait de pouvoir rencontrer de nouvelles personnes est une excellente occasion de vivre une expérience beaucoup plus complexe et enrichissante à l'étranger. Enfin, le fait que ce type de cours soit gratuit est un grand avantage, puisqu'il nous permet de nous intégrer d'une bien meilleure manière et d'apprendre plus rapidement la langue, les coutumes de la ville et le jargon et les expressions propres à la ville.

Pour ces raisons, nous demandons que ces cours reprennent sous peu, pour la qualité de vie de tous les voisins. Madame, monsieur le responsable, si vous les voyez comme une dépense, ils représentent au contraire un investissement et favorisent notre intégration à la ville, ce qui n'apportera que des avantages.

Dans l'attente d'une réponse positive de votre part, je reste à votre disposition pour tout complément d'informations et vous prie d'agréer, Madame, Monsieur, mes salutations distinguées.

Production orale

Sujet 1

a. Quel est le thème général du document ? L'enseignement des langues à l'école maternelle

b. Quelle est la problématique ? Est-il nécessaire d'enseigner les langues étrangères dès le plus jeune âge ?

c. Quel est votre point de vue ? Quels arguments peuvent le défendre et quels exemples peuvent l'illustrer ?

L'enseignement d'une langue étrangère est optimum dès le plus jeune âge car, comme le dit le texte c'est à ce moment que l'on apprend de manière naturelle sans véritable effort.

Les progrès dans une langue étrangère entraînent généralement des progrès dans la langue maternelle et vice-versa. Par exemple, un enfant qui acquiert du nouveau vocabulaire en anglais pourra amplifier ses connaissances dans sa propre langue en même temps.

Cependant le temps d'apprentissage en école maternelle est limité et proposer des cours traditionnels à de jeunes enfants pourrait ne pas être adapté : format qui ne facilite pas l'apprentissage, manque de formation des maîtres et maîtresses.

Il serait peut-être intéressant de mettre en place des activités dans une langue étrangère pour permettre aux enfants une réelle immersion en contexte et favoriser la mise en place d'ateliers en langues étrangères.

Sujet 2

a. Quel est le thème général du document ? Les applications qui permettent de contrôler notre alimentation et notre activité physique.

b. Quelle est la problématique ? Ces applications sont-elles bénéfiques ou, au contraire dangereuses ?

c. Quel est votre point de vue ? Quels arguments peuvent le défendre et quels exemples peuvent l'illustrer ?

Ce type d'application peut être utile pour prendre conscience de ce que nous faisons bien ou mal. Par exemple, certaines d'entre elles permettent de décrypter la composition des produits, d'autres suivent notre rythme cardiaque au cours de la journée, etc.

Pour changer une habitude malsaine, il est important dans un premier temps de se rendre compte de ce que nous devons changer pour le faire. Dans ce sens, ce type d'applications peut se révéler très utile.

Néanmoins, elles comportent un excès et elles risquent de rendre l'utilisateur accro, à cause notamment du système de récompenses (par exemple, les différents trophées distribués lorsqu'on atteint un objectif, comme le nombre de pas réalisés en une journée.). Elles risquent aussi de privilégier la performance au détriment du bien-être.

DELF BLANC 2

Compréhension de l'oral
Exercice 1 : 1. c – 2. b – 3. a – 4. b – 5. b – 6. c – 7. c
Exercice 2 : 1. c – 2. c – 3. b – 4. b – 5. b – 6. a – 7. a
Exercice 3 doc 1 : 1. c – 2. a
Exercice 3 doc 2 : 1. a – 2. b
Exercice 3 doc 3 : 1. a – 2. a

Compréhension des écrits
Exercice 1 : 1. c – 2. c – 3. b – 4. b – 5. c – 6. a – 7. b
Exercice 2 : 1. a – 2. b – 3. a – 4. b – 5. a – 6. a – 7. a
Exercice 3 : Peggy : b/e – Abdu : a/d – Gaël : c/f

Production écrite
Pistes de réflexion :

Formule de salutation

Développement des arguments : avantages du télétravail (plus de liberté pour les salariés, plus de facilités pour la vie familiale, pour l'entreprise : réduction des coûts de location et des dépenses d'électricité)

Inconvénients : l'entreprise doit disposer d'équipements informatiques pour tous les salariés.

Les entreprises ont tendance à surveiller les salariés en télétravail, au détriment, dans certains cas, des principes les plus basiques de liberté individuelle.

Perte de contact direct avec les collègues, clients, fournisseurs qui peut mener à l'isolement des salariés.

Quantité de travail et horaires plus difficiles à respecter dans le contexte du télétravail : beaucoup de salariés travaillent plus en télétravail et les horaires de travail sont plus importants.

Prise de congé

Production orale
Sujet 1

a. Quel est le thème général du document ? L'adhésion des jeunes aux théories du complot.

b. Quelle est la problématique ? Les jeunes sont-ils plus sensibles aux théories du complot que les autres ?

c. Quel est votre point de vue ? Quels arguments peuvent le défendre et quels exemples peuvent l'illustrer ?

Les théories du complot sont plus nombreuses sur Internet qui est l'outil d'information préféré des jeunes, il est donc assez logique qu'il s'agisse de la population la plus sensible à ces thèmes.

Il est indispensable de mettre en place des campagnes de sensibilisation à destination des jeunes pour l'éviter. L'école peut être un bon relais avec des cours d'éducation aux médias. On peut aussi imaginer des campagnes de publicité sur les réseaux sociaux pour parler directement aux jeunes et les aider à repérer les théories complotistes des autres.

Sujet 2

a. Quel est le thème général du document ? La colocation intergénérationnelle.

b. Quelle est la problématique ? Quel est l'intérêt de la colocation intergénérationnelle et quelles sont les clés de sa réussite ?

c. Quel est votre point de vue ? Quels arguments peuvent le défendre et quels exemples peuvent l'illustrer ?

Avantages de la cohabitation intergénérationnelle dans les villes : reprendre et illustrer par des exemples précis les avantages décrits dans le texte : rendre accessible les loyers des grandes villes, augmenter l'offre de logements, rompre avec la solitude des personnes âgées.

Cependant le rythme de vie et les centres d'intérêt des personnes âgées et des jeunes sont souvent très différents. Il faut donc que chacun respecte le rythme de l'autre. Parfois, il est indispensable d'avoir des règles précises, comme dans une colocation plus classique.

a. L'industrie de la musique électronique doit prendre en considération ...
   1. les femmes. ☐   2. les minorités. ☐   3. Les femmes et les minorités. ☐

b. Les femmes représentent environ la ...
   1. moitié ☐   2. majorité ☐   3. minorité ☐
   ... du public de musique électronique.

c. La parole des femmes s'est libérée ...
   1. avant ☐   2. après ☐   3. au même moment que ☐
   ... l'évolution des mentalités du grand public.

d. Internet a permis de montrer que ses pratiques étaient ...
   1. violentes. ☐   2. intolérables. ☐   3. minoritaires. ☐

e. Dans sa communication, l'industrie de la musique électronique doit ....
   1. considérer ☐   2. dénoncer ☐   3. informer ☐
   ... les minorités.

PRODUCTION ÉCRITE

Écrire un article critique.

La mairie de votre ville consulte ses habitants au sujet de la statue d'un chef militaire, important pour la ville, mais contestable pour la violence dont il a fait preuve. Le projet consiste à déplacer la statue, actuellement située au centre de la ville et à la remplacer. Vous écrivez un article au journal municipal, en expliquant la situation et en donnant votre opinion sur le sujet. (250 mots)

PRODUCTION ORALE

Lisez le document et répondez aux questions pour présenter votre point de vue.

Mettez-vous dans les conditions de l'examen : vous avez 20 minutes pour préparer le sujet et noter sur votre brouillon vos idées principales.

a. Quel est le thème général du document ?
b. Quelle est la problématique ?
c. Quel est votre point de vue ? Quels arguments peuvent le défendre et quels exemples peuvent l'illustrer ?

Les femmes et le sport

Le sport a le pouvoir de changer des vies. En enseignant aux femmes et aux filles le travail d'équipe, l'autonomie, la résilience et la confiance en soi, le sport est l'un des principaux moteurs de l'égalité des sexes. Les femmes dans le sport bravent les stéréotypes de genre et les normes sociales, offrent des exemples à suivre et font apparaître les hommes et les femmes de manière égale. [...]

Avec le soutien d'ONU Femmes, les femmes et les filles du monde entier font jeu égal, dans le sport et au-delà. Au Brésil et en Argentine, des filles acquièrent des compétences essentielles tout en pratiquant un sport, en Jordanie, des camps de football destinés aux filles aident à établir de meilleures relations entre les communautés locales et les réfugiés et, dans le Pacifique, un partenariat avec Oceania Rugby œuvre pour mettre fin à la violence à l'égard des femmes.

D'après : https://www.unwomen.org/fr/news/in-focus/women-and-sport

UNITÉ 9 — Envies d'évasion

LEÇON 1 • Lever de rideau

VOCABULAIRE

1 Reliez ces mots à leur définition.

a. Les coulisses
b. La pièce de théâtre
c. La représentation
d. Le spectateur
e. La performance

1. Action de présenter un spectacle.
2. Partie d'un théâtre cachée au public par les décors.
3. Exploit ou réussite remarquable.
4. Œuvre destinée à être représentée.
5. Personne qui assiste à un spectacle.

2 De quoi parle-t-on ? Classez ces expressions dans le tableau.

Il y a des longueurs. – Ils plongent dans l'univers de la pièce. - Ils transmettent les émotions. – Ils vibrent d'émotion. - C'est plein de rebondissements. – Ils sont au service du texte.

La pièce	La performance des acteurs	Les sentiments des spectateurs

GRAMMAIRE

3 Conjuguez les verbes entre parenthèses au futur antérieur.

a. Quand elle .... (*finir*) d'écrire cette pièce, elle organisera un casting pour choisir les comédiens.
b. J'espère qu'il .... (*penser*) à acheter les billets.
c. Quand nous .... (*sortir*) du théâtre, nous irons dîner dans un restaurant chic.
d. Nous espérons que son casting .... (*bien se passer*).
e. Cet auteur .... (*avoir*) une vie extraordinaire avant de tomber malade.

COMPRÉHENSION ORALE

4 🔊 48 Écoutez et répondez aux questions.

a. *Affaires Sensibles* est une émission de radio …
   1. adaptée au cinéma. ☐   2. adaptée au théâtre. ☐   3. sur les femmes. ☐

b. Pauline Buisson est une …
   1. victime. ☐   2. meurtrière. ☐   3. comédienne. ☐

c. L'émission de radio a déjà raconté 700 …
   1. histoires. ☐   2. meurtres. ☐   3. faits divers. ☐

d. Fabrice Drouelle savait que son émission de radio allait …
   1. connaître un grand succès. ☐   2. être adaptée au théâtre. ☐   3. marcher. ☐

e. Pour Fabrice Drouelle entrer dans une histoire, c'est faire …
   1. de la psychologie. ☐   2. du journalisme. ☐   3. du théâtre. ☐

COMPRÉHENSION ÉCRITE

5 Lisez le texte et répondez aux questions.

LE FILM GAZ BAR BLUES ADAPTÉ AU THÉÂTRE

Vingt ans après sa sortie, le film *Gaz Bar Blues*, de Louis Bélanger, deviendra une pièce de théâtre chez Duceppe en janvier 2023. C'est le codirecteur artistique de Duceppe, David Laurin, qui signe l'adaptation, alors que la mise en scène sera assurée par Édith Patenaude. La pièce est programmée dans le cadre de la 50e saison de la compagnie fondée par Jean Duceppe.

La production de *Gaz Bar Blues* sera ensuite présentée au Théâtre La Bordée, à Québec, avant de partir en tournée en province au printemps 2023.

Lancée en première mondiale au Festival des films du monde en 2003, l'œuvre du cinéaste et scénariste Louis Bélanger avait remporté trois prix. Le long métrage mettait en vedette Serge Thériault, Gilles Renaud et Sébastien Delorme.

Le récit gravite autour du propriétaire d'une station service dans un quartier ouvrier de Montréal, et de ses difficiles relations avec ses fils.

À noter, Duceppe et La Bordée tiendront des auditions libres à Montréal et à Québec dans le but de compléter la distribution de *Gaz Bar Blues*, à l'exception du rôle principal qui sera tenu par le comédien Martin Drainville.

Les directions des deux compagnies en ont fait l'annonce mardi, en se disant ouvertes à découvrir de nouveaux talents « parfois insoupçonnés ». Ces auditions ont pour but de dénicher* sept interprètes qui sont aussi musiciens. Car les artistes choisis seront appelés à jouer un personnage tout en contribuant à la trame musicale du spectacle. [...]

*dénicher = trouver

D'après https://www.lapresse.ca/arts/theatre/2021-06-01/le-film-gaz-bar-blues-adapte-au-theatre.php

a. *Gaz Bar Blues* est à l'origine une œuvre …
1. cinématographique. ☐
2. littéraire. ☐
3. théâtrale. ☐

b. Le réalisateur ou la réalisatrice est …
1. David Laurin. ☐
2. Louis Bélanger. ☐
3. Édith Patenaude. ☐

c. Les premières représentations de la pièce auront lieu …
1. au printemps 2023. ☐
2. à Québec. ☐
3. chez Duceppe. ☐

d. C'est l'histoire d'un père de famille qui …
1. tient une pompe à essence. ☐
2. a des problèmes avec l'un de ses enfants. ☐
3. lutte pour la cause ouvrière. ☐

e. Pour le premier rôle, l'acteur …
1. a déjà été choisi. ☐
2. doit aussi être musicien. ☐
3. est un nouveau talent. ☐

UNITÉ 9

LEÇON 2 • Paroles de lecteurs

VOCABULAIRE

1 Soulignez les mots qui conviennent.

Pour faire un bon *auteur/roman*, il faut une *intrigue/force* bien menée, une *narration/notion* précise, des *personnages/tons* attachants, des *dialogues/partis pris* rythmés et bien sûr des *lecteurs/écrivains* et *lectrices/écrivaines* pour le lire !

2 Complétez le texte avec les mots suivants.

fluide – force – menés avec brio – réside – ton – touchants – parcours – retrace – rythme – ciselée – écriture

Avec un .... personnel mordant et incisif, Gauz .... dans son premier roman *Debout payé*, le .... d'Ossiri, un étudiant ivoirien sans papiers devenu vigile. La .... du roman .... dans son .... précise et agile. Les personnages ...., les dialogues ...., l'intrigue bien ...., la narration .... et dynamique donnent du .... à ce roman qui se lit avec plaisir du début à la fin.

GRAMMAIRE

3 Conjuguez les verbes entre parenthèses.

a. Je ne crois pas que ce .... *(être)* un si bon roman.
b. J'ai la conviction que ce livre l' .... *(aider)* à aller mieux.
c. Il y a peu de chance qu'il .... *(gagner)* le prix Goncourt.
d. Il est certain que l'intrigue .... *(être)* originale.
e. Je ne suis pas sûr que ça .... *(intéresser)* les lecteurs.

COMPRÉHENSION ORALE

4 🔊 **49** Écoutez et répondez aux questions.

a. La journaliste a lu le livre *Ta deuxième vie commence quand tu comprends que tu n'en as qu'une* …
   1. dès sa parution. ☐   2. avant sa chronique. ☐   3. plusieurs fois. ☐
b. Ce livre connait un succès …
   1. en librairie. ☐   2. d'estime. ☐   3. international. ☐
c. Eyrolles est une maison d'édition spécialisée dans …
   1. la fiction. ☐   2. le développement personnel. ☐   3. l'autofiction. ☐
d. Pour la journaliste, il s'agit d'un roman car …
   1. il respecte les codes du roman. ☐   2. les personnages sont issus de la fiction. ☐   3. il est écrit à la première personne. ☐
e. Combien d'exemplaires du livre ont été tirés lors de sa première publication ?
   1. 1 000. ☐   2. 500 000. ☐   3. 100 000. ☐

COMPRÉHENSION ÉCRITE

5 Lisez le texte et répondez aux questions.

LA LITTÉRATURE SÉNÉGALAISE VIT

Certains auteurs sénégalais sont à la mode actuellement sur le plan international. Pour le critique littéraire et fondateur de la maison d'édition « Nuit et Jour », Waly Ba, il s'agit d'un nouveau contexte intéressant. Toutefois, il considère qu'il ne serait pas approprié de parler de renouveau. « Parler de renouveau, c'est considérer qu'il y a non seulement de la quantité, mais aussi de la qualité. […] Il y a quand même du bon. La littérature sénégalaise vit, mais ce n'est pas une raison pour dire qu'il y a un renouveau. On ne voit pas d'auteurs porteurs de projets fermes qui puissent créer des révolutions mentales. Les gens écrivent par instinct, par émotivité et la plupart des œuvres tombent dans l'anonymat », déplore l'enseignant.

De la même manière, Waly Ba estime qu'il n'y a pas de critique littéraire pour accompagner cette production. « Aujourd'hui, il sort une quantité de romans et de recueils par mois au Sénégal, mais qui en parle ? Même au niveau de la presse, quand on amène un ouvrage, il n'y a personne pour le lire, parce que les gens ne sont ni encouragés ni aidés à le faire. Et même s'ils le sont, ils n'ont pas le temps. Ils sont emballés par la frénésie du commentaire politique. Il n'y a pas de voix autorisées pour commenter ce qui sort. Et si on parle de renouveau, on doit prendre en compte tout cela ! » conclut-il.

D'après : https://www.seneplus.com/culture/la-litterature-senegalaise-vit-mais-il-serait-inapproprie-de

a. Les écrivains sénégalais sont …
1. idolâtrés par la scène internationale. ☐
2. représentés sur la scène internationale. ☐
3. absents de la scène internationale. ☐

b. La littérature sénégalaise vit …
1. une véritable révolution. ☐
2. son âge d'or. ☐
3. une période qui retient l'attention. ☐

c. La majorité des œuvres publiées sont …
1. vite oubliées. ☐
2. de bonne qualité. ☐
3. émouvantes. ☐

d. Selon Waly Ba, la littérature sénégalaise manque …
1. d'écrivains. ☐
2. de critiques. ☐
3. de lecteurs. ☐

e. Il s'agit d'un article …
1. d'opinion. ☐
2. d'informations. ☐
3. de reportages. ☐

PRODUCTION ÉCRITE

6 Pour son prochain roman, un écrivain demande à ses lecteurs de lui proposer un homme ou une femme dont les expériences de vie sont assez intéressantes et riches pour en faire un roman de développement personnel. Vous écrivez sur le forum du blog de l'écrivain pour lui proposer une personne (connue ou inconnue du grand public). Vous expliquez en quoi son histoire pourrait constituer une base solide pour son prochain roman. (250 mots)

UNITÉ 9

LEÇON 3 • Entre les lignes

VOCABULAIRE

1 Reliez les mots à leur équivalent.
- a. Le déracinement
- b. Naguère
- c. La mélancolie
- d. Les peines
- e. L'identité
- f. Le bonheur

1. Les blessures
2. L'exil
3. L'individualité
4. La joie
5. Auparavant
6. La nostalgie

2 Remettez dans l'ordre ce résumé du livre *Les désorientés* de Amin Maalouf.
- a. Adam a quitté son pays depuis plusieurs décennies.
- b. Tous ont pris des chemins différents.
- c. Pour moi, un des plus beaux romans de la rentrée !
- d. À l'époque, lui et ses amis étaient jeunes, pleins d'espoir et d'idéaux.
- e. Il nous fait partager un bout de sa vie et de ce pays dans une écriture limpide.
- f. Puis la guerre a éclaté… Certains sont restés, d'autres sont partis.
- g. De nombreuses questions ressurgissent alors : fallait-il partir ? Fallait-il rester ? Se battre ? Oublier ?
- h. À l'occasion de la mort de l'un d'eux, Adam retourne sur sa terre natale et entreprend de réunir les anciens camarades.
- i. Sans jamais nommer le pays (que l'on reconnaît aisément) Maalouf réussit le pari d'écrire un magnifique roman universel sur l'exil, le déracinement, la nostalgie et les amitiés retrouvées.

Résumé : a ☐ ☐ ☐ ☐ ☐ ☐ ☐ ☐

GRAMMAIRE

3 Conjuguez les verbes au passé simple, dans cet extrait tiré du roman d'Alexis Jenni *L'art français de la guerre*.

Il me .... (parler) plusieurs fois de ces mémoires, comme en passant, et un jour n'y tenant plus il .... (aller) chercher son cahier. Il écrivait sur un cahier Seyès bleu d'une belle écriture d'école. Il .... (respirer) fort et me .... (lire). […] Et il .... (s'arrêter) de lire, ... (baisser) le cahier et me .... (regarder).

COMPRÉHENSION ORALE

4 🔊 50 Écoutez et répondez aux questions.
a. *Les exilés meurent aussi d'amour* est une histoire …
1. d'amour. ☐
2. politique. ☐
3. personnelle. ☐

Unité 9 • Envies d'évasion

b. Une des tantes de Shirin est …
   1. autoritaire. ☐   2. militante communiste. ☐   3. soumise. ☐
c. Il s'agit d'un livre …
   1. dramatique. ☐   2. amusant. ☐   3. autobiographique. ☐
d. *Les exilés meurent aussi d'amour* ….
   1. a reçu ☐   2. va recevoir ☐   3. est en lice pour ☐
   … le Prix Première 2019.

COMPRÉHENSION ÉCRITE

5 Lisez le texte et répondez aux questions.

Mathias Enard, entre Printemps arabe et crise économique

De prime abord, il s'agit d'une fiction, guidée par le personnage de Lakhdar, jeune Tangérois de vingt ans. Chassé de chez lui pour avoir fricoté* avec sa cousine, il ne va pas rester longtemps à la rue : un ami le fait engager comme libraire du Groupe pour la Diffusion de la Pensée coranique, contre une chambre et un salaire. Lorsque, en février 2011, le vent du Printemps arabe gagne le Maroc, la librairie devient un QG. Le modèle, c'est l'Égypte, où le patron de Lakhdar pressent déjà que « les Frères vont emporter le morceau ». Ne supportant plus l'islamisme rampant, notre jeune homme s'en va bientôt travailler sur un ferry reliant Tanger à Algésiras. Plus tard, il deviendra l'employé d'un croque-mort dont l'activité est de rapatrier les corps de clandestins marocains noyés. Avant, enfin, de gagner l'Espagne. Côté histoire, ce livre est un roman qui suit son personnage au quotidien.

Mais son parcours épouse celui du réel et de l'actualité la plus chaude : le Printemps arabe, les Indignés, et la crise de la dette en Europe. […] *Rue des voleurs* est une histoire d'amour, d'aventures et de liberté au sein même des duretés politiques, de la crise et de l'islamisme radical. *Rue des voleurs* est donc aussi une chronique du réel, qu'Enard nourrit de différents registres au sein desquels il va puiser une intense énergie narrative : les textes sacrés, la littérature classique arabe et le polar**, dont Lakhdar est hyperfriand***. Hanté par l'idée que « les hommes sont des chiens » mais aussi que « l'unité du monde arabe n'existait qu'en Europe », Enard a construit un récit au-delà de la notion même de frontière, et où la fiction vient valider le réel.

* fricoter = flirter
** polar = livre policier
*** hyperfriand = grand amateur

Hubert Artus / *lexpress.fr* / 11.09.2012

a. Lakhdar est un jeune marocain qui …
   1. devient terroriste. ☐   2. s'enfuit de chez lui. ☐   3. est mis à la porte de chez lui. ☐
b. Lakhdar finit son voyage …
   1. en Égypte. ☐   2. à Alger. ☐   3. en Espagne. ☐
c. L'intrigue tourne autour …
   1. de la vie de Lakhdar. ☐   2. des événements liés au Printemps arabe. ☐   3. de la conversion à l'islam radical. ☐
d. *Rue des voleurs* est …
   1. un roman d'amour. ☐   2. une histoire personnelle. ☐   3. un livre policier. ☐
e. L'histoire de Lakhdar est une histoire …
   1. vraie. ☐   2. inventée de toutes pièces. ☐   3. inspirée du réel. ☐

UNITÉ 9

LEÇON 4 • Langage du quotidien

VOCABULAIRE

1 Retrouvez l'équivalent en langage courant des mots soulignés.

succès - il fait froid – perdue – enfant – arrive – folle – ans - se moque - tranquille

À la fois témoignage historique et réflexion sur l'identité et l'exil, *Persepolis* est le plus grand <u>carton</u> .... de la bande dessinée alternative européenne des années 2000. C'est l'histoire d'une <u>môme</u> .... de 10 <u>piges</u> .... , née en Iran, en 1970 qui a connu le régime du Chah, puis la révolution islamique. Mais issue d'une famille <u>cool</u> .... , elle devient <u>dingue</u> .... dans cette ambiance répressive. Elle <u>se fiche</u> .... ouvertement des règles et ses parents décident de l'envoyer chez des amis, en Autriche où <u>elle débarque</u> .... seule et complétement <u>paumée</u> .... On suit les aventures de la jeune fille qui se débrouille dans un pays où <u>il caille</u> .... et qu'elle ne connaît pas.

PHONÉTIQUE

2 Lisez les phrases en montrant votre agacement.

🔊 **51** Écoutez l'enregistrement pour vérifier vos réponses et répétez.
a. T'as vu combien de pages il y a ?
b. 670 pages, tu te rends compte, 670 !
c. Oh la la ! 670 pages, c'est long !

d. Qu'est-ce que tu fais au feu rouge ?
e. Au feu rouge tu t'arrêtes, au feu rouge !
c. Tu t'arrêtes au feu rouge, oh la la !

COMPRÉHENSION ORALE

3 🔊 **52** Écoutez et répondez aux questions.

a. Les jeunes sont accusés de …
  1. déformer la langue française. ☐   2. trop parler anglais. ☐   3. faire des fautes d'orthographe. ☐
b. Les mots empruntés d'une autre langue sont valorisés quand ils viennent de personnes …
  1. jeunes. ☐   2. bien placées socialement. ☐   3. qui parlent anglais. ☐
c. Les jeunes …
  1. créent des mots. ☐   2. inventent une langue. ☐   3. n'inventent rien. ☐
d. Les jeunes et les personnes âgées …
  1. ne peuvent plus se comprendre. ☐   2. ont du mal à se comprendre. ☐   3. finissent toujours par se comprendre. ☐
e. Cette chronique défend l'idée que la langue française …
  1. s'appauvrit. ☐   2. évolue. ☐   3. disparaît. ☐

COMPRÉHENSION ÉCRITE

4 Lisez le texte puis répondez aux questions.

J'entendais à travers la cloison quelqu'un en train de pleurer, forcément, et se plaindre avec la même voix stridente que la mémé oranaise de mon copain Dridi quand elle fait ses fausses crises d'épilepsie pour qu'on s'occupe d'elle. Le seum* a commencé à monter et l'envie de me barrer* aussi. Tout ça pour des nichons* ! Marre de cette vie, marre de, marre de marre. Je suis pas un cassos* ni un fou ! La porte a fini par s'ouvrir. Je regardais toujours le chat et c'était à celui qui baisserait sa garde en premier pour latter* l'autre. Deux portes ont claqué. Et une voix de vieille dame est venue me susurrer à l'oreille :

– Bonjour Abad ! Tu viens de la part de Mme Morgiève, ton éducatrice ? Je suis Ethel Futterman. Je suis psychanalyste. Entre, sois le bienvenu.

Je suis entré dans son cabinet en baissant les yeux. On était assis l'un en face de l'autre, j'avais l'impression d'être à l'oral devant la classe.

– C'est la première fois que tu viens voir quelqu'un comme moi ?

Je gardais le silence et le seul truc que j'ai remarqué, c'était ses pieds gonflés bleu craquelés et nus dans des sandales de blédard*, comme si elle revenait d'un long pèlerinage. J'ai fini par murmurer un « Bonjour » de pucelle* en baissant la tête. Un silence gênant, long et insupportable, s'est installé. On entendait chacun la respiration de l'autre comme si on allait se sauter à la gorge, pareil qu'avec le chat. À un moment, j'ai fini par lever le visage furtivement pour voir sa tête : elle me regardait fixement et avec un sourire doux que je n'avais jamais vu pour personne.

D'après *Rhapsodie des oubliés* de Sofia Aouine, Éditions de la Martinière

Le seum* = le dégoût
me barrer* = partir
nichons* = seins
pucelle* = jeune fille vierge
cassos* = cas social
latter* = frapper
blédard* = d'un pays étranger (Maghrébin)

a. Le narrateur se sent plutôt …
1. heureux. ☐ 2. déprimé. ☐ 3. déçu. ☐

b. Devant Ethel Futterman, il apparaît …
1. intimidé. ☐ 2. indifférent. ☐ 3. impatient. ☐

c. Abad rend visite à Ethel parce que c'est une …
1. travailleuse sociale. ☐ 2. parente. ☐ 3. médecin. ☐

d. Ethel Futterman semble …
1. pressée. ☐ 2. bienveillante. ☐ 3. curieuse. ☐

e. Le narrateur est …
1. Ethel Futterman. ☐ 2. Abad. ☐ 3. On ne sait pas. ☐

PRODUCTION ÉCRITE

5 Vous recevez ce WhatsApp de votre amie Léa, et vous écrivez à sa cheffe pour expliquer la situation. Utilisez le registre de langue courant. (250 mots)

> Je suis en bagnole, je me suis paumée sur l'autoroute en revenant de Paris. J'arriverai en retard au boulot et j'ai un taf super important à rendre à ma cheffe. Elle va râler et croire que je m'en fiche. J'ai pas assez de batterie pour lui envoyer un mail. Ce serait cool que tu lui écrives pour lui expliquer ce qui m'arrive. Merci, à plus.

BILAN GRAMMAIRE

1 Associez les 2 colonnes pour former des phrases.

a. Quand j'aurai fini ce livre, ...
b. Ils seront plus tranquilles ...
c. Quand les acteurs auront fini la tournée, ...
d. Tu changeras d'avis ...
e. Elle pense que sa vie changera ...

1. dès que tu auras lu la fin, c'est décevant !
2. une fois qu'elle aura mis en pratique les conseils du livre.
3. le jour où ils auront trouvé leur place dans ce nouveau pays.
4. je te le passerai, il est très bien !
5. ils feront 2 représentations au festival d'Avignon.

2 Remettez ces phrases dans l'ordre. Attention aux majuscules et à la ponctuation.

a. cette pièce / ne / je / va / que /crois / marcher / pas

....

b. livre / trop / il / ce / soit / semble/ que / dense

....

c. ses / c'est / que / vite / se lisent / sûr / romans

....

d. roman / j'ai /s'agit de / son / qu'il / meilleur / la conviction

....

3 Continuez librement ces phrases.

a. Je doute que cette pièce ....
b. Il y a peu de chances que cette comédienne ....
c. Il est certain que l'exil ....
d. Je ne suis pas sûr(e) que l'intrigue ....

4 Mettez ce texte à la 3ème personne du pluriel, en faisant les changements nécessaires.

Alors que la guerre faisait rage dans la ville, une mère décida d'éloigner son fils. Il arriva chez sa grand-mère, une femme méchante et autoritaire. Il apprit à surmonter le froid, la faim et les violences de la guerre. Sa vie changea le jour où il trouva un grand cahier. Il commença alors à rédiger ses mémoires et il continua jusqu'à sa mort.

Alors que la guerre faisait rage dans la ville, une mère décida d'éloigner ses fils. Ils ....

....

....

....

Unité 9 • Envies d'évasion

BILAN VOCABULAIRE

1 Avis positif ou négatif ? Classez ces phrases dans le tableau.

a. Une œuvre bien ciselée, sans aucun temps mort ni longueur.
b. Les dialogues sont rythmés, néanmoins ils m'ont ennuyé.
c. J'ai trouvé certains personnages assez insignifiants.
d. Un livre puissant et touchant !
e. Dans l'ensemble, ça manque de rythme.
f. La force du livre, c'est que l'intrigue nous captive.
g. Quel plaisir de retrouver le style vif et l'écriture accrocheuse de l'auteur.
h. Par moments, la narration se perd dans des détails, et c'est à mourir d'ennui !

Avis positif	Avis négatif

2 Soulignez le mot correct.

Contours du jour qui vient de Léonora Miano
Dans ce roman, on *suit/retrace* la jeune Musango, chassée par ses parents après la guerre. À travers ses rencontres plus ou moins heureuses, l'héroïne fera le dur *exil/apprentissage* de la vie et tentera de *se construire/nouer* et croire en son *parcours/futur*. C'est le sens du poétique et beau *personnage/titre* du roman dont Léonora Miano a le secret. Celui de sortir des ténèbres, de la haine de soi et *d'accéder/évoluer* aux « lumières » afin de *se perdre/se développer* et bâtir un *avenir/chemin*.

3 Complétez les phrases avec les mots suivants.

taf - bouquins - bagnole - fringues

a. Dans les coulisses, c'est le grand désordre. On retrouve les .... des comédiens partout !
b. Je ne prendrai pas la .... pour aller au théâtre, il n'y a jamais de place pour se garer.
c. Elle dévore les ...., elle peut lire 5 romans en une semaine !
d. Depuis l'échec de la pièce, elle ne retrouve pas de .... de comédienne.

4 Retrouvez l'expression qui correspond à chaque situation :

Il/Elle part en vrille ! – Il/Elle fait gaffe ! – Il/elle a rien pigé ! – Il/Elle s'en fiche !

a. Après avoir lu le roman et en avoir analysé plusieurs passages, il ne comprenait toujours pas l'histoire.
→ ....

b. Elle a de drôles d'idées ces derniers temps, elle dit qu'elle veut se retirer dans un monastère pour écrire ses mémoires, ses mémoires à 18 ans !
→ ....

c. Il ne veut plus faire partie de la pièce, peu importent les conséquences, ça lui est égal !
→ ....

d. Quand elle met en scène une pièce de théâtre, elle fait attention à tous les détails car tout est important.
→ ....

ENTRAÎNEMENT AU DELF B2

COMPRÉHENSION ORALE

Mettez-vous dans les conditions de l'examen : entre la première et la deuxième écoute, vous avez 30 secondes de pause. Après la deuxième écoute, vous avez 1 minute pour vérifier vos réponses.

53 Écoutez 2 fois l'enregistrement et répondez aux questions.

a. La journaliste est déprimée parce que le livre qu'elle lisait …
   1. était mauvais. ☐   2. est fini. ☐   3. a une fin incompréhensible. ☐

b. Elle ressent le même sentiment avec certain(e)s …
   1. auteurs. ☐   2. films. ☐   3. séries. ☐

c. Elle compare son sentiment à celui de la perte d'un …
   1. proche. ☐   2. travail. ☐   3. but dans la vie. ☐

d. Elle trouve que la vie des héros de ces romans est …
   1. enviable. ☐   2. parfaite. ☐   3. familière. ☐

e. Les livres …
   1. font partie intégrante de sa vie. ☐   2. déterminent sa vie. ☐   3. enrichissent sa vie. ☐

COMPRÉHENSION ÉCRITE

On a posé à plusieurs personnes la question suivante : *Faut-il simplifier la langue française ?* Lisez leur opinion et associez chaque affirmation à la personne qui correspond.

FADH
Quand l'orthographe d'une langue est tellement déconnectée de l'oral, je crois que la simplification s'impose. Imaginez les élèves de français langue étrangère confrontés à cette difficulté. Les accents, par exemple. Les règles sont très fantaisistes ! Elles sont là pour amuser les lettrés et les linguistes. Mais les autres ? Il suffirait de tolérer plusieurs orthographes possibles pour un mot en privilégiant celle qui se rapproche le plus de la phonétique. Je ne suis pas contre les normes, je suis pour plus de tolérance et de flexibilité.

GUILLAUME
La langue est précieuse et les mots ont une racine, ils constituent un patrimoine qu'il faut conserver. Écrire correctement les mots, c'est aussi apprendre à structurer son esprit. Et ce n'est pas si difficile, il suffit de savoir l'origine des mots pour en connaître l'orthographe. Ce n'est pas la langue qu'il faut simplifier mais la manière de l'enseigner. Si on change tout, la langue perdra de sa richesse. N'oublions pas qu'elle est classée depuis des années, la plus belle langue du monde.

LEÏLA
Je me considère comme une conservatrice très tolérante. Pourquoi ne pas réformer quelques points d'orthographe qui sont compliqués et dont la règle ne répond à aucune logique précise ? Cependant, on doit conserver des règles. Je suis de la génération à qui on a appris que c'était l'exception qui faisait la règle, alors pour moi les règles, c'est sacré. Mais elles peuvent évoluer. Par définition, une langue vivante est en constante évolution, elle change toute seule, elle n'appartient à personne sinon aux millions de locuteurs qui la parle !

a. La langue a besoin de normes. → ....

b. Le français est une langue élitiste. → ....

c. Le problème est à l'école pas dans la langue. → ....

d. C'est une fierté de parler français. → ....

e. C'est normal qu'une langue change. → ....

f. Les mots devraient s'écrire comme ils se prononcent. → ....

PRODUCTION ÉCRITE

Participer à un forum de discussion.

Vous lisez ce message sur un forum de discussion et vous y répondez pour donner votre opinion sur la décision de Marco. Vous expliquez les avantages et les inconvénients des accents et vous tentez de le dissuader en lui disant que cela fait aussi partie de son identité. Vous argumentez votre propos et l'illustrez par votre expérience ou celle d'un(e) proche ou d'une connaissance. (250 mots)

FORUM

Salut, moi c'est Marco, je suis Portugais. Je suis arrivé en France il y a 2 ans. Je parle bien français mais avec un accent, et parfois ça me gêne. Bon, en fait ce qui me gêne, c'est la réaction des autres, on se moque de moi ! Pour cette raison, je me suis inscrit à des cours de phonétique. Vous en pensez quoi ?

PRODUCTION ORALE

Lisez le document et répondez à ces questions pour présenter votre point de vue.

Mettez-vous dans les conditions de l'examen : vous avez 20 minutes pour préparer le sujet et noter sur votre brouillon vos idées principales.

a. Quel est le thème général du document ?

b. Quelle est la problématique ?

c. Quel est votre point de vue ? Quels arguments peuvent le défendre et quels exemples peuvent l'illustrer ?

ÉTUDIER À L'ÉTRANGER

Les étudiants sont de plus en plus nombreux à choisir de suivre une partie de leur cursus dans un autre pays. Erasmus, les accords bi-diplômes et les antennes des écoles facilitent ces parenthèses qui sont une formidable occasion de s'émanciper et de s'ouvrir à un monde inconnu. Les étudiants candidats au départ affichent de multiples motivations : besoin d'autonomie, soif de voyage et de découverte, curiosité pour d'autres cultures ou d'autres façons de travailler. Cependant, étudier à l'étranger peut devenir une expérience désagréable. Certaines personnes vivent mal le fait d'être loin des leurs ou ne parviennent pas à s'adapter à un nouvel environnement, surtout s'il est très différent.

DELF BLANC 1

COMPRÉHENSION DE L'ORAL   ... / 25 points

Mettez-vous dans les conditions de l'examen : avant l'écoute, vous avez 1 minute pour lire les questions, puis entre la première et la deuxième écoute, vous avez 30 secondes de pause. Après la deuxième écoute, vous avez 1 minute pour vérifier vos réponses.

Exercice 1   ... / 9 points

🔊 54 Écoutez et répondez aux questions.

1. Selon les conclusions de chercheurs anglais, nos goûts musicaux sont intimement liés à ...
   a. notre caractère. ☐   b. notre culture. ☐   c. notre lieu de résidence. ☐

2. L'étude a été réalisée avec des personnes venant ...
   a. d'Angleterre. ☐   b. des États-Unis. ☐   c. de plusieurs pays. ☐

3. Au total, combien de personnes ont été interrogées ?
   a. des millions. ☐   b. des milliers. ☐   c. des milliards. ☐

4. En règle générale, l'opéra est apprécié par les gens ...
   a. sérieux. ☐   b. tolérants. ☐   c. cultivés. ☐

5. Le hard rock est une musique qui ne plaît pas aux ...
   a. passionnés. ☐   b. introvertis. ☐   c. consciencieux. ☐

6. Les résultats de cette étude pourraient permettre de lutter contre ...
   a. la précarité. ☐   b. la mauvaise humeur. ☐   c. la mauvaise musique. ☐

7. Selon le Dr Greenberg, le potentiel thérapeutique de la musique est ...
   a. mis à profit. ☐   b. sans limites. ☐   c. trop peu utilisé. ☐

Exercice 2   ... / 9 points

🔊 55 Écoutez et répondez aux questions.

1. Nicolas Dumortier est ...
   a. médecin. ☐   b. journaliste. ☐   c. chercheur. ☐

2. L'obésité touche différemment les personnes selon leur ...
   a. code génétique. ☐   b. statut social. ☐   c. pays de provenance. ☐

3. Les hommes sont ...
   a. plus ☐   b. moins ☐   c. aussi ☐
   ... touchés par l'obésité sévère que les femmes.

4. En France, l'obésité a tendance à ...
   a. augmenter. ☐   b. diminuer. ☐   c. être stable. ☐

5. Nicolas Dumortier pense que le plus important c'est ...
   a. de pratiquer du sport. ☐   b. d'avoir un bon IMC. ☐   c. d'être bien dans sa peau. ☐

6. En France, pour soigner l'obésité, ...
   a. on opère les patients. ☐   b. on travaille les processus d'addiction. ☐   c. on conçoit des programmes de formation à la nutrition. ☐

7. Le principal problème de la chirurgie de l'obésité est qu'elle ...
   a. est trop demandée. ☐   b. n'est pas assez pratiquée. ☐   c. demande une surveillance post-opératoire. ☐

Exercice 3 ... / 7 points

Mettez-vous dans les conditions de l'examen : vous allez écouter une fois 3 documents sonores.
Pour chacun des documents, vous avez 15 secondes pour lire les 2 questions et après l'écoute vous disposez de 20 secondes pour répondre aux questions.

Document 1
🔊 56 Écoutez et répondez aux questions.

1. Le Grand prix de la ville d'Angoulême récompense ...
   a. un album de BD. ☐
   b. un auteur ou une autrice de BD. ☐
   c. un scénario de BD. ☐

2. Julie Douchet est une artiste ...
   a. avant-gardiste. ☐
   b. activiste. ☐
   c. intemporelle. ☐

Document 2
🔊 57 Écoutez et répondez aux questions.

1. La majorité des adultes américains ...
   a. ont déjà utilisé ☐
   b. n'ont jamais utilisé ☐
   c. utilisent régulièrement. ☐
   ... un site ou une application de rencontres.

2. Pour la journaliste, le problème de ces applications, c'est qu'elles ...
   a. utilisent des photos. ☐
   b. sont chères. ☐
   c. rendent dépendants. ☐

Document 3
🔊 58 Écoutez et répondez aux questions.

1. L'efficacité des applications d'études de langues étrangères est ...
   a. démontrée par des études. ☐
   b. mise en avant par les utilisateurs. ☐
   c. dénigrée par les enseignants. ☐

2. Pour les journalistes, ces applications ...
   a. remplacent ☐
   b. complètent ☐
   c. compliquent ☐
   ... le travail de l'enseignant.

DELF BLANC 1

COMPRÉHENSION DES ÉCRITS

... / 25 points

Mettez-vous dans les conditions de l'examen : prenez 1 heure pour faire ces 3 exercices de compréhension écrite.

Exercice 1

... / 9 points

Lisez le texte et cochez les bonnes réponses.

Ce que la science dit des rêves récurrents

Rêver, encore et encore au même scénario est un phénomène connu – près de deux tiers de la population rapporte avoir déjà connu un épisode de rêves récurrents. Être poursuivi, se retrouver nu dans un endroit public, faire face à un désastre naturel, perdre ses dents ou oublier d'aller à un cours pendant tout un semestre sont des thématiques typiques de ces rêves récurrents.

D'où vient ce phénomène, dont les thématiques reviennent d'une personne à l'autre ? La science des rêves indique que les rêves récurrents feraient peut-être écho à des conflits non résolus dans la vie du rêveur.

Je [Claudia Picard-Deland] travaille au Laboratoire des rêves et des cauchemars du Centre d'études avancées en médecine du sommeil de l'Hôpital du Sacré-Cœur de Montréal. En tant que doctorante en neurosciences, je m'intéresse à la manière dont notre mémoire est réactivée, transformée et incorporée dans nos rêves.

Les rêves récurrents sont des rêves qu'un individu peut faire à répétition. On remarque qu'ils surviennent souvent en période de stress ou sur de longues périodes de temps, parfois même sur plusieurs années, voire une vie entière. Ces rêves mettent en scène non seulement une même thématique, mais aussi un récit particulier qui peut se répéter d'une nuit à l'autre.

Bien que le contenu exact des rêves récurrents soit unique à chaque personne, il existe des thématiques communes entre les individus, et même entre les cultures et les différentes époques. Par exemple, se faire pourchasser, tomber, être mal préparé pour une évaluation, arriver en retard ou essayer de faire quelque chose à répétition comptent parmi les scénarios les plus prévalents.

La majorité des rêves récurrents ont un contenu plutôt négatif, comportant des émotions comme la peur, la tristesse, la colère et la culpabilité ; et plus de la moitié mettent en scène une situation où le rêveur est en danger. Mais certaines thématiques récurrentes peuvent aussi être positives, voire euphorisantes, comme les rêves où l'on découvre de nouvelles pièces à notre maison, les rêves érotiques ou ceux où l'on a la capacité de voler.

[…]

William Domhoff, chercheur et psychologue américain, propose l'existence d'un continuum de répétition dans les rêves. À l'extrême, il y a les cauchemars traumatiques qui reproduisent directement un trauma vécu, comme un « flashback », et dont la présence est l'un des symptômes principaux du trouble de stress post-traumatique.

Ensuite, il y a les rêves récurrents, où le même contenu du rêve est rejoué en partie ou dans son entièreté. Contrairement aux rêves traumatiques, les rêves récurrents reproduisent rarement un événement ou un conflit directement, mais les reflètent plutôt de manière métaphorique à travers une émotion centrale. […]

D'après https://www.causette.fr/en-prive/corps/etre-pourchasse-perdre-ses-dents-tomber-ce-que-la-science-dit-des-reves-recurrents (D.R)

1. Les rêves récurrents touchent …
   - a. l'ensemble de la population. ☐
   - b. la moitié de la population. ☐
   - c. la majorité de la population. ☐

2. L'article est …
   - a. informatif. ☐
   - b. argumentatif. ☐
   - c. revendicatif. ☐

3. Claudia Picard-Deland travaille sur …
   - a. l'interprétation des rêves. ☐
   - b. la mémoire. ☐
   - c. le sommeil. ☐

4. Un rêve récurrent c'est le même rêve …
   - a. qu'on refait toute sa vie. ☐
   - b. que font plusieurs personnes. ☐
   - c. qui se répète sur une période de temps. ☐

5. Les thèmes des rêves récurrents …
   - a. sont différents selon les cultures. ☐
   - b. se ressemblent d'une personne à l'autre. ☐
   - c. changent selon les périodes de la vie. ☐

6. Les rêves récurrents sont en général …
   - a. traumatisants. ☐
   - b. néfastes. ☐
   - c. déprimants. ☐

7. Les rêves récurrents …
   - a. retracent ☐
   - b. s'inspirent ☐
   - c. expliquent ☐

   … des événements déjà vécus.

Exercice 2 ... / 9 points
Lisez le texte et cochez les bonnes réponses.

LES LOUTRES SE RÉCHAUFFENT SANS FAIRE D'EFFORTS

Les loutres de mer ont la peau dure, peuvent tenir huit minutes sans respirer pour aller chercher crabes et crustacés, et produisent de la chaleur à partir de leurs muscles pour supporter les eaux glacées du Pacifique Nord, selon une étude publiée jeudi. Selon cette étude publiée dans le journal Science, le plus petit mammifère marin d'Amérique du Nord possède un système unique de conversion d'énergie quand les autres mammifères se réchauffent en activant leurs muscles par l'effort ou les tremblements involontaires. L'auteur principal Traver Wright, de l'Université A & M du Texas, a indiqué à l'Agence France-Presse (AFP) que la fourrure des loutres, résistante à l'eau, peut limiter la déperdition de la chaleur, mais pas suffisamment pour survivre dans les eaux de la banquise d'Alaska, leur habitat principal. Les scientifiques savaient déjà que les loutres, qui appartiennent à la famille des mustélidés, brûlent beaucoup d'énergie, environ trois fois plus que pour les mammifères de même taille, et qu'elles peuvent consommer jusqu'à 25 % de leur masse corporelle par jour. Mais on ignorait encore quels tissus utilisaient cette énergie et comment elle se transformait en chaleur.

M. Wright et ses collègues ont prélevé des échantillons de muscle sur des loutres de mer mortes ou récupérées par l'aquarium de Monterey Bay, qui les soignent avant de les remettre en liberté. Ils ont ensuite mesuré leur consommation d'oxygène. En général, les animaux produisent de la chaleur en activant leurs muscles, mais chez les loutres, la majorité de l'énergie métabolique produite par les sucres et la graisse est utilisée pour fournir le corps en chaleur à partir de leurs muscles, sans forcément les contracter.

Cette énergie serait perdue pour les mammifères terrestres, comme les humains, mais si vous êtes un animal qui veut se réchauffer, cette énergie gâchée est très bien pour maintenir une température de 37 degrés Celsius dans l'eau glacée, a-t-il ajouté. Cette capacité est présente chez les loutres depuis la naissance, peu importe qu'elles soient sauvages ou en captivité.

Soigner l'obésité

Comme d'autres mammifères marins, elles auraient pu la développer quand leurs ancêtres ont pris la mer il y a 50 millions d'années, mais cette hypothèse doit être confirmée par des recherches supplémentaires. La connaissance du métabolisme des loutres pourrait aussi permettre de soigner l'obésité chez les humains, selon Traver Wright. « Si on peut arriver à augmenter la production (de chaleur) et le métabolisme de base, on peut théoriquement stimuler le métabolisme humain et lui faire brûler plus de calories, même sans faire du sport », a-t-il expliqué.

D'après https://ici.radio-canada.ca/nouvelle/1807807/loutres-pacifique-nord-chaleur-muscles (D.R)

1. La loutre est un mammifère qui peut ...
   a. respirer sous l'eau. ☐   b. supporter des froids extrêmes. ☐   c. voir sous l'eau. ☐
2. La fourrure des loutres est ...
   a. imperméable. ☐   b. utilisée en haute-couture. ☐   c. résistante aux températures des eaux de la banquise. ☐
3. Les loutres fabriquent de la chaleur ...
   a. en contractant leurs muscles. ☐   b. à partir de sucre et de graisse. ☐   c. à partir de la lumière du soleil. ☐
4. Les loutres consomment beaucoup d'énergie pour ...
   a. trouver à manger. ☐   b. se procurer de la chaleur. ☐   c. nager dans des eaux glaciales. ☐
5. L'aquarium de Monterey Bay est constitué d' ...
   a. espèces rares. ☐   b. animaux blessés. ☐   c. animaux en pleine santé. ☐
6. Cette spécificité de la loutre est ...
   a. moins ☐   b. aussi ☐   c. plus ☐
   ... développée chez les loutres en captivité.
7. Cette découverte représente une chance pour ...
   a. la médecine. ☐   b. le sport. ☐   c. la cause animale. ☐

DELF BLANC 1

Exercice 3   ... / 7 points

Lisez ces avis sur l'intelligence artificielle et associez chaque affirmation à la personne qui correspond.

FAUT-IL AVOIR PEUR DE L'INTELLIGENCE ARTIFICIELLE (IA) ?

Laurent
L'intelligence artificielle nous conduira dans un monde moins sûr et moins humain où personne ne contrôlera réellement ses applications. Et comme d'habitude, les bénéfices seront surtout pour les entreprises, car je ne vois pas ce que ça peut apporter aux individus si ce n'est plus de contrôle administratif et de nos vies privées. Le lien entre l'automatisation croissante et la détresse psychologique et morale de nos sociétés, ne fait aucun doute. Nos enfants ont de plus en plus de mal à trouver leur place, leurs aînés cherchent des emplois qui font sens alors que leurs parents luttent contre la dépression. Tout cela est pour moi la conséquence de la société technologique post-industrielle que l'intelligence artificielle ne fera que renforcer.

Terry
La principale préoccupation de ceux qui sont contre l'intelligence artificielle est la perte d'emplois que sa mise en place va entraîner. Il ne faut pas oublier que si des métiers vont disparaître, d'autres verront le jour. Le rôle de la technologie n'est pas de remplacer l'homme mais de l'accompagner afin d'améliorer son efficacité tout en diminuant ses efforts. Aujourd'hui, déjà, dans le domaine médical, elle permet de réaliser des diagnostics plus précis, mais aussi des interventions chirurgicales dangereuses. Et ses applications ne s'arrêtent pas là ! Dans une dimension plus écologique, l'IA offre des analyses continues du fonctionnement des habitations afin d'œuvrer pour la réduction des consommations énergétiques et de ce fait, pour un monde plus vert.

Safia
Comme toute nouvelle technologie, il y a du bon et du mauvais dans l'intelligence artificielle. Présente dans des secteurs comme la production industrielle, la médecine, les transports ou la sécurité, elle fait appel à l'informatique, l'électronique, les mathématiques, les neurosciences et les sciences cognitives. Le déploiement de l'IA permet l'amélioration des conditions de vie des populations, la personnalisation de la prise en charge médicale, la stimulation de l'innovation et de la productivité, l'adaptation aux changements climatiques … Outre les impacts sur la vie quotidienne, ces technologies pourraient aussi modifier les frontières entre l'homme et la machine et devenir dangereuses. Faudra-t-il, à l'avenir, rédiger une déclaration des droits du robot et des machines ?

a. L'IA permettra de contrôler la vie des individus. → ....

b. L'IA permet d'exercer la médecine de manière plus précise. → ....

c. L'IA permet de personnaliser les traitements des patients. → ....

d. L'IA accentuera les faiblesses déjà existantes de nos sociétés. → ....

e. L'IA va faire disparaître des emplois. → ....

f. L'IA pourrait profondément changer nos sociétés jusqu'à questionner le rôle de l'humain. → ....

PRODUCTION ÉCRITE

... / 25 points

La mairie de votre ville a décidé d'arrêter les cours de conversation de français qu'elle mettait gratuitement à la disposition des étrangers de la ville. En tant qu'élève de ces cours, vous écrivez au responsable pour lui exprimer le mécontentement de toute la classe et lui expliquez les bienfaits et avantages de ces cours de conversation, tant d'un point de vue linguistique que personnel. Vous argumentez pour le convaincre de changer d'avis. (250 mots)

PRODUCTION ORALE

... / 25 points

Le jour de l'examen, vous tirerez au sort 2 sujets et vous en choisirez 1.

Exercice 1 : Monologue suivi

Mettez-vous dans les conditions de l'examen : choisissez un sujet et préparez-le pendant 30 minutes. Dégagez le thème soulevé par le document et présentez votre opinion dans un exposé clair et argumenté (de 5 à 7 minutes).

Exercice 2 : Exercice en interaction : débat de 10 à 13 minutes

Mettez-vous dans les conditions de l'examen : défendez votre point de vue au cours d'un débat avec un(e) camarade ou votre professeur, sans préparation, pendant 10 à 13 minutes.

Sujet 1

ENSEIGNER LES LANGUES À L'ÉCOLE, DÈS LA MATERNELLE

C'est à l'école maternelle que les élèves forgent leurs premières compétences langagières. À trois, quatre et cinq ans, l'oreille est sensible aux différences de prononciation. C'est aussi à cet âge que se fixe la façon de prononcer et d'articuler, et que les enfants ont le plus de facilité à reproduire des sons nouveaux. Au cours de cette période, les références culturelles, lexicales et phonologiques, qui serviront d'appui à l'apprentissage d'une langue vivante, se déterminent naturellement. C'est pourquoi, l'école devrait proposer des cours de plusieurs langues étrangères aux jeunes enfants dès 3 ans, et ne pas limiter cet apprentissage à l'anglais.

Sujet 2

DES APPLICATIONS POUR ÊTRE SAINS

La préoccupation pour la santé, le culte du corps, la priorité mise sur l'idéal de beauté, toutes ces tendances peuvent nous pousser à vouloir tout contrôler : la composition de ce que nous mangeons, les kilomètres que nous parcourons en une journée, etc. Pour nous y aider, de plus en plus d'applications « santé et alimentation » peuvent être téléchargées gratuitement sur nos smartphones. Si ces applications peuvent devenir un soutien efficace pour vivre une vie plus saine, elles peuvent aussi vite devenir addictives, du fait de leur système de récompense qui renforce les circuits neuronaux de dépendance.

DELF BLANC 2

COMPRÉHENSION DE L'ORAL ... / 25 points

Mettez-vous dans les conditions de l'examen : avant l'écoute, vous avez 1 minute pour lire les questions, puis entre la première et la deuxième écoute, vous avez 30 secondes de pause. Après la deuxième écoute, vous avez 1 minute pour vérifier vos réponses.

Exercice 1 ... / 9 points

🔊 59 Écoutez et répondez aux questions.

1. L'idée du revenu universel date …
   - a. de la Révolution Française. ☐
   - b. du début du XXème siècle. ☐
   - c. du XVIIIème siècle. ☐

2. Pour Thomas Paine, le revenu universel permettrait de …
   - a. supprimer la pauvreté. ☐
   - b. compenser une injustice. ☐
   - c. taxer les riches. ☐

3. Pour certains, le revenu universel permettrait la disparition …
   - a. du salaire minimum. ☐
   - b. de la pauvreté. ☐
   - c. du chômage. ☐

4. Le revenu universel est réapparu dans les débats parce que …
   - a. le nombre de pauvres augmente. ☐
   - b. beaucoup d'emplois pourraient ne plus exister. ☐
   - c. les gens sont déprimés. ☐

5. Distribuer un revenu universel est …
   - a. complexe. ☐
   - b. coûteux. ☐
   - c. utopique. ☐

6. Dans sa proposition, l'économiste Pierre-Alain Muet veut réformer …
   - a. le travail. ☐
   - b. la société. ☐
   - c. les impôts. ☐

7. Le principale avantage du système imaginé par Muet est …
   - a. qu'il est inconditionnel. ☐
   - b. qu'il simplifie les règles fiscales. ☐
   - c. qu'il encourage l'indépendance des jeunes. ☐

Exercice 2 ... / 9 points

🔊 60 Écoutez et répondez aux questions.

1. L'informatique est de plus en plus présente dans …
   - a. notre langage uniquement. ☐
   - b. nos relations. ☐
   - c. notre quotidien. ☐

2. Le phénomène de l'informatisation du langage existe depuis …
   - a. la naissance de l'informatique. ☐
   - b. peu de temps. ☐
   - c. 20 ans. ☐

3. Le psychanalyste Yannick Dubrock pense qu'avec ce langage nous nous …
   - a. déconnectons de la réalité. ☐
   - b. identifions à la machine. ☐
   - c. positionnons dans la société. ☐

4. Il pense que la parole est …
   - a. synonyme de … communication. ☐
   - b. plus importante que la ☐
   - c. aussi importante que la ☐

5. Yannick Dubrock pense que nous avons de plus en plus recours à ce langage pour être plus …
   - a. concrets. ☐
   - b. performants. ☐
   - c. innovants. ☐

6. La première chose à faire pour se libérer de ce langage est …
   - a. de se rendre compte qu'on l'utilise. ☐
   - b. d'entreprendre une thérapie. ☐
   - c. de prendre conscience de ses terribles conséquences. ☐

7. Une des solutions proposées est de …
   - a. se réapproprier … le langage informatique. ☐
   - b. supprimer ☐
   - c. encadrer ☐

Exercice 3

.../ 7 points

Mettez-vous dans les conditions de l'examen : vous allez écouter une fois 3 documents sonores. Pour chacun des documents, vous avez 15 secondes pour lire les 2 questions et après l'écoute vous disposez de 20 secondes pour répondre aux questions.

Document 1

🔊 61 Écoutez et répondez aux questions.

1. Le collectif Toussego a réalisé une étude sur la place des femmes dans ...
    a. la société. ☐
    b. l'industrie cinématographique. ☐
    c. les films. ☐

2. Dans la majorité des films français, la parité des représentations est...
    a. respectée. ☐
    b. transgressée. ☐
    c. difficile à établir. ☐

Document 2

🔊 62 Écoutez et répondez aux questions.

1. L'économie du bonheur est une discipline scientifique ...
    a. reconnue. ☐
    b. déconsidérée. ☐
    c. plusieurs fois récompensée. ☐

2. L'économie du bonheur utilise des données ...
    a. objectives uniquement. ☐
    b. subjectives et objectives. ☐
    c. personnelles. ☐

Document 3

🔊 63 Écoutez et répondez aux questions.

1. Un mégot de cigarette contient ...
    a. plus de 4000 substances chimiques. ☐
    b. moins de 4000 substances chimiques. ☐
    c. plus de 10 000 substances chimiques. ☐

2. Les mégots récupérés sur la plage sont transformés en...
    a. accessoires de téléphone. ☐
    b. téléphones. ☐
    c. cendriers de poche. ☐

DELF BLANC 2

COMPRÉHENSION DES ÉCRITS
... / 25 points

Mettez-vous dans les conditions de l'examen : prenez 1 heure pour faire ces 3 exercices de compréhension écrite.

Exercice 1
... / 9 points

Lisez le texte et cochez les bonnes réponses.

PETITE HISTOIRE DU MÈTRE

Le mètre est une invention française et pas des moindres. En effet, il est universel et fait partie intégrante de notre vie quotidienne. Seuls les pays anglo-saxons continuent d'utiliser des mesures liées au corps humain : pouce ou pied. Le mètre étalon n'a que 200 ans car au cours de l'histoire bien des tentatives d'uniformisation des poids et des mesures avaient été tentées mais avaient échoué. Le siècle des Lumières et la place prise par la science poussent les chercheurs à établir une mesure qui sera acceptée par tous, ce sera le cas à la fin du XXVIIIe siècle.

Au début, la numération à dix paraît logique car nous avons dix doigts. Mais, très tôt dans l'Antiquité les astrologues orientaux ont imposé le douze. Ce phénomène perdure car on divise toujours l'année en douze mois et l'heure en deux fois douze heures, on parle toujours en douzaine pour les œufs ou les huîtres. [...]

Pour les longueurs on utilisait les mesures anthropomorphiques*. On trouve ainsi la toise, la lieue (distance parcourue en marchant régulièrement durant une heure), la perche (entre 6 et 7 mètres), l'aune (longueur du bâton de marche), la coudée, le pied (environ 33 centimètres), le pouce (environ 2,5 cm), le doigt et la ligne (un douzième du pouce). [...]

Sous Louis XV, en 1778, on peut recenser plus de 2000 mesures, par exemple 200 valeurs rien que pour la livre. Autre exemple, la lieue qui varie selon la province, cela donne des écarts allant de 3,9 kilomètres à 5,8 kilomètres. [...]

En 1790, l'Assemblée nationale décide d'établir un système de mesure unique. Mais comment définir le mètre ? Un choix arbitraire ne permettrait pas d'obtenir un consentement universel. Le projet est confié à des savants de renom (Borda, Condorcet, Lagrange, Lavoisier et Monge) qui proposent de définir le mètre comme le dix millionième du quart du méridien terrestre. [...]

Deux astronomes, Jean-Baptiste Delambre et Pierre Méchain, sont chargés de mesurer ce méridien. Pour mesurer les longueurs, ils utiliseront les règles de Borda mises au point par le mécanicien Etienne Lenoir et pour mesurer les angles, ils utilisent le cercle répétiteur inventé aussi par Borda et Lenoir.

[...] [Ils] n'effectueront les mesures que sur un arc suffisamment long de ce méridien. Par proportionnalité, ils pourront alors calculer la longueur totale. Cet arc appelé méridienne s'étend sur près de 1100 kilomètres, de Dunkerque à Barcelone.

[...] En avril 1795, le mètre remplace officiellement toutes les unités précédentes. On introduit ses multiples et sous multiples. Le mètre s'étendra d'abord en Europe puis dans la plupart des pays du monde. À partir de 1840, l'utilisation du système métrique devient obligatoire.

* anthropomorphique = relatif à l'humain

D'après http://www.cdi-garches.com/histoire/lepopee-du-metre-etalon/ (DR)

1. Les unités des poids et mesures communes ont été mises en place ...
   a. rapidement. ☐   b. après 200 ans de recherche. ☐   c. après plusieurs essais. ☐

2. Le mètre est une unité de mesure ...
   a. utilisée internationalement. ☐   b. liée aux parties du corps. ☐   c. qui se veut consensuelle. ☐

3. Certaines pratiques de l'Antiquité ...
   a. ont inspiré le mètre. ☐   b. existent encore aujourd'hui. ☐   c. visaient l'uniformisation des mesures. ☐

4. La toise, la lieue, l'aune, la coudée, le pied, le pouce, le doigt et la ligne sont des unités de ...
   a. poids. ☐   b. mesure. ☐   c. masse. ☐

5. La lieu est une mesure qui dépend ...
   a. du terrain. ☐   b. de la taille des jambes. ☐   c. de la région. ☐

6. Le mètre a été mis au point ...
   a. d'après les mesures de la Terre. ☐   b. selon des procédés aléatoires. ☐   c. en analysant l'Univers. ☐

7. Dès 1795, le mètre ...
   a. est inventé. ☐   b. est utilisé en Europe. ☐   c. devient obligatoire. ☐

Exercice 2
Lisez le texte et cochez les bonnes réponses.   ... / 9 points

Comment rendre nos enfants heureux ?

On nous dit que nos enfants doivent être heureux, qu'il faut savoir accueillir leurs émotions. C'est une démarche plutôt positive. Mais ne sommes-nous pas, parfois, dans l'excès ? En tant que parent, il arrive, à certains moments, que l'on se sente dépassé par les crises de ses enfants ; dépassé au point d'en venir à s'interroger sur le sens que prend la tournure de sa propre existence...

Nous accordons beaucoup d'importance au fait de protéger les émotions de nos enfants. En règle générale, c'est une très bonne chose, mais c'est une démarche qui peut aussi atteindre ses limites lorsque, valorisées en toutes circonstances, les émotions de nos enfants deviennent toutes puissantes. Les enfants sont souvent débordés par leurs émotions lorsqu'ils perçoivent que celles-ci sont susceptibles de leur permettre d'obtenir efficacement les résultats qu'ils souhaitent obtenir. C'est alors que surviennent les crises de colère intempestives, face auxquelles les parents peuvent se sentir complètement désemparés.
[...]
Vouloir le bonheur de nos enfants, c'est une bonne chose. Chercher leur épanouissement, c'est encore mieux. L'épanouissement est avant tout un apprentissage qui suppose de passer aussi par un certain nombre de moments faits de tensions et de difficultés émotionnelles. Il est donc important que les parents permettent à leur enfant d'intégrer dans son vécu des moments de trouble... sans en faire une maladie, bien entendu.

On a le droit de dire à son enfant : « je t'aime beaucoup mais là, tu es insupportable ! » soit parce qu'on n'est pas disposé à être dérangé par lui, soit parce qu'il adopte un comportement qui dépasse nos facultés d'adaptation » nous dit Bruno Humbeeck [psychopédagogue].

L'enfant teste les limites de l'affection de ses parents. Dès lors, le parent qui prétend avoir une affection sans limite prend le risque de faire passer le message qu'il n'existe aucune règle ni aucune limite à ne pas dépasser. Il faut donc apprendre à lutter contre cette tendance naturelle qu'a le cerveau humain à faire preuve d'empathie de façon viscérale à l'égard de sa descendance.
[...]
Les théories pédagogiques ne fonctionnent que partiellement. Il ne faut pas les prendre dans leur intégralité ou sous un angle de lecture trop radical, ce qui est malheureusement souvent le cas. En effet, le psychopédagogue déplore les pédagogies positives soutenant qu'il faut, par exemple, s'interdire de générer toute émotion dite 'inconfortable' pour l'enfant. Au contraire, la frustration fait partie du processus de la vie et doit, par conséquent, être intégrée dans le processus de développement de l'enfant. [...]

Pour conclure, retenons qu'en tant que parent, il est indispensable de dégager du temps pour soi et de veiller à ne pas se laisser étouffer progressivement dans un esprit de sacrifice personnel à toute épreuve. La pédagogie positive n'empêche nullement de pouvoir fixer des règles et des limites. C'est une clé essentielle pour le bien-être tant des parents que des enfants.

D'après https://www.rtbf.be/article/babycratie-quand-le-parent-n-accepte-plus-de-laisser-son-enfant-explorer-d-autres-emotions-que-la-joie-continue-10089563 (D.R)

1. Selon l'auteur, accueillir les émotions de ses enfants est ...
   a. une bonne chose. ☐   b. à éviter. ☐   c. épuisant. ☐

2. Les émotions des enfants sont ...
   a. inutiles. ☐   b. surestimées. ☐   c. néfastes. ☐

3. Les enfants ne savent pas ...
   a. gérer leurs émotions. ☐   b. reconnaître leurs émotions. ☐   c. exprimer leurs émotions. ☐

4. L'épanouissement ...
   a. est indissociable du bonheur. ☐   b. s'apprend. ☐   c. rend triste. ☐

5. Envers leurs enfants, les parents font naturellement preuve de ...
   a. compréhension. ☐   b. patience. ☐   c. pudeur. ☐

6. Les émotions négatives ....

a. participent au ... développement de l'enfant.	b. sont la base du	c. sont néfastes pour le

7. Pour le psychopédagogue, des parents heureux ...

a. fixent des règles.	b. écoutent leurs enfants.	c. s'investissent complètement dans l'éducation.

Exercice 3   ... / 7 points

Lisez ces avis sur l'interdiction de la voiture en ville et associez chaque affirmation à la personne qui correspond.

FAUT-IL INTERDIRE LA VOITURE EN VILLE ?

PEGGY

Je pense qu'il n'y a pas lieu de donner de bonnes ou de mauvaises notes aux différents modes de transports et d'opposer leurs usagers qui pour l'essentiel ne sont pas les mêmes. La voiture, plus qu'un choix est souvent une obligation pour ceux qui habitent les zones pauvres en transports publics. Dans certaines villes, pour se déplacer, la voiture est le moyen le plus rapide. Je suis bien sûr consciente des problèmes environnementaux liés à l'utilisation de la voiture. Cependant, avant d'interdire son usage dans les villes, il faudrait les équiper d'un réseau de transports publics performants et proposer des alternatives efficaces et durables.

ABDU

Encore une approche punitive et donc antisociale qui va à l'encontre du but recherché, à savoir l'adhésion des citoyens à une démarche globale pour une mobilité durable et économe en énergie. Les usagers sont prêts à repenser leur mobilité mais ils doivent être accompagnés. Aujourd'hui, le véhicule particulier assure l'essentiel des besoins de mobilité de l'essentiel des ménages français. Je pense que les automobilistes sont prêts à faire évoluer leur pratique mais il faut les former à rouler de manière plus responsable et les encourager à pratiquer le covoiturage. Les programmes d'écoconduite, sujet souvent absent du débat public, doivent également être soutenus et généralisés car ils ont un impact positif sur l'environnement.

GAËL

On peut se demander pourquoi nous voulons interdire la voiture en ville. Les différentes études réalisées lors des journées sans voiture ou dans des villes où l'interdiction existe montre que ça permet tout d'abord de réduire la pollution de l'air, qui est responsable de plus de décès et de maladies, mais aussi de diminuer la pollution sonore. Et quand on parle d'interdiction, il ne s'agit pas de bannir tous les véhicules des centres-villes, mais de s'interroger sur certains usages, et remplacer chaque fois que c'est possible, la voiture par des alternatives plus respectueuses de l'humain et de l'environnement.

a. La majorité des déplacements sont effectués en voiture. → ....

b. On ne choisit pas de se déplacer en voiture. → ....

c. Interdire la voiture, c'est défendre l'environnement. → ....

d. Interdire est contreproductif. → ....

e. La priorité est de proposer d'autres moyens de transports. → ....

f. Les automobilistes doivent réfléchir à leur comportement. → ....

PRODUCTION ÉCRITE

.../ 25 points

Un magazine mensuel sur le monde de l'entreprise vient de publier le numéro spécial « Tous en télétravail ! », dans lequel il vante les mérites du travail depuis la maison et invite ses lecteurs à l'adopter. Choqué(e) qu'un magazine recommande le télétravail sans évoquer les inconvénients qu'il entraîne, vous décidez d'écrire à la rubrique « courrier des lecteurs ». Vous rédigez un texte structuré et illustré pour exprimer votre opinion, présenter les inconvénients du télétravail et défendre l'idée d'une utilisation partielle du télétravail. (250 mots)

PRODUCTION ORALE

.../ 25 points

Le jour de l'examen, vous tirerez au sort 2 sujets et vous en choisirez 1.

Exercice 1 : Monologue suivi sur la défense d'un point de vue argumenté de 5 à 7 minutes.

Mettez-vous dans les conditions de l'examen : vous avez 30 minutes pour préparer le sujet.
Dégagez le thème soulevé par le document et présentez votre opinion dans un exposé clair et argumenté.

Exercice 2 : Exercice en interaction : débat de 10 à 13 minutes.

Mettez-vous dans les conditions de l'examen : défendez votre point de vue au cours d'un débat avec un camarade ou votre professeur, sans préparation, pendant 10 à 13 minutes.

Sujet 1

Les théories des complots

Les 18-24 ans sont 28 % à adhérer à cinq théories du complot ou plus, contre seulement 9 % des 65 ans et plus. C'est en tout cas l'un des enseignements d'une enquête sur le complotisme réalisée par l'Ifop pour la fondation Jean-Jaurès et l'Observatoire du conspirationnisme (Conspiracy Watch). Plusieurs facteurs peuvent l'expliquer. D'abord, la manière dont les jeunes s'informent. Leur principale source d'information est Internet et les réseaux sociaux où sont diffusées massivement ces théories. Le format vidéo les rend attractives et sensationnalistes. On remarque aussi que les jeunes sont encore plus vulnérables lorsqu'ils ne sont pas encore diplômés.

Sujet 2

La colocation intergénérationnelle

La colocation intergénérationnelle, et plus précisément, la colocation constituée d'une personne âgée et d'un étudiant est un système aujourd'hui de plus en plus utilisé en France et en particulier dans les grandes villes, où le prix des loyers et la pénurie de logements font rage. Avec ce système, les étudiants peuvent trouver un moyen simple de se loger pour peu cher, voire gratuitement selon les cas, tandis que la personne âgée peut rompre avec une certaine solitude. Mais attention, tout n'est pas si simple ! Chacun doit y mettre du sien. Il faut que les deux parties soient compréhensives, aient le sens du partage et respectent l'indépendance de l'autre.

CONJUGAISON

LES AUXILIAIRES

avoir

Le présent	Le passé				L'infinitif
présent	passé composé	imparfait	plus-que-parfait	passé simple	infinitif présent
j'ai	j'ai eu	j'avais	j'avais eu	j'eus	avoir
tu as	tu as eu	tu avais	tu avais eu	tu eus	
il/elle a	il/elle a eu	il/elle avait	il/elle avait eu	il/elle eut	infinitif passé
nous avons	nous avons eu	nous avions	nous avions eu	nous eûmes	avoir eu
vous avez	vous avez eu	vous aviez	vous aviez eu	vous eûtes	
ils/elles ont	ils/elles ont eu	ils/elles avaient	ils/elles avaient eu	ils/elles eurent	

Le futur		Le conditionnel		Le subjonctif	
futur	futur antérieur	conditionnel présent	conditionnel passé	subjonctif présent	subjonctif passé
j'aurai	j'aurai eu	j'aurais	j'aurais eu	que j'aie	que j'aie eu
tu auras	tu auras eu	tu aurais	tu aurais eu	que tu aies	que tu aies eu
il/elle aura	il/elle aura eu	il/elle aurait	il/elle aurait eu	qu'il/elle ait	qu'il/elle ait eu
nous aurons	nous aurons eu	nous aurions	nous aurions eu	que nous ayons	que nous ayons eu
vous aurez	vous aurez eu	vous auriez	vous auriez eu	que vous ayez	que vous ayez eu
ils/elles auront	ils/elles auront eu	ils/elles auraient	ils/elles auraient eu	qu'ils/elles aient	qu'ils/elles aient eu

être

Le présent	Le passé				L'infinitif
présent	passé composé	imparfait	plus-que-parfait	passé simple	infinitif présent
je suis	j'ai été	j'étais	j'avais été	je fus	être
tu es	tu as été	tu étais	tu avais été	tu fus	
il/elle est	il/elle a été	il/elle était	il/elle avait été	il/elle fut	infinitif passé
nous sommes	nous avons été	nous étions	nous avions été	nous fûmes	avoir été
vous êtes	vous avez été	vous étiez	vous aviez été	vous fûtes	
ils/elles sont	ils/elles ont été	ils/elles étaient	ils/elles avaient été	ils/elles furent	

Le futur		Le conditionnel		Le subjonctif	
futur	futur antérieur	conditionnel présent	conditionnel passé	subjonctif présent	subjonctif passé
je serai	j'aurai été	je serais	j'aurais été	que je sois	que j'aie été
tu seras	tu auras été	tu serais	tu aurais été	que tu sois	que tu aies été
il/elle sera	il/elle aura été	il/elle serait	il/elle aurait été	qu'il/elle soit	qu'il/elle ait été
nous serons	nous aurons été	nous serions	nous aurions été	que nous soyons	que nous ayons été
vous serez	vous aurez été	vous seriez	vous auriez été	que vous soyez	que vous ayez été
ils/elles seront	ils/elles auront été	ils/elles seraient	ils/elles auraient été	qu'ils/elles soient	qu'ils/elles aient été

LES VERBES RÉGULIERS

Parler (1er groupe)

Le présent	Le passé				L'infinitif
présent	passé composé	imparfait	plus-que-parfait	passé simple	infinitif présent
je parle	j'ai parlé	je parlais	j'avais parlé	je parlai	parler
tu parles	tu as parlé	tu parlais	tu avais parlé	tu parlas	
il/elle parle	il/elle a parlé	il/elle parlait	il/elle avait parlé	il/elle parla	infinitif passé
nous parlons	nous avons parlé	nous parlions	nous avions parlé	nous parlâmes	avoir parlé
vous parlez	vous avez parlé	vous parliez	vous aviez parlé	vous parlâtes	
ils/elles parlent	ils/elles ont parlé	ils/elles parlaient	ils/elles avaient parlé	ils/elles parlèrent	

Le futur		Le conditionnel		Le subjonctif	
futur	futur antérieur	conditionnel présent	conditionnel passé	subjonctif présent	subjonctif passé
je parlerai	j'aurai parlé	je parlerais	j'aurais parlé	que je parle	que j'aie parlé
tu parleras	tu auras parlé	tu parlerais	tu aurais parlé	que tu parles	que tu aies parlé
il/elle parlera	il/elle aura parlé	il/elle parlerait	il/elle aurait parlé	qu'il/elle parle	qu'il/elle ait parlé
nous parlerons	nous aurons parlé	nous parlerions	nous aurions parlé	que nous parlions	que nous ayons parlé
vous parlerez	vous aurez parlé	vous parleriez	vous auriez parlé	que vous parliez	que vous ayez parlé
ils/elles parleront	ils/elles auront parlé	ils/elles parleraient	ils/elles auraient parlé	qu'ils/elles parlent	qu'ils/elles aient parlé

Finir (2ᵉ groupe)

Le présent	Le passé				L'infinitif
présent	passé composé	imparfait	plus-que-parfait	passé simple	infinitif présent
je finis	j'ai fini	je finissais	j'avais fini	je finis	finir
tu finis	tu as fini	tu finissais	tu avais fini	tu finis	
il/elle finit	il/elle a fini	il/elle finissait	il/elle avait fini	il/elle finit	infinitif passé
nous finissons	nous avons fini	nous finissions	nous avions fini	nous finîmes	avoir fini
vous finissez	vous avez fini	vous finissiez	vous aviez fini	vous finîtes	
ils/elles finissent	ils/elles ont fini	ils/elles finissaient	ils/elles avaient fini	ils/elles finirent	

Le futur		Le conditionnel		Le subjonctif	
futur	futur antérieur	conditionnel présent	conditionnel passé	subjonctif présent	subjonctif passé
je finirai	j'aurai fini	je finirais	j'aurais fini	que je finisse	que j'aie fini
tu finiras	tu auras fini	tu finirais	tu aurais fini	que tu finisses	que tu aies fini
il/elle finira	il/elle aura fini	il/elle finirait	il/elle aurait fini	qu'il/elle finisse	qu'il/elle ait fini
nous finirons	nous aurons fini	nous finirions	nous aurions fini	que nous finissions	que nous ayons fini
vous finirez	vous aurez fini	vous finiriez	vous auriez fini	que vous finissiez	que vous ayez fini
ils/elles finiront	ils/elles auront fini	ils/elles finiraient	ils/elles auraient fini	qu'ils/elles finissent	qu'ils/elles aient fini

LES VERBES IRRÉGULIERS

Verbes terminés en -ir

partir

présent	passé composé	imparfait	futur	conditionnel présent	subjonctif présent
je pars nous partons	je suis parti(e)	je partais	je partirai	je partirais	que je parte
infinitif passé	passé simple	plus-que-parfait	futur antérieur	conditionnel passé	subjonctif passé
être parti(e)	je partis	j'étais parti(e)	je serai parti(e)	je serais parti(e)	que je sois parti(e)

venir

présent	passé composé	imparfait	futur	conditionnel présent	subjonctif présent
je viens nous venons ils/elles viennent	je suis venu(e)	je venais	je viendrai	je viendrais	que je vienne que nous venions
infinitif passé	passé simple	plus-que-parfait	futur antérieur	conditionnel passé	subjonctif passé
être venu(e)	je vins	j'étais venu(e)	je serai venu(e)	je serais venu(e)	que je sois venu(e)

Verbes terminés en -oir

devoir

présent	passé composé	imparfait	futur	conditionnel présent	subjonctif présent
je dois nous devons ils/elles doivent	j'ai dû	je devais	je devrai	je devrais	que je doive que nous devions
infinitif passé	passé simple	plus-que-parfait	futur antérieur	conditionnel passé	subjonctif passé
avoir dû	je dus	j'avais dû	j'aurai dû	j'aurais dû	que j'aie dû

falloir

présent	passé composé	imparfait	futur	conditionnel présent	subjonctif présent
il faut	il a fallu	il fallait	il faudra	il faudrait	qu'il faille
infinitif passé	passé simple	plus-que-parfait	futur antérieur	conditionnel passé	subjonctif passé
/	il fallut	il avait fallu	il aura fallu	il aurait fallu	qu'il ait fallu

pouvoir

présent	passé composé	imparfait	futur	conditionnel présent	subjonctif présent
je peux nous pouvons ils/elles peuvent	j'ai pu	je pouvais	je pourrai	je pourrais	que je puisse
infinitif passé	passé simple	plus-que-parfait	futur antérieur	conditionnel passé	subjonctif passé
avoir pu	je pus	j'avais pu	j'aurai pu	j'aurais pu	que j'aie pu

CONJUGAISON

		présent	passé composé	imparfait	futur	conditionnel présent	subjonctif présent
	recevoir	je reçois nous recevons ils/elles reçoivent	j'ai reçu	je recevais	je recevrai	je recevrais	que je reçoive que nous recevions
		infinitif passé	**passé simple**	**plus-que-parfait**	**futur antérieur**	**conditionnel passé**	**subjonctif passé**
		avoir reçu	je reçus	j'avais reçu	j'aurai reçu	j'aurais reçu	que j'aie reçu
	savoir	je sais nous savons	j'ai su	je savais	je saurai	je saurais	que je sache
		infinitif passé	**passé simple**	**plus-que-parfait**	**futur antérieur**	**conditionnel passé**	**subjonctif passé**
		avoir su	je sus	j'avais su	j'aurai su	j'aurais su	que j'aie su
	voir	je vois nous voyons ils/elles voient	j'ai vu	je voyais	je verrai	je verrais	que je voie que nous voyions
		infinitif passé	**passé simple**	**plus-que-parfait**	**futur antérieur**	**conditionnel passé**	**subjonctif passé**
		avoir vu	je vis	j'avais vu	j'aurai vu	j'aurais vu	que j'aie vu
	vouloir	je veux nous voulons ils/elles veulent	j'ai voulu	je voulais	je voudrai	je voudrais	que je veuille que nous voulions
		infinitif passé	**passé simple**	**plus-que-parfait**	**futur antérieur**	**conditionnel passé**	**subjonctif passé**
		avoir voulu	je voulus	j'avais voulu	j'aurai voulu	j'aurais voulu	que j'aie voulu

Verbes irréguliers terminés en -re

		présent	passé composé	imparfait	futur	conditionnel présent	subjonctif présent
	attendre	j'attends	j'ai attendu	j'attendais	j'attendrai	j'attendrais	que j'attende
		infinitif passé	**passé simple**	**plus-que-parfait**	**futur antérieur**	**conditionnel passé**	**subjonctif passé**
		avoir attendu	j'attendis	j'avais attendu	j'aurai attendu	j'aurais attendu	que j'aie attendu
	connaître	je connais nous connaissons	j'ai connu	je connaissais	je connaîtrai	je connaîtrais	que je connaisse
		infinitif passé	**passé simple**	**plus-que-parfait**	**futur antérieur**	**conditionnel passé**	**subjonctif passé**
		avoir connu	je connus	j'avais connu	j'aurai connu	j'aurais connu	que j'aie connu
	croire	je crois nous croyons ils/elles croient	j'ai cru	je croyais	je croirai	je croirais	que je croie que nous croyions
		infinitif passé	**passé simple**	**plus-que-parfait**	**futur antérieur**	**conditionnel passé**	**subjonctif passé**
		avoir cru	je crus	j'avais cru	j'aurai cru	j'aurais cru	que j'aie cru
	dire	je dis nous disons vous dites	j'ai dit	je disais	je dirai	je dirais	que je dise
		infinitif passé	**passé simple**	**plus-que-parfait**	**futur antérieur**	**conditionnel passé**	**subjonctif passé**
		avoir dit	je dis	j'avais dit	j'aurai dit	j'aurais dit	que j'aie dit

écrire	présent	passé composé	imparfait	futur	conditionnel présent	subjonctif présent
	j'écris nous écrivons	j'ai écrit	j'écrivais	j'écrirai	j'écrirais	que j'écrive
	infinitif passé	**passé simple**	**plus-que-parfait**	**futur antérieur**	**conditionnel passé**	**subjonctif passé**
	avoir écrit	j'écrivis	j'avais écrit	j'aurai écrit	j'aurais écrit	que j'aie écrit

faire	présent	passé composé	imparfait	futur	conditionnel présent	subjonctif présent
	je fais nous faisons vous faites ils/elles font	j'ai fait	je faisais	je ferai	je ferais	que je fasse
	infinitif passé	**passé simple**	**plus-que-parfait**	**futur antérieur**	**conditionnel passé**	**subjonctif passé**
	avoir fait	je fis	j'avais fait	j'aurai fait	j'aurais fait	que j'aie fait

mettre	présent	passé composé	imparfait	futur	conditionnel présent	subjonctif présent
	je mets	j'ai mis	je mettais	je mettrai	je mettrais	que je mette
	infinitif passé	**passé simple**	**plus-que-parfait**	**futur antérieur**	**conditionnel passé**	**subjonctif passé**
	avoir mis	je mis	j'avais mis	j'aurai mis	j'aurais mis	que j'aie mis

prendre	présent	passé composé	imparfait	futur	conditionnel présent	subjonctif présent
	je prends nous prenons ils/elles prennent	j'ai pris	je prenais	je prendrai	je prendrais	que je prenne que nous prenions
	infinitif passé	**passé simple**	**plus-que-parfait**	**futur antérieur**	**conditionnel passé**	**subjonctif passé**
	avoir pris	je pris	j'avais pris	j'aurai pris	j'aurais pris	que j'aie pris

aller	présent	passé composé	imparfait	futur	conditionnel présent	subjonctif présent
	je vais tu vas nous allons ils/elles vont	je suis allé(e)	j'allais	j'irai	j'irais	que j'aille que nous allions
	infinitif passé	**passé simple**	**plus-que-parfait**	**futur antérieur**	**conditionnel passé**	**subjonctif passé**
	être allé(e)	j'allai	j'étais allé(e)	je serai allé(e)	je serais allé(e)	que je sois allé(e)

appeler	présent	passé composé	imparfait	futur	conditionnel présent	subjonctif présent
	j'appelle nous appelons ils/elles appellent	j'ai appelé	j'appelais	j'appellerai	j'appellerais	que j'appelle que nous appelions
	infinitif passé	**passé simple**	**plus-que-parfait**	**futur antérieur**	**conditionnel passé**	**subjonctif passé**
	avoir appelé	j'appelai	j'avais appelé	j'aurai appelé	j'aurais appelé	que j'aie appelé

envoyer	présent	passé composé	imparfait	futur	conditionnel présent	subjonctif présent
	j'envoie nous envoyons ils/elles envoient	j'ai envoyé	j'envoyais	j'enverrai	j'enverrais	que j'envoie que nous envoyions
	infinitif passé	**passé simple**	**plus-que-parfait**	**futur antérieur**	**conditionnel passé**	**subjonctif passé**
	avoir envoyé	j'envoyai	j'avais envoyé	j'aurai envoyé	j'aurais envoyé	que j'aie envoyé

TRANSCRIPTIONS

UNITÉ 1

Leçon 1

Activité 3

a. – Je ne sais pas ce que vous me demandez, ce n'est pas clair !

b. – Je ne sais paaaaas... Ce n'est... pas très clair...

c. – je crois que... hmmm... il... heu... il y en a hmmm 1000 ?

d. – Je crois qu'il y en a 1000.

e. – Je je je ... pffff ... Nous pourrions... euh... y réfléchir.

f. – Je crois que, je, enfin nous pourrions y réfléchir !

Activité 4

Claudia est entre de bonnes mains. Depuis deux heures, une professionnelle la maquille pour qu'elle soit parfaite, à l'image de sa journée d'anniversaire. Claudia a quinze ans et au Mexique, ça se wfête dans la démesure. Sa modeste maison, en banlieue de Mexico, sert aujourd'hui de coulisses avant le grand show.

– Pour moi, c'est comme une nouvelle étape de la vie, franchir une nouvelle étape, être plus indépendante.

À plus de 4000 kilomètres de là, c'est aussi le grand jour pour Catalina. La tradition de la *quinceañera*, la fête du quinzième anniversaire, est un événement incontournable en Colombie aussi.

– Pour moi, cette fête veut dire qu'on est au centre de l'attention, on est une princesse à ce moment-là.

Princesse chouchoutée mais aussi responsabilisée. Considérée comme le dernier palier avant la vie d'adulte la quinceñera est un véritable rite d'initiation dans les pays latino-américains. Les jeunes filles sont fortement poussées à perpétuer la tradition avec des célébrations de plus en plus onéreuses. Certaines familles mexicaines dépensent plus pour cette fête que pour l'organisation d'un mariage. Pour les parents de Catalina, la Colombienne, qui ont de petits revenus, c'est un vrai sacrifice.

– J'ai fait des emprunts, travaillé de nuit, vraiment de tout, car je voulais préparer des choses jamais vues avant, des décorations pour ma fille, pour qu'elle se sente bien et qu'elle n'oublie jamais tout ce que j'ai fait pour elle.

Forcément, une véritable industrie s'est créée autour de ce phénomène. Trois fois par an, un gigantesque salon dédié à ce marché a lieu à Mexico. Location de limousines, danseurs professionnels, D.J., sans oublier le maquillage, les chewing-gums et la pilule contraceptive.

– Les familles dépensent entre 300 000 pesos et, je dirais, un million de pesos. Certains de nos fournisseurs proposent un package qui inclut l'ensemble de la fête des 15 ans mais aussi un voyage parfois.

Malgré le coût et même si certains y voient une tradition ringarde et sexiste, il y a depuis quelques années un regain d'intérêt pour cette fête ancestrale. Rien qu'au Mexique, plus de 200 000 *quinceañera*s se fêtent chaque année.

Leçon 2

Activité 3

– Embarquement immédiat, embarquement immédiat à bord de l'application imaginaire *Odyssée* pour tout savoir quand vous voyagez ! Activez *Odyssée* !

– *Odyssée* ?

– *Bom dia*, Alexandra

– *Bom dia* aussi *Odyssée* ! Je ne parle pas très fort, parce que je suis au restaurant et à la table de gauche, il y a plein d'adultes qui tirent les oreilles d'un enfant, et je ne sais pas si tu les entends, mais tous rigolent aux éclats, tu m'expliques ? »

– Au Brésil, la tradition est de tirer les oreilles pour souhaiter un bon anniversaire. Si vous aviez été au Mexique, vous auriez vu des enfants frapper avec un bâton sur une piñata ; au Canada, c'est le beurrage de nez qui est de rigueur.

– Oui et en Chine, je me souviens avoir dégusté des nouilles de longévité pour l'anniversaire de mon guide. Chaque pays a vraiment sa propre célébration. Dans tous les cas, on souffle les bougies ?

– Aujourd'hui, c'est une pratique quasiment universelle. Pour en comprendre le sens, remontons à la Grèce Antique. Les Grecs imploraient la déesse Artémis en lui apportant un gâteau rond qui symbolisait la lune, et sur lequel étaient posées des bougies qui représentaient sa lueur. Ils émettaient un vœu en soufflant ses bougies.

– Durant les siècles, l'homme a toujours souhaité les anniversaires ?

– Et bien non ! Après la généralisation de l'anniversaire sous l'empire romain, la coutume s'est éteinte pendant le Moyen-Âge, car fêter l'anniversaire était considéré comme un rituel païen. Pendant toute cette période médiévale, très chrétienne, on fêtait les Saints mais pas les anniversaires.

– Et quand est revenue cette tradition, alors ?

– L'anniversaire renaît au XIXème et il redevient un événement joyeux. Aujourd'hui, fêter son anniversaire est une quasi obligation familiale, et sociale.

– Au fait *Odyssée*, tu connais le paradoxe de l'anniversaire ? À partir de 57 personnes, il y a une forte probabilité pour que 2 personnes soient nées le même jour. Bon pas forcément la même année. Tu es née quand, toi ? *Odyssée* ? *Odyssée* ? Oh, ça y est, ça bug ! Elle n'est pas encore au point, cette appli !

– Embarquement immédiat, à partager sur francebleu.fr.

Leçon 3
Activité 3

Depuis mars 2020, plusieurs enquêtes révèlent d'importants changements dans les modes de vie des citoyens, démontrant que la crise sanitaire mondiale a modifié les habitudes et les comportements de l'ensemble de la population.

Les mesures de précaution telles que garder la distance ou se regrouper en nombre limité et avec un masque ont changé les relations sociales. Selon une récente enquête, 45 % des Français déclarent sortir moins qu'avant la crise du coronavirus et les confinements qui l'ont accompagnée. 51 % déclarent également limiter le nombre de convives qu'ils reçoivent. Mais moins de sorties n'est pas forcément synonyme de vie plus saine. 12 % des personnes interrogées se couchent plus tôt qu'avant, mais 17 % se couchent plus tard. Ceux qui semblent avoir le plus souffert, ce sont les jeunes. 27 % des 18-24 ans et 23 % des 25-34 ans ont augmenté leur consommation d'alcool et 32 % d'entre eux font moins de sport qu'avant. Mais le changement le plus important, c'est le numérique qui a changé la façon dont nous travaillons, dont nous nous habillons et dont nous consommons. Le télétravail est un changement radical dans la vie de beaucoup de salariés. Et tout laisse à penser qu'il va s'installer durablement puisque 83 % des salariés français ne veulent plus travailler comme avant et souhaitent donc réduire leur temps de présence au bureau. Mais ce glissement vers le numérique ne touche pas que le travail : nous nous divertissons en ligne, faisons du sport en ligne, prenons des cours en ligne, consultons le médecin en ligne et achetons en ligne. Effet domino : le changement dans les habitudes vestimentaires. Les tenues décontractées ont pris la place des costumes et des tailleurs usuels en entreprise mais inutiles à la maison. Ainsi, un grand magasin de Londres a vu ses ventes de vêtements décontractés et de leggings augmenter de 1303% !

Après le confinement, cette tendance s'est confirmée. Même pour sortir, les gens ne se mettent plus sur leur 31, comme le montre la chute des ventes de chaussures à hauts talons et de sacs à main de fête. La nature des achats aussi a évolué et les ménages réfléchissent plus à leurs choix. Ils consomment plus de produits frais, naturels, biologiques et locaux. De plus en plus de consommateurs veulent soutenir l'économie locale, attachent plus d'importance à la qualité des produits et privilégient davantage les produits d'origine biologique et/ou naturelle. Si nos modes de travail et nos comportements d'achat ont changé, il faudra voir si ces changements dureront une fois la crise sanitaire derrière nous.

Leçon 4
Activité 3

– Bonjour, je m'appelle Ophélie, je viens de Bordeaux et avec mon mari et mes deux enfants, nous habitons depuis 6 ans au Sénégal, plus précisément à Ngaparou à deux heures de Dakar. Nous avons décidé de quitter la France quand mon mari a été licencié. Il est né à Dakar et toute sa famille vit là-bas. On a vendu la maison, cherché une école pour les enfants, une maison et un local avec le projet d'ouvrir une boulangerie ou un salon de thé. Une fois la maison et les meubles vendus, nous avons dû penser au déménagement pour le reste de nos affaires. La seule possibilité était par voie maritime. On a donc loué un container maritime de 20 m^3 pour y transporter nos affaires. Nous n'avons pas pu tout emmener et nous avons dû faire des choix. Par exemple, nous n'avons pas pris de voiture car les frais de transport étaient très élevés. Les démarches administratives ont été assez simples dans l'ensemble. On a remis tous nos vaccins à jour et nous avons fait faire le vaccin de la fièvre jaune et de la rage à nos enfants sur le conseil de notre médecin. L'inscription des enfants à l'école a été très facile, d'autant que nous les avons mis dans une école française ! Trois jours après notre arrivée, nos enfants avaient déjà repris le chemin de l'école. Nous nous sommes adaptés petit à petit : pour moi ma hantise, c'était conduire ! J'ai mis un bon mois avant de prendre la voiture et de conduire ! Conduire au Sénégal, ce n'est pas évident … c'est des embouteillages et une circulation pas toujours simple à comprendre … Contrairement à ce qu'on pourrait croire, la vie ici est assez chère notamment les frais de scolarité et les frais de santé. Et puis, si l'on veut manger à la française, il faut acheter des produits importés difficiles à trouver

TRANSCRIPTIONS

et souvent très chers. Le fromage est devenu un luxe ! Mais je pense que c'est partout pareil. Ma vie ici m'a fait prendre conscience de beaucoup de choses, notamment sur ma façon de vivre. En France, je faisais très souvent du shopping, mais j'ai dû m'adapter. Ici, les boutiques sont rares. Je me suis rendu compte que j'étais dans la surconsommation. Les Sénégalais sont très chaleureux et accueillants. Ils négocient toujours les prix, ce qui m'étonnait beaucoup au début. J'ai fini par comprendre que c'était culturel. On aime beaucoup notre vie ici et on ne regrette pas nos choix même si par moment on rencontre quelques difficultés. Le plus important pour nous, c'est le bonheur de nos enfants.

Entraînement au Delf B2

– Gérard Feldzer, bonsoir

– Bonsoir Catherine

– *La chronique des mobilités* comme tous les samedis. Et en ce weekend de Toussaint, vous avez choisi de nous parler du dernier voyage, des règles qui entourent le transport des corps lors des funérailles.

– Oui chez nous, dans notre culture, c'est un moment douloureux. Mais parler de ses peines, disait Camus, c'est déjà se consoler. On compte en moyenne 600 000 décès par an en France, soit un toutes les 50 secondes. Cela fait autant de transports, et de rites selon les cultures, les religions et les réglementations.

– Mais justement, je suppose que tout cela est bien encadré aussi bien en France qu'à l'étranger.

– Alors aux États-Unis, vous pouvez envoyer vos cendres dans l'espace, les intégrer dans un feu d'artifice pour finir en apothéose, ou en faire des bijoux qui vous tiendront compagnie. Vous pouvez aussi mélanger vos cendres à un béton écologique qui devient un récif abritant la faune et la flore. Ce concept permet de donner du sens au défunt qui, en retour, aide la vie à se développer ailleurs.

– Et dans le même esprit, on parle aujourd'hui, d'humusation.

– Alors oui, un concept encouragé par l'association *humusation France*, Pierre Berneur son cofondateur

– L'humusation est un mode de sépulture régénératif, qui permet de transformer des corps humains en humus sain et fertile en quelques mois, sous l'action des micro-organismes du sol.

– Alors le terreau issu de cette humusation permet de planter jusqu'à 20 arbres et d'absorber ainsi en 20 ans, toutes les émissions de CO_2 d'une vie entière. Un joli geste pour la planète et les générations futures. Pierre Berneur.

– En résumé, il s'agit de transformer nos corps en humus, nos tombes en arbres et nos cimetières en forêts.

– Et si tout le monde se faisait « humuser », nous aurions 12 millions d'arbres plantés par an. En attendant cette association souhaite réunir les conditions culturelles, techniques et légales nécessaires à sa mise en œuvre. Rappelons qu'actuellement 70 % des Français préfèrent l'inhumation à la crémation, mais on peut aussi penser à un rituel respectueux de la planète, Sandra Roland, consultante en funérailles écologiques.

– Si on est sur du local, on peut avoir recours à un transport hippomobile, donc en calèche. Il y a un double effet : il y a l'aspect écologique et l'aspect psychologique. Et sur des trajets plus longs, il existe déjà des corbillards électriques, une alternative déjà existante est possible en France.

– Qu'on soit futuriste ou nostalgique, le dernier voyage est à l'image du défunt.

UNITÉ 2

Leçon 1

Activité 4

– Les grands groupes ont toujours la cote auprès des jeunes diplômés mais une préoccupation monte : ne pas travailler dans des sociétés qui nuisent à la planète.

– Oui, plusieurs classements publiés coup sur coup viennent de mettre en lumière les entreprises dans lesquelles les jeunes des grandes écoles et des universités se verraient bien travailler. Dans le classement établi pour *L'Étudiant*, sans surprise, les grands groupes ont la cote. Les ingénieurs lorgnent du côté de Thalès, d'Airbus ou du CNRS. Les élèves des écoles de commerce se voient bien intégrer Danone, [une entreprise à mission, au passage], LVMH ou L'Oréal. Quant aux jeunes issus de l'université, c'est vers Google, Décathlon et Apple qu'ils regardent.

– Oui, donc les grands groupes dominent.

– Oui, mais c'est parce qu'ils sont les plus à même de changer les choses, d'après les étudiants interrogés. Avoir un travail en phase avec ses valeurs arrive en effet dans les trois premiers critères de choix des jeunes diplômés. La rémunération, elle, n'arrive qu'en onzième position. Et un critère vient d'apparaître, c'est celui de l'éthique. 17 % des étudiants interrogés dans cette récente étude disent qu'ils ne veulent pas compromettre leur éthique dans leur entreprise d'adoption. La moitié des étudiants issus des grandes écoles et des universités disent que la crise a fait évoluer leurs critères de choix d'un futur employeur. La quête de sens et d'impact sur la société est désormais devenue prioritaire.

– Et justement, des mouvements étudiants se sont organisés sur cette quête de sens.

– Oui, le plus marquant c'est le Manifeste pour un réveil écologique. Né en 2018, il se demandait à quoi cela rime de se déplacer à vélo quand on travaille pour une entreprise dont l'activité contribue à l'accélération du changement climatique ou à l'épuisement des ressources. Le Manifeste pour un réveil écologique a fait des dizaines de milliers d'adeptes et désormais, il organise des rencontres avec la moitié des comités de direction du CAC 40. Il intervient dans des conseils d'administration et il a même incité les plus grandes écoles à intégrer la transition écologique dans leurs programmes.

– Et les entreprises, elles reçoivent ce message ?

– Alors, certaines d'entre elles oui. Le patron de Total, Patrick Pouyanné, déclarait par exemple récemment à l'AFP que sa plus grande peur était la capacité de son groupe à attirer les talents. La plupart des ingénieurs qui rejoignent Total veulent travailler dans les énergies renouvelables, disait-il. Travailler dans des grands groupes, donc, mais pas pour y faire n'importe quoi.

– Philippe Duport dans le 5-7 de FranceInfo.

Leçon 2

Activité 3
a. J'en ai **ras**-le-bol de ce dossier !
b. Pff, j'en peux **plus**, ça m'épuise ces histoires de congés !
c. Je ne supporte plus de travailler dans un open-space, c'est **bruy**ant !
d. J'en ai assez, plus qu'**assez** de ces réunions, ça ne sert à **rien** !
e. J'en ai **marre** de son petit **air** supérieur !

Leçon 2

Activité 4
10 heures 21 minutes. La cobotique, c'est la robotique collaborative et c'est le cœur de métier chez Sysaxes à Allenjoie. Alors, le principe, c'est d'assister l'être humain dans des tâches difficiles ou répétitives. Voilà ! Une mission qui contribue à une meilleure santé des salariés. Et justement, le bien-être au travail, c'est aussi la philosophie au sein même de Sysaxes. Écoutez Erik Pourtau et Eric Rosello, les co-gérants, au micro d'Alexandra Mehn, pour 100 % reportage.

– Ben, aujourd'hui, on a quand même des jeunes ingénieurs et pour les garder dans des sociétés comme les nôtres on est obligés de faire un petit peu plus ; c'est-à-dire qu'il n'y a pas forcément de bureaux dédiés, ils peuvent travailler un peu partout, donc on en trouve dans la cuisine, on en trouve ici dans la salle de détente. Ils savent travailler un petit peu n'importe où quoi.

– Ah oui, c'est sympa, et c'est donc ici que nous avons cette superbe vue.

– Ah oui, ça c'est, c'est magnifique. On a une vue sur le pays de Montbéliard, sur le « Lomont » également, donc c'est vraiment très très joli là.

– Voilà, avec des locaux très lumineux, ça aussi c'est important.

– Oui, c'était important aussi d'avoir beaucoup de fenêtres et de faire attention au bien-être des salariés.

– Alors, moi c'est Benjamin Fritz, jeune ingénieur, diplômé cette année. Avec mon collègue, on a fait notre stage ici dans la région, et à la suite du stage, on s'est fait embaucher. On a continué l'aventure dans cette magnifique entreprise très jeune, très moderne et portée sur l'avenir.

– Donc, bonjour Joseph Viarzy, donc je viens également de la même école que Benjamin, donc les Mines à Metz. Comme a dit Benjamin, c'est vraiment un concept nouveau avec on va dire une mentalité qui est assez start-up, on est assez libres dans tout ce qu'on peut faire, on nous laisse pas mal de clés pour pouvoir avancer, c'est vrai que c'est assez sympa pour le coup.

Leçon 3

Activité 3
– Le coworking, pour les entrepreneurs nomades, c'est LA solution : des espaces de travail partagés et plus de préoccupations liées aux problèmes et frais de location, d'électricité ou en encore d'internet. C'est une activité en plein essor en Afrique où les espaces de coworking sont de plus en plus nombreux et attirent patrons-voyageurs et jeunes entrepreneurs. Driss Vounti, fondateur de Purtalen, une société de placements financiers, travaille entre Lille, Paris, Tunis, Casablanca, Dubaï et bientôt Yaoundé. Pour

TRANSCRIPTIONS

lui, ces espaces sont essentiels.

– C'est vraiment ce dont j'ai besoin. Je ne pourrais pas travailler sinon. Et puis, ça me permet de ne pas me soucier des choses accessoires comme l'aspect purement immobilier, l'organisation du voyage. Je peux partir au dernier moment et trouver dès mon arrivée des bureaux équipés.

– Pour louer ces espaces de travail, Driss Vounti fait appel au géant Regus, le numéro 2 du secteur implanté dans 120 pays. Depuis quelques années, Regus et le leader du marché WeWork s'implantent partout et multiplient les ouvertures de bureaux sur tout le continent africain. Il faut dire que sur ce marché, la demande est bel et bien présente. Des startups naissantes aux grands groupes internationaux, en passant par les travailleurs indépendants et les free-lance, tous ont intérêt à louer des espaces de coworking s'ils veulent faire du business sur ce continent, où disposer de locaux personnels n'est absolument pas rentable pour des entreprises de moins de 50 salariés. Mais ce sont les entrepreneurs locaux qui sont de plus en plus nombreux à recourir au coworking. Les porteurs de projets, les directeurs de filiales ou voyageurs d'affaires comme Driss y trouvent le moyen de travailler partout dans le monde.

– Quand je faisais des allers-retours à Casablanca, je réservais mon bureau sur la plateforme et dès mon arrivée, tout était transféré sur mon bureau, je n'avais à m'occuper de rien. J'avais une ligne téléphonique, un réseau internet, une salle de réunion déjà prête et même un café ! Mon seul souci c'était mon travail et mes clients ! C'est vraiment parfait !

– Driss ajoute également que ça lui permet de réduire les coûts, mais il ne dit pas combien lui coûte la location. C'est difficile d'en estimer le prix moyen, car le loyer est fixé en fonction des besoins du client et varie selon l'emplacement géographique ainsi que l'accès à certains services. Malgré cette opacité, tout le monde y trouve son compte ! Et, pour les entreprises du secteur, ces ajustements visent à rester compétitifs dans un environnement de plus en plus concurrentiel. Mais pas seulement ! Ça permet aussi de mettre en valeur les différents services qu'ils mettent à disposition de leurs clients : salles de formations, laboratoires, et même des équipements comme des imprimantes 3D. Car aujourd'hui, pour avoir du succès un site doit être beau, fonctionnel et bien situé, mais aussi proposer des services au client. Une autre tendance est en train d'apparaître : faire de ces espaces des lieux de rencontres et d'échanges entre professionnels et talents. C'est pour ça que les centres organisent des expositions et des événements où les acteurs de différents secteurs peuvent se rencontrer et se parler.

Leçon 4
Activité 3

– Bonjour maître Olivier Angotti.

– Bonjour

– Vous êtes avocat, spécialisé en droit du travail, au cabinet FTMS à Paris, et vous avez travaillé beaucoup sur ces questions. Pour l'ensemble des salariés, en dehors du commerce de détail, est-ce que le dimanche est un jour forcément non travaillé ?

– Non, le principe c'est effectivement que le repos hebdomadaire est donné le dimanche, mais il y a des dizaines d'exceptions ; notamment dans l'industrie, il est très fréquent d'avoir des équipes qui travaillent le weekend. Dans des établissements qui sont dédiés aux besoins du public comme les hôtels, les cafés, les restaurants, les cliniques, il y a énormément de gens qui travaillent de plein droit le weekend et le dimanche.

– Est-ce que ces gens-là sont forcément payés davantage ?

– Alors, non. C'est souvent le cas, mais la loi ne le prévoit pas. La loi ne le prévoit précisément que dans un certain nombre de cas, vous avez visé le commerce de détail dans certaines zones.

– On va y venir.

– Mais par principe, non, ça n'est pas forcément le cas. La loi ne le prévoit pas, même si beaucoup de conventions collectives invitent l'employeur ou l'obligent.

– Alors justement pour ce commerce de détail qui est dans l'actualité, quelles sont les conditions dans lesquelles les travailleurs qui travaillent le dimanche perçoivent leur rémunération dans lesquelles ils travaillent ?

– Déjà, le principe c'est d'être volontaire pour le travail du dimanche. Vous parlez du commerce de détail, donc le principe du commerce de détail qui ouvre le dimanche, c'est sur la base du volontariat. Dans ces cas-là, la rémunération est en général majorée de 100 %, c'est-à-dire qu'on gagne double le dimanche.

– On peut être volontaire, on peut en sortir également ?

– Tout à fait. En fait, la règle, c'est un fonctionnement de bonne foi, c'est-à-dire que l'employeur fait appel aux volontaires. Et lorsque les gens sont volontaires, il leur explique déjà la majoration de salaire, la façon dont il entend prendre en charge les conséquences, par exemple en termes de frais de garde d'enfants, et il leur rappelle la possibilité à tout moment de ressortir. Alors, attention, on ne sort pas d'un dimanche sur l'autre, il faut laisser un temps à l'employeur pour se réorganiser.

– Comment se négocie tout ça, du reste ?

– Alors, la particularité du commerce de détail, c'est que vous avez toutes les tailles d'entreprises. Vous parlez de négocier. Négocier, c'est, en général, avec des organisations syndicales mais ça, ça suppose d'être plutôt dans de grandes entreprises. Donc soit on a un accord collectif, dans les plus grandes entreprises de commerce de détail, les grandes marques, les grandes chaînes, et là, on a un accord collectif. Soit, et c'est le cas de millions de travailleurs, on dépend d'une petite entreprise, et à ce moment-là, on est sur le principe d'une déclaration unilatérale de l'employeur, d'une décision unilatérale de l'employeur mais après une sorte de référendum avec les salariés, sur les conditions que je viens d'exposer.

Entraînement au Delf B2

– Et on veut vous prouver que le burn-out, c'est dans tous les domaines, et c'est surtout par rapport à toutes les catégories d'âge. Je voudrais vous présenter une jeune association, IFF Europe Belgique située à Louvain-la-Neuve qui propose un parcours permettant à des jeunes de se réconcilier avec le monde du travail. Et qui dit « réconciliation » et bien ça veut dire qu'il y a un problème, puisque c'est un parcours qui répond à plusieurs constats : le burn-out des jeunes au travail explose ! Je dis « bonjour » à Nicolas Gazon qui représente IFF Europe. Bonjour Nicolas.

– Bonjour.

– Vous êtes enseignant aussi dans le secondaire, vous êtes formateur. Alors le burn-out des jeunes au travail qui explose. De plus en plus de jeunes, dit-on, retardent leur entrée dans le monde professionnel, ils ne se retrouvent pas dans les structures traditionnelles du travail, ils recherchent une alternative à leurs diplômes. À quoi est-ce qu'on ressent ça ? Est-ce qu'il y a une étude qui prouve cela, Nicolas ?

– Oui, il y a une série d'articles qui sont parus depuis plusieurs années, en fait ça fait 4-5 ans qu'on constate que le burn-out des jeunes, en tout cas, le malaise des jeunes au travail est croissant, et visiblement, il est dû à une série de facteurs multiples qui s'encouragent les uns les autres.

Alors, on pourrait dire qu'une des raisons principales du burn-out des jeunes au travail, c'est un peu l'inadéquation entre ce que le jeune imagine dans sa tête sur le monde du travail et ce qu'il vit concrètement une fois qu'il est engagé.

– Le burn-out des jeunes explose au travail. J'ai des chiffres sous les yeux. Vous me l'avez envoyée, cette étude d'un cabinet qui date de 2014. 64 % des 18-34 ans affirment être stressés au travail, 64 % on est dans les 18-34 ans, 12 % disent déjà se sentir vidés. Effectivement par leur travail. Alors, les causes sont multifactorielles, il y a une surcharge mentale liée au numérique. Je pense que l'arrivée du numérique est quelque chose à prendre en considération.

– Tout à fait. Et ce qui joue sans doute aussi dans ce phénomène, c'est que les jeunes aujourd'hui quand ils cherchent un travail, ils cherchent réellement à s'y épanouir et ils cherchent aussi à pouvoir trouver un équilibre entre vie privée et vie professionnelle. Et assez rapidement certains peuvent sentir que c'est compliqué de trouver cet équilibre et ils le vivent assez mal, en fait. Le numérique joue sans doute un rôle important parce qu'il y a une barrière qui est compliquée à mettre entre la vie professionnelle et la vie sociale, et ça crée effectivement une surcharge mentale parce que tout est mélangé. C'est compliqué pour un jeune aujourd'hui de mettre ses limites entre vie professionnelle et vie privée de l'autre côté.

UNITÉ 3

Leçon 1

Activité 4

a. Il finira son projet vendredi matin.

b. Son frère est ingénieur, mais aussi entrepreneur.

c. Ce journal imprimé sort tous les jours, c'est un quotidien.

d. Cette invention n'est pas encore assez fiable.

e. Le développement des nouvelles technologies a changé notre rapport à la presse.

f. Il m'a montré les dessins et la maquette.

Leçon 2

Activité 5

TRANSCRIPTIONS

– Bonsoir, dans notre débat ce soir, on parlera de science et plus particulièrement de science sur les réseaux sociaux. Quand la science a-t-elle commencé à s'inviter sur les réseaux sociaux et pourquoi ? C'est à ces questions que nous allons essayer de répondre. Il y a deux ans, l'épidémie de Covid-19 débutait en Chine et avec elle, de nombreuses informations scientifiques arrivaient sur les réseaux sociaux. Ça laisse à penser que la présence de la science sur les réseaux date de la COVID. Pourtant, cette présence remonte à plus loin. En effet, plusieurs années avant la pandémie, les scientifiques occupaient déjà une place importante sur la toile et ses réseaux. Ainsi, dans un sondage en 2015, 47 % des scientifiques appartenant à l'Association américaine pour l'avancement des Sciences (AAAS) affirmaient découvrir les nouvelles études scientifiques et en discuter sur les réseaux sociaux. Mais à l'époque, les réseaux qu'ils utilisaient étaient réservés aux professionnels ou aux spécialistes : ResearchGate, LinkedIn et Academia où les scientifiques échangeaient surtout entre professionnels de la même discipline, alors qu'aujourd'hui, ils sont présents sur toutes les plateformes « grand public » : YouTube, Instagram et même TikTok et Snapchat. Pourquoi cette évolution ? On peut l'expliquer, d'une part, par la montée en puissance de la vulgarisation scientifique, et d'autre part, par la volonté de toucher un public plus jeune, qui n'utilise plus les médias traditionnels. Pour parler aux jeunes, il faut être sur les réseaux grand public. Et selon l'âge du public que l'on veut toucher on choisit tel ou tel réseau : Instagram pour les 18-25 ans, TikTok pour les adolescents. Ainsi, pendant la pandémie, pour s'adresser aux adolescents, l'Organisation mondiale de la santé (OMS) et la Croix-Rouge ont posté des vidéos sur TikTok où ils reprenaient de manière ludique les consignes sur les gestes barrières. Mais pas seulement… On pouvait aussi y trouver des informations scientifiques fiables sur la Covid-19 car la lutte contre la désinformation est l'un des objectifs de la présence de la science sur les réseaux. On peut donc dire qu'aujourd'hui, la science peut difficilement se passer des réseaux. Ils sont même devenus de véritables outils de recherche. Ainsi, un centre de recherche d'une université américaine a réalisé une enquête sur les symptômes associés à la Covid-19 sur Facebook.

Leçon 3
Activité 5
Jour première – Sophie Léonard

– Et à 9h32, vous savez tous ce que c'est qu'une rumeur, une histoire surprenante qui se répand de bouche à oreille et dont on ignore la source. Il paraîtrait que l'Homme n'a pas été sur la lune, que des lézards extraterrestres dirigent le monde. On ne compte plus le nombre de nouvelles versions alternatives qui revisitent l'histoire sur internet. Ce phénomène en expansion est qualifié de « théorie du complot ». On en parle ce matin avec Sébastien Chonavey auteur du livre « *Dis, c'est quoi les théories du complot ??* » publié aux Editions Renaissance. Bonjour Sébastien Chonavey

– Bonjour, bonjour

– Les théories du complot, elles ont donc toujours existé dans l'histoire. Dans votre livre vous commencez par nous parler de cette croyance qui se développe après la Révolution Française, un grand complot menacerait l'ordre naturel du monde.

– Oui, oui tout à fait. Alors sur ce sujet ce qui peut surprendre, vous avez évoqué le terme de théorie du complot, c'est précisément, je dirais, la multiplicité des étiquettes qui concernent ce sujet. Alors, on entend, en effet, théorie du complot, complotisme, explication par le complot, conspirationnisme, mentalité complotisme… complotiste pardon, et ce qui surprend c'est cette effervescence d'étiquettes dans lesquelles on ne sait pas vraiment… qu'est-ce qu'on y met ? Est-ce qu'il s'agit de faits historiques qu'il s'agit de discuter, est-ce que ce sont des théories de l'histoire alternative, comme vous l'avez dit, qui sont présentées ? Bref, notre époque connaît des théories du complot sans savoir exactement de quoi est-ce qu'on parle.

– Et est-ce que vous pouvez développer un peu justement cette théorie du complot après la Révolution Française ?

– Donc on date à partir de l'émergence de la modernité, en tout cas, ce qui émerge en tout cas d'un point de vue idéologique et historique après la Révolution Française, parce que c'est un fait tellement extraordinaire pour l'époque… Les gens n'arrivent pas à croire d'un seul coup un régime d'ordre divin puisse s'effondrer d'un coup d'un seul, bon ça a mis du temps mais, puisse s'effondrer comme ça, du coup, puisque c'est impossible à comprendre pour les gens qui ont vécu dans ce cadre idéologique, du coup, ils en viennent à essayer d'expliquer les raisons pour lesquelles on a changé d'un coup d'un seul de régime. Et donc, c'est à partir de là, alors, on cite souvent le cas de l'Abbé Barruel qui lui a, directement, quelques années plus tard, essayé d'écrire une histoire différente par le complot justement, de la Révolution Française en mettant en évidence, selon lui, que il s'agissait là d'un complot maçonnique qui trouvait ses sources des années auparavant et qui avait réussi du coup à mettre à bas la monarchie royale en France.

– On évoquera d'autres des histoires comme celles-là au cours de l'émission mais on peut dire que le point commun de toutes ces théories du complot, c'est que toutes les versions officielles qui expliquent un événement, un fait sont fausses et les partisans de cette théorie pensent qu'on leur cache des informations.

– C'est vrai, mais j'aimerais déjà, on y reviendra peut-être par la suite, nuancer cette définition un peu qu'on a de la théorie du complot. C'est un peu ce que j'essaie de présenter dans le livre pour clarifier cette notion, c'est que, il s'agit, quand on parle de théorie du complot, il s'agit bien d'un type de discours qui va mettre en évidence un certain nombre d'arguments qui vont avoir et apporter une vision précise de l'Histoire – au même titre qu'il y a une vision, par exemple, libérale de l'Histoire, une vision de l'Histoire marxiste... Il y a une vision, une explication de l'Histoire par le complot, dans laquelle voilà toutes les étapes de l'Histoire vont être transformées par un complot justement, mais il ne s'agit pas, comment dire, d'appeler théorie du complot n'importe quelle polémique historique qui pourrait y avoir sur un événement historique donné. Il ne s'agit pas de tout mettre dans la même catégorie.

Leçon 4
Activité 5

– Donc je suis triple amputée, c'est-à-dire que je suis amputée des deux jambes et du bras droit. Je suis appareillée des deux jambes donc je marche en fait avec des prothèses de jambes, donc, voilà, ça me permet déjà une certaine autonomie. Et, pour le bras, j'avais une prothèse myoélectrique, mais finalement que j'utilisais vraiment de façon, ponctuelle, en fait, pour vraiment certaines choses, donc, cette année, je me suis lancée dans une nouvelle aventure, donc je vais être la première femme française à bénéficier d'une prothèse de bras bionique, c'est-à-dire une prothèse de bras commandée par le cerveau, sachant qu'il y a à peu près 140 personnes je crois qui ont été opérées dans le monde, essentiellement aux États-Unis, en Autriche et en Allemagne. Ce qui est vraiment révolutionnaire, c'est que ça utilisera les fonctions motrices naturelles des nerfs, c'est-à-dire que le nerf, par exemple, qui servait avant à ouvrir la main, ils me l'ont réinnervé dans un morceau de muscle, et c'est ce nerf-là en fait qui me servira à ouvrir la main de la prothèse. Donc, moi, tout mon travail de rééducation que je suis en train de faire et qui va durer au moins un an, c'est en fait de réhabituer le cerveau à réutiliser le schéma moteur initial, et l'idée étant après que ça devienne complètement naturel.

– C'est comme le prolongement de votre bras en fait cette prothèse.

– Ah oui, oui, oui, c'est vraiment ça, c'est ça qui est assez incroyable. Ça fait 13 ans en fait que j'ai ce handicap-là, ça fait 13 ans que je fais tout avec ma seule main gauche, assez vite je me suis rendu compte qu'il fallait que je pense au fait de vieillir avec un handicap, c'est-à-dire qu'avoir un handicap, c'est quelque chose à gérer, déjà, mais en plus d'essayer de vieillir en maintenant intact ce qui reste du corps, c'est encore un autre challenge. Mais il y a aussi... J'utilise beaucoup les dents par exemple. Par exemple, je sais pas moi, un sachet de gruyère, en fait, je vais vite fait l'ouvrir avec les dents. Donc ça c'est aussi un truc, je me suis rendu compte que j'étais en train, un peu de m'abîmer les dents de devant. Effectivement, en fait, je ne me rends pas compte de tout ce que je vais pouvoir faire en récupérant ce deuxième bras, dans ma façon de je sais pas, de me maquiller, de me brosser les dents, de plein d'actes de la vie quotidienne où j'avais... finalement je m'étais habituée à quasiment tout faire à une main, et puis, mais oui, voilà, pour couper ma viande, tout ça... Pour l'instant je trouve un peu des techniques un peu à l'arrache, parfois, c'est un peu... Faut pas que j'aille dans un restaurant chic pour manger un faux-filet, mais là, je vais pouvoir vraiment imaginer aussi pouvoir recouper ma viande, quoi. Ça c'est un truc que j'ai pas fait depuis 13 ans.

Entraînement au Delf B2

Télémédecine, diagnostic assisté par ordinateur, la santé numérique est en pointe dans certains pays africains. Ann Aerts est la directrice de la fondation Novartis. Elle est convaincue que l'intelligence artificielle (IA) va permettre d'accélérer la numérisation des systèmes de santé en Afrique.

« L'intelligence artificielle nous donne une opportunité de vraiment réimaginer la manière dont on délivre les soins de santé ». La fondation Novartis a mené avec Microsoft une étude pour l'Unesco et les Nations unies sur les avantages de l'intelligence artificielle dans les systèmes de santé. L'IA, c'est en fait l'utilisation de masses de données considérables recueillies par la télémédecine pour mieux soigner, mieux prévoir, et mieux gérer. À Conakry, Tulip industries, startup créée par Mountaga

TRANSCRIPTIONS

Keïta, en est un exemple. Ses bornes de télémédecine, actuellement en cours de déploiement dans la région de Conakry, sont dotées de capteurs, caméras thermiques et tensiomètres, destinés à ausculter les patients. Mountaga Keïta « Ces informations sont conservées dans cette base de données qui est locale. Et là, l'intelligence artificielle arrive pour fédérer toutes ces infos et essayer d'en tirer une sorte de déduction pour aider le médecin. Alors, nous ne voulons absolument pas que l'intelligence artificielle remplace le médecin, nous ce que nous voulons, c'est que l'intelligence artificielle guide le médecin ». À Bamako, le pionnier de la télémédecine s'appelle Cheick Oumar Bagayoko. En vingt ans, à la tête du Centre d'expertise et de recherches en télémédecine, il a révolutionné le paysage médical malien. À son actif, entre autres, la télédermatologie qui couvre tout le pays, y compris les zones en conflit. Cheick Oumar Bagayoko table aujourd'hui sur les logiciels d'intelligence artificielle pour traiter toutes les données recueillies. « Actuellement, on commence à avoir en fait une certaine quantité de données qui peuvent être utilisées par l'intelligence artificielle pour faire des études de masse. Et pour permettre, non seulement aux médecins de voir certaines choses en termes de diagnostic, mais pour pouvoir se former de façon continue. » Pour leurs promoteurs, l'IA et la télémédecine permettent aussi d'économiser d'énormes sommes sur les budgets de santé, en supprimant, par exemple, toute une série de consultations médicales inutiles et de déplacements à l'hôpital. Et c'est peut-être pour des états aux moyens réduits la première des motivations à franchir le pas.

UNITÉ 4

Leçon 1

Activité 4

– Le numérique est de plus en plus utilisé dans l'art, que ce soit par les artistes ou les institutions culturelles. Ces dernières sont nombreuses à utiliser les nouveaux outils numériques, sans cesse plus perfectionnés, afin de proposer des expériences « augmentées » à leurs visiteurs. Les expositions immersives où le visiteur est invité à pénétrer dans l'œuvre se multiplient, comme *Imagine Van Gogh* à la Villette ou les expériences de réalité virtuelle du musée du Louvre à l'occasion de l'exposition Léonard de Vinci. On parle aujourd'hui de ces expositions immersives qui, par opposition aux expositions traditionnelles présentant des images en deux dimensions, plongent le spectateur dans une image qui remplit l'espace et lui permettent de s'y déplacer en perdant ainsi le contact avec le monde réel. Ces expositions, à la frontière entre la culture et le divertissement utilisent des techniques de réalité virtuelle et de réalité augmentée. Pour différencier les deux, c'est facile. La réalité augmentée ajoute des éléments virtuels à un environnement réel qui existe déjà alors que la réalité virtuelle nous plonge dans un monde virtuel totalement nouveau, dans lequel on peut interagir. Pour parvenir à ces deux réalités, on va utiliser des techniques comme le « mapping vidéo ». C'est la projection d'images de grande taille sur des volumes ou des structures en relief. Il est souvent utilisé sur les monuments. On peut aussi utiliser le « digital design ». C'est une création graphique, conçue pour être utilisée sur les ordinateurs, c'est une sorte de sculpture numérique. Mais, pour Annabelle Mauger, fondatrice de lililillil et conceptrice des expositions immersives *Imagine Van Gogh* et *Imagine Picasso*, l'essentiel n'est pas dans la technique, ce qui compte c'est l'expérience, l'immersion dans l'œuvre.

– Plus que la technologie, on s'intéresse au ressenti. La performance technologique n'est pas essentielle, l'important c'est que le visiteur ait cette impression d'immersion, cette impression d'image totale, qui est presque de la poésie. L'image totale, créée par Albert Plécy, c'est l'idée que l'image doit sortir de son cadre et qu'à un moment donné ce ne sont plus les visiteurs qui regardent les images mais ce sont eux qui sont regardés par les images. Et je crois également que c'est une manière de voir l'art autrement. Lorsque tout à coup vous vous retrouvez face à un détail qui, dans la réalité mesure 2 cm et qui, devant vous, mesure 11 mètres de haut, c'est une autre vision de l'art que vous regardez. Ça attire votre œil différemment. Vous avez un regard différent, multiple car vous voyagez à travers l'œuvre d'art. Mais l'œuvre reste au centre. Il faut garder à l'esprit que ce sont avant tout des expositions culturelles qui présentent les œuvres d'un artiste. La technologie est une chose, mais l'art reste au centre de nos préoccupations. C'est pour ça qu'on travaille aussi avec des experts en art.

– Ces expositions d'un nouveau genre qui ont de plus en plus de succès, répondent aussi aux nouveaux besoins des musées, qui ont besoin d'évoluer, de s'adapter à un nouveau public. Elles sont une manière d'attirer les nouveaux visiteurs de plus en plus séduits par l'expérienciel, c'est-à-dire, la contextualisation des œuvres, l'immersion et l'interactivité.

Leçon 2
Activité 3
a. Une œuvre **gran**diose !
b. Un artiste **extra**ordinaire !
c. Une installation **im**pressionnante !
d. Un dessin **par**fait !
e. Des couleurs **é**clatantes !

Leçon 2
Activité 4
– Il est 8h45, on va parler un peu de culture avec vous, Pascal Goffaux. Vous avez été séduit par l'approche subversive d'une jeune artiste, elle s'appelle Olivia Hernaïz. J'espère que je prononce ça correctement. Elle a obtenu en 2016 le prix *Art Contest* et ils présentent son travail ici au musée d'Ixelles.

– Oui, alors le prix *Art Contest* est attribué à un artiste qui est émergent et qui se distingue par son engagement dans le monde de l'art. Et c'est un prix qui est soutenu par la fondation Boghossian. Alors Olivia Hernaïz est une jeune artiste. Elle est née à Bruxelles en 1985, elle a fait des études à La Cambres à Bruxelles, des études d'art et des études d'art également, à l'université de Londres et également des études de droit. Et l'une des installations qu'elle présente donc au musée d'Ixelles porte comme titre « Make yourself comfortable » et donc vous découvrez un salon, un salon circulaire, c'est très cosy, avec énormément de coussins, des petits coussins avec des petits dessins imprimés.

– On est à l'aise !

– Ah, on est vraiment... enfin, le spectateur est invité à s'asseoir, presque à s'étendre sur ces coussins et à tourner le regard vers un écran de télévision qui diffuse des images. Alors, ce sont des dessins très schématiques qui empruntent leurs formes à la nature, donc ce sont des arbres, ce sont des fleurs, il y a des astres, le soleil, il y a des animaux, l'âne, etc. C'est très joyeux, c'est très coloré. Les images défilent sur une musique qui est un peu enjouée avec un rythme de comptines, donc vraiment tout cela vous met à l'aise parce que vous avez l'impression de baigner dans une atmosphère d'une grande naïveté et quelque chose d'assez enfantin finalement. On s'installe, comme ça passif, devant les images, bercé par les musiques, or, or, les images en fait, ce sont des logos de partis politiques. Donc l'œuvre est vraiment politique, elle est subversive, elle est d'autant plus subversive finalement qu'elle paraît extrêmement soft, mais l'approche n'est jamais cynique. Alors, on va écouter Olivia Hernaïz.

– J'ai créé un salon pour inviter les gens à avoir des conversations sur la globalisation, les problèmes écologiques, l'influence du financier sur le politique, le lien entre les deux, notre rapport de citoyen.

– Et sur les coussins, que voit-on ?

– Ce sont les mêmes logos de partis politiques qui font partie des 20 pays qui mènent le monde, en fait et qui sont aussi sur la vidéo. Donc, sur les coussins, c'est un coussin par pays sur lequel on retrouve les partis majoritaires. Dans la vidéo, les logos sont regroupés plus par tendance politique. Donc les arbres pour les partis conservateurs, les roses pour les partis socialistes et des transformations que j'ai proposées. Donc l'éléphant des Républicains américains qui se transforme en ours de Poutine qui après devient l'âne des Démocrates avec une tête de taureau qui a des cornes.

Leçon 3
Activité 4
– Je vais vous emmener dans le premier bâtiment Art nouveau construit en Europe, qui est l'hôtel Tassel de Victor Horta. Et c'est un rare privilège de pénétrer dans cette maison qui n'est pas ouverte au public normalement.

– Françoise Aubry, la grande spécialiste de Victor Horta, nous ouvre les portes de l'hôtel Tassel, aujourd'hui occupé par un cabinet d'avocats.

– Bonjour.

– Bonjour.

– Enchanté, soyez les bienvenus.

– Ici a eu lieu une petite révolution, pour la première fois, Victor Horta place l'escalier au centre de la maison. Son objectif, y faire circuler partout la lumière.

(Musique)

– On a en réalité ici deux maisons, l'une à l'avant et l'autre à l'arrière. Ce qui évite le corridor traditionnel. Vous avez un lien comme une colonne vertébrale entre l'avant et l'arrière, qui est constituée par la cage d'escalier, mais vous n'avez plus le corridor avec les pièces en enfilade. Et puis surtout ce qui est révolutionnaire, c'est d'avoir utilisé le métal de cette façon-là. L'Art Nouveau s'épanouit ici pour la première fois dans toute sa cohérence, dans toute sa recherche de cohérence, et au lieu d'avoir, comme on aimait bien à l'époque, par exemple ici une statue, une torchère, une statue de femme portant un luminaire, Tout cela, toutes les lignes, toutes les formes deviennent abstraites et on a juste un bouquet d'ampoules électriques qui sont comme des fleurs.

– Vers 1900, on n'hésite pas à montrer les ampoules, c'est le début de l'électricité et du confort moderne. Pionnier, Victor Horta s'empare des nouvelles technologies.

– Le chauffage était en dessous du sol, il y a une prise d'air dans le jardin, l'air passait sur un radiateur à ailettes et puis s'échappait dans le hall octogonal. Et c'était une manière d'éviter les gros radiateurs en fonte et de donner un confort, dès qu'on entrait dans la maison, on était enveloppé par une atmosphère chaleureuse. C'est le genre de détails techniques dont Horta était tout à fait friand.

Leçon 4
Activité 3
Aujourd'hui, on va parler d'un film d'une jeune réalisatrice, un film tendre mais qui invite à réfléchir sur un sujet actuel, celui de la sexualisation précoce des préados. Ce film, c'est *Mignonnes* réalisé par la scénariste franco-sénégalaise Maïmouna Doucouré. Peu connue du grand public, Maïmouna Doucouré a pourtant déjà remporté de nombreux prix, dont celui du Meilleur Court métrage au Festival de Toronto au Canada pour son film *Maman(s)*. Avec *Mignonnes*, elle signe son premier long-métrage et avec succès puisque le film a reçu le prix de la meilleure mise en scène au festival de Sundance. C'est l'histoire d'une petite fille de 11 ans d'origine sénégalaise, Fathia Youssouf, qui débarque dans une cité avec sa mère. Et malgré sa timidité, presque sa pudeur, elle intègre un groupe de quatre préadolescentes qui se font appeler « les mignonnes ». Leur jeu consiste à danser et reproduire des chorégraphies ensemble, mais pas n'importe lesquelles, il s'agit ici du twerk, une danse ultra sensuelle et très osée. C'est la façon pour la petite fille de s'affirmer et aussi de se révolter contre son père et les traditions familiales. Le film a provoqué une polémique, surtout aux États-Unis à cause d'une affiche. On accuse alors le film d'inciter les jeunes pré-adolescentes à l'hypersexualisation et d'encourager la pédophilie. Mais ce n'est pas de cette vague d'indignation dont je veux vous parler aujourd'hui mais bel et bien du film.

Réalisé en grande partie à hauteur d'enfant, ce film décrit avec une extrême justesse ces jeunes pré-adolescentes, à travers leurs regards, leurs mots qui ne sont jamais ceux d'adultes et leurs maladresses enfantines. La prestation des jeunes actrices est exceptionnelle, notamment celle de Fathia Youssouf qui incarne Amy, le personnage principal, elle démontre une parfaite maîtrise du personnage et évolue au fil de ses transformations. Aucune actrice du film n'est professionnelle, mais leur jeu est très juste. Le scénario est bien écrit et la mise en scène travaillée, notamment les scènes de danse, qui se regardent comme des instants suspendus avec des paillettes et des lumières colorées, ou encore le magnifique dernier plan où la caméra s'élève lentement pendant qu'Amy saute sur un trampoline. Le cadrage est parfait et permet d'exprimer la délicatesse des moments et la densité des relations entre les personnages. La cinéaste ne porte aucun jugement moral sur ses héroïnes. Elle montre leur manière de vivre, leur quotidien. Donc parfois, le rythme est assez intense, parfois trop, à l'image de ces jeunes filles incapables de rester en place ou de parler tout bas. L'immense talent de la réalisatrice est d'aller au bout du sujet, parfois dérangeant. Elle ne détourne pas sa caméra quand les filles dansent plus sensuellement dans des tenues trop sexy. Pourtant, à aucun moment le spectateur ne se sent voyeur car le regard sur ces jeunes corps est posé à hauteur d'enfant. C'est le regard des collégiennes elles-mêmes, celui qu'elles portent sur elles-mêmes et sur leurs copines.

Beau, délicat et merveilleusement interprété, ce film plein d'énergie est un joli récit d'apprentissage, juste et attachant.

Entraînement au Delf B2

– Aujourd'hui, nous nous retrouvons à la cafet de l'école de cinéma de Dakar, où plusieurs étudiants sont réunis. Parmi eux, Aminata Sall, 28 ans. Et pour elle, c'est un vieux rêve qui se concrétise. Gestionnaire pour un opérateur téléphonique, elle a suspendu son contrat durant cinq mois pour suivre la formation en écriture de scénario.

– Quand j'étais petite, j'aimais écrire, mais ici on apprend comment écrire comme un professionnel. On vient de voir comment on fait un dialogue... Et ce n'est pas si simple, en cinéma c'est différent.

– Le cinéma c'est ce qu'on apprend dans cette école et sa création n'a pas été simple. L'inauguration de l'école a été retardée plusieurs fois à cause du covid. Pour son fondateur, lui-même réalisateur, ça a même été le parcours du combattant. Pourtant, il affirme que ça en valait la peine, car pour lui, son école a déjà fait ses preuves. En effet, il nous explique fièrement que ce sont au moins 80 % des élèves qui ressortent de la formation avec un projet concret. La plupart d'entre eux travaillent aujourd'hui pour des plateformes telles que Netflix, pour des sociétés de production, et ce ne sont pas moins de neuf longs-métrages qui ont déjà vus le jour. Mais il ne compte pas s'arrêter là et souhaite appliquer sa méthode dans toutes les écoles pour donner la chance et l'opportunité aux élèves de s'exprimer et de raconter leurs propres histoires.

Forte de son succès, l'école devrait bientôt ouvrir une deuxième formation, en réalisation cette fois, qui devrait débuter en juin. Elle mettra l'accent sur les séries, car aujourd'hui, c'est un genre qui connaît un réel engouement au Sénégal. Pour le fondateur de l'école, c'est important de pouvoir offrir des formations qui offrent de véritables débouchés professionnels. D'ailleurs, les premières productions sont attendues en décembre. D'ici là d'autres projets sont en cours : des ouvertures d'écoles à Madrid, en Guadeloupe, et même en Afrique francophone, notamment au Mali.

UNITÉ 5

Leçon 1

Activité 4

En 1893, les députés et sénateurs réunis en assemblée constituante, préparent une importante réforme électorale. Ils adopteront bientôt le suffrage universel masculin et rendront en même temps le vote obligatoire. 110 ans plus tard, cette obligation est toujours inscrite dans la constitution belge. Elle fait parfois l'objet de discussions et de débats, comme ici au cours de sociologie électorale de première licence en sciences politiques à l'ULB.

– Pensez-vous que c'est plutôt une obligation, un devoir ?

– Je pense que c'est un droit et un devoir en même temps, et obliger les gens à aller voter, c'est d'une certaine manière défendre aussi la démocratie. Le droit démocratique, c'est de dire : ben je choisis plutôt telle liste, telle liste ou telle liste, en fonction de mes aspirations propres ou du programme qui a été proposé.

– Moi, je pense que le devoir ne s'exprime pas forcément en termes d'obligations, surtout dans cette époque enfin dans cette période où on essaie de construire une société ou une politique plus basée sur le choix personnel, je pense que l'obligation ou bien la tendance à aller voter doit être personnelle. Je pense pas que l'obligation soit vraiment un symbole de gardien de démocratie.

– Dès qu'il faut obligatoirement imposer, n'est-ce pas, la participation du peuple au vote, je me dis que c'est partir un peu à l'encontre des vertus mêmes de la démocratie. Parce que quand on sait que la démocratie, d'abord l'une des vertus c'est la liberté d'expression. Je peux ne pas prendre à un vote ou pas. Ça regarde que moi-même.

– Je pense aussi que c'est un droit qui a été acquis d'une certaine manière et il y a beaucoup de gens dans l'histoire qui se sont battus pour qu'on acquière ce droit de nous exprimer.

– Oui, il a fallu de nombreuses années de luttes, des grèves, des manifestations réprimées parfois dans le sang, pour faire triompher le suffrage universel.

– En Belgique, l'absentéisme aux élections peut être sanctionné par une amende ; plus grave, si on s'absente trois fois, on risque de perdre ses droits civiques et d'être empêché d'exercer un emploi public. En théorie donc, le pourcentage des abstentions ne devrait pas être chez nous un baromètre de l'opinion.

– En fait, on a ce révélateur, mais il est plus nuancé. Il est plus nuancé, il doit s'analyser d'une manière un petit peu différente que dans les États où le vote n'est pas obligatoire, Première observation, c'est que même en Belgique la participation diminue, donc euh, sur 20 années, la participation a diminué d'1 ou 2 points, ce qui est bien sûr nettement moins important que dans les autres États mais qui est quand même est une indication.

Leçon 2

Activité 4

L'une des affaires judiciaires qui a marqué la France ces dernières années est sans aucun doute l'affaire Sauvage.

Le 10 septembre 2012, Jacqueline Sauvage, armée d'un fusil de chasse, tire dans le dos de son mari Norbert Marot, qui décède sur le coup. Mais il ne s'agit pas d'un meurtre comme les autres. Durant des décennies, Jacqueline Sauvage avait subi les violences de son mari, et l'histoire de son procès est digne des meilleurs romans : jugée coupable deux fois, condamnée deux fois, puis graciée partiellement dans un premier temps avant d'obtenir la grâce totale mettant définitivement fin à sa détention. Retour sur cette histoire très médiatisée qui est devenue un symbole de la lutte contre les violences conjugales. Jacqueline Sauvage naît en 1947 et se marie en 1965 à Norbert Marot. Ils ont quatre enfants, un fils et trois filles, et s'installent à Melun au début des années 70. Norbert Marot est conducteur de poids lourds et lance, en 1981, son entreprise de transport. Malmenée dans son enfance, Jacqueline subit les violences répétées de son mari pendant 47 ans, avant de l'assassiner le 10 septembre 2012. Lors du procès, elle explique son geste en expliquant s'être défendue après ces années de maltraitances, confirmées par ses filles. Lors de son premier procès en premier instance, en 2014, Jacqueline Sauvage est condamnée à 10 ans de prison ferme. Son acte n'a pas été considéré comme de la défense, car selon les juges, il ne s'agissait pas d'une réponse proportionnée et simultanée à une agression. En effet, elle a tué son mari de trois balles dans le dos. Elle fait appel de cette décision, mais le verdict du deuxième procès est le même. Pourtant, entre les deux procès, les choses bougent : les soutiens de l'accusée s'organisent, l'opinion publique se mobilise et l'affaire devient médiatique. Une pétition pour demander sa libération est lancée (elle recueillera plus de 350 000 signatures) et un comité de soutien est créé avec des célébrités et des personnalités politiques. Sous la pression de l'opinion publique, le Président de la République de l'époque, François Hollande décide alors de gracier partiellement Jacqueline Sauvage en janvier 2016. La grâce présidentielle est un pouvoir donné au chef d'état qui lui permet de réduire ou de remplacer une peine, mais pas de l'annuler. Elle n'est que très rarement utilisée. Cependant, malgré cette grâce, Jacqueline Sauvage reste en prison. En effet, les différentes demandes de liberté sont rejetées par les juges sous prétexte que l'accusée ne s'interroge pas suffisamment sur son acte. Mais les soutiens de Jacqueline ne lâchent pas, et elle devient l'un des symboles de la lutte contre les violences conjugales. Une deuxième pétition est lancée, le Président de la République, François Hollande, est à nouveau sollicité et finalement, il lui accorde en décembre 2016 la grâce totale. Dans un communiqué de l'Élysée, il précise : « Le Président de la République a estimé que la place de Madame Sauvage n'était plus aujourd'hui en prison, mais auprès de sa famille. » Après être restée quatre ans en prison, elle est définitivement libre. Son histoire reste un symbole, elle fait l'objet d'un téléfilm *Jacqueline Sauvage, c'était lui ou moi* qui a battu un record d'audience avec près de huit millions de téléspectateurs, lors de sa diffusion.

Leçon 3
Activité 3
a. Monsieur le président, messieurs les jurés, mon client n'est pas coupable.
b. En donnant la mort à l'accusé, vous céderiez à la colère, à la peur, à la panique.
c. L'aveu, au contraire, c'est la porte ouverte à l'erreur judiciaire !
d. Ne croyez-vous pas que, même en prison, tout homme a droit au respect ?
e. Mon client est la seule victime, victime d'un crime, victime de la société, victime de la justice !

Leçon 3
Activité 4
– Dans le prétoire, c'est la chronique du service police-justice de France Inter. Bonjour Mathilde Vinceneux.
– Bonjour
– Direction le tribunal de Nanterre où une femme de ménage a été jugée en comparution immédiate pour avoir versé dans les boissons de la famille chez qui elle travaillait de l'acide chlorhydrique.
– À la barre, c'est une petite femme brune, la cinquantaine, les sourcils froncés. Elle fait non de la tête quand la présidente raconte le début de l'affaire. Un père de famille se présente au commissariat et explique avoir été victime d'un empoisonnement de la part de sa femme de ménage. Elle travaille pourtant chez eux depuis 10 ans, mais voilà, un jour il ouvre une bouteille de jus de pomme dans son frigo et il sent une forte odeur de détergent. Même chose pour le jus d'orange, la limonade, la bouteille d'eau. L'eau, qu'il goûte avant d'en servir à sa fille, mais il se brûle les lèvres. Il décide donc d'installer une caméra dans un coin de sa cuisine.
– Et sur la vidéo, il aperçoit sa femme de ménage qui manipule les bouteilles.
– Oui. La présidente décrit la vidéo. Par trois fois, on voit la prévenue sortir une bouteille du frigo, se baisser, hors champs, puis replacer la bouteille. Sur d'autres images, elle verse le contenu d'une petite bouteille blanche dans une bouteille de Ricard. « Je ne fais que nettoyer ! C'est faux, tout est trafiqué ! », s'emporte la femme de ménage, « c'est un piège pour voler mon salaire, c'est du racisme ». Elle déblatère alors que la présidente tente de reprendre la parole. « Vous m'écoutez madame ! », hurle la magistrate, « on a trouvé de l'acide chlorhydrique dans les

échantillons des boissons ». Elle liste les effets possibles du produit toxique : des vomissements sanglants, une érosion des dents. Le père de famille, lui, a eu trois jours d'ITT pour irritation des muqueuses. Mais la prévenue persiste à dénoncer des mensonges. Même quand la présidente la met face aux témoignages de ses autres employeurs : une vieille dame qui avait constaté que sa bouteille de shampoing était diluée, les clients d'un hôtel qui se plaignaient d'avoir de l'eau citronnée dans leur vin. « Ils font union pour me virer ! », assure la prévenue.

– Et face à l'attitude de la femme de ménage, le tribunal s'étonne des résultats de son expertise psychiatrique.

– « Madame il a été déclaré que vous n'étiez pas folle », précise la présidente mais au fil de l'interrogatoire, la magistrate se prend la tête dans les mains. « Ce résultat est un peu inattendu », confie-t-elle. « Madame est spéciale », concède la défense. L'avocat de la famille, lui, fustige l'attitude de la femme de ménage : « Elle nie tout, alors qu'elle a commis des faits extrêmement graves, ça aurait pu avoir des conséquences sur les enfants ! ». Dans son réquisitoire le procureur explique que si elle ne se retrouve pas devant les assises pour empoisonnement, c'est parce que l'utilisation de l'acide chlorhydrique ne montre pas une volonté de tuer. « De toute façon, moi, je voulais travailler dans des bureaux ! », lance la prévenue en guise de derniers mots. Le tribunal la condamne à 15 mois de prison avec sursis, 3 000 euros de dommages et intérêts et une interdiction d'exercer une activité de service à la personne. « Si vous voulez faire des bureaux très bien mais chez les personnes, plus jamais ! », prévient la présidente.

– Dans le Prétoire avec Mathilde Vinceneux, une chronique à retrouver sur franceinter.fr

Leçon 4
Activité 3

– Bonjour Jean-Philippe ! Alors aujourd'hui dans votre chronique, c'est aussi Noël ! Vous nous donnez une petite idée cadeau avec un livre qui regroupe des jurisprudences insolites, et souvent drôles. Mais au fait, c'est quoi une jurisprudence, Jean-Philippe ?

– Ben pour le résumer simplement, la jurisprudence c'est l'ensemble des jugements rendus par les tribunaux. Et dans son livre *Anthologie des Jurisprudences insolites*, Raphaël Costa nous fait découvrir des décisions de justice souvent évidentes, mais qui, traduites en langage juridique, deviennent « intrigantes, drôles ou curieuses ».

– Mais c'est pas trop compliqué à comprendre pour ceux qui n'y connaissent rien en droit ?

– Non, justement tout le monde peut lire l'ouvrage et le comprendre sans avoir aucune notion de droit. Prenez par exemple cet arrêt pris par la cour d'appel de Riom en 1995. Ben, il déterminera qu'on ne peut pas se plaindre des désagréments du poulailler de son voisin dès l'instant où, et là je cite la jurisprudence : « la poule est un animal stupide au point que nul n'est encore parvenu à la dresser, pas même un cirque chinois ».

– (rires) Je vois, on doit donc laisser le chant du coq du voisin nous réveiller le matin.

– C'est ça ! Alors dans cet ouvrage, il y a, c'est vrai, des disputes de voisinage, mais on retrouve 26 thèmes différents classés par ordre alphabétique. Il faut souligner que le livre rapporte les extraits intégraux des jurisprudences commentés et illustrés. Beaucoup d'exemples sont tirés du monde du travail, car insulter un chef ou un collègue peut nous amener devant un tribunal. Vous lirez, ainsi, qu'on ne peut pas surnommer son collègue « Mickey », sous le prétexte qu'il porte un casque de chantier anti-bruit, ou sa collègue « Doris », en référence au poisson débile de Nemo et que l'obligation faite à un salarié de se présenter tous les matins dans le bureau de son supérieur peut relever du harcèlement moral.

– Ah oui, quand même ! Et en dehors du monde du travail qu'est-ce qu'on peut trouver ?

– Et bien, il y a aussi pas mal d'exemples de prénoms que des parents voulaient donner à leurs enfants.

– Ah bon, on ne peut pas appeler ses enfants comme on veut ?

– Et bien non, parce qu'il faut prendre en compte l'intérêt de l'enfant. Quand vous allez déposer le nom de l'enfant à l'officier de l'état civil, si le prénom lui semble problématique, il va saisir le juge qui va devoir se prononcer. Ainsi, dans le livre, on découvre qu'on ne peut pas appeler son fils Ravi parce que c'est trop fantaisiste, ni Manhattan, ni Nutella, ni Dukdelespace ! Et Titeuf, le prénom du héros de bande dessinée, on ne peut pas non plus, car pour le juge, je cite, « le prénom Titeuf renvoyant à un caractère caricatural d'un personnage destiné à faire rire le public en raison de sa naïveté et des situations ridicules dans lesquelles il se trouve, bien qu'étant sympathique est contraire aux intérêts de l'enfant. » Vous apprendrez aussi que supprimer un paysage de vignobles peut constituer un trouble du voisinage ou que

TRANSCRIPTIONS

la présence d'un mulot mort dans un sachet de pâtes affecte la composition du produit. Vous trouverez toutes ces affaires dans *Anthologie des jurisprudences insolites* ouvrage de Raphaël Costa, et pas la peine d'être un fin juriste pour l'apprécier.

- Merci Jean-Philippe

Entraînement au Delf B2

L'actualité européenne, c'est votre Café Europe, bonjour Stéphane Leneuf.

– Bonjour Éric, bonjour Carine.

– Bonjour Stéphane.

– Ce matin, retour sur une des propositions faites par Emmanuel Macron devant le Parlement européen. Elle est passée, un peu inaperçue et pourtant, c'est une mesure qui bien pourrait révolutionner les équilibres institutionnels et politiques de l'Europe.

– Emmanuel Macron s'est en effet déclaré favorable à ce que à l'avenir, le Parlement européen dispose d'un droit d'initiative législatif, ce qu'il n'a pas. Les parlementaires européens ne peuvent toujours pas proposer de directives, ce pouvoir est réservé à la Commission. Les parlementaires peuvent toujours voter des rapports d'initiative, c'est-à-dire mettre des idées sur la table, mais si Bruxelles décide de jeter ces propositions à la poubelle, et bien, personne ne peut s'y opposer.

Alors, les parlementaires participent tout de même au processus législatif puisque depuis le traité de Maastricht ils ont le pouvoir de codécision. Mais tout de même, la démocratie européenne est atypique puisque cette initiative des lois revient à un organe non élu par les citoyens. C'est une volonté politique depuis que l'Europe existe : les gouvernements se sont toujours méfiés de cette assemblée européenne qu'ils ont toujours jugée trop intégrationniste, trop fédérale à leur goût. La proposition, on s'en doute, a bien été accueillie par les élus, d'autant qu'elle fait partie du programme de la coalition allemande. « Mais tout de même, j'attends de voir » nous explique le député belge des verts Philippe Lamberts.

– Ce serait génial que le Parlement européen puisse prendre l'initiative de déposer de la législation. Je prends un exemple très concret : lorsque le Parlement européen a voulu que l'on mette en place une protection pour les lanceurs d'alerte, et bien, nous avons dû attendre 3 ans que la commission européenne veuille bien nous déposer un texte législatif. Si nous avions eu l'initiative législative, et bien, nous aurions pu écrire le texte nous-même et le soumettre à notre colégislateur, le conseil. J'ai envie de les croire, mais connaissant un peu la tradition monarchique de la France, je doute que Macron qui ne fait quand même pas tant de cas de son Assemblée nationale, subitement se prenne d'envie démocratique et ait envie que le Parlement européen soit un parlement de plein exercice. C'est plus crédible du côté allemand où le Bundestag dispose, évidemment, de ces pouvoirs-là. Et donc, j'ai plus confiance ici dans la parole allemande que dans la parole française, avec évidemment, quand même en arrière fond, cette idée aussi que du côté des États membres, et bien, il n'y a pas toujours un appétit très grand à donner plus de pouvoirs aux institutions communautaires que sont le Parlement ou la Commission. Et donc, de nouveau, j'attends de voir, mais s'il sort de ça quelque chose de concret, et bien, je suis sûr qu'il y aura une majorité au Parlement européen pour donner suite. La différence c'est précisément que l'on peut vaincre des blocages, puisque lorsqu'il y a un verrou du côté de la Commission, on peut, en fait s'asseoir, sans même le dire, sur une demande du Parlement. Autrement dit, quand le monopole de l'initiative législative demeure auprès de la Commission, et bien même quand il y a des demandes très appuyées de l'opinion publique ou du Parlement, et bien, on peut faire semblant de ne pas les entendre, alors que si le Parlement peut prendre l'initiative de rédiger un texte, et bien quelque part, un des blocages saute.

– Philippe Lamberts, député européen.

UNITÉ 6

Leçon 1

Activité 4

Une pratique économique, très courante dans les communautés africaines et asiatiques, antillaises et latino-américaines, c'est la tontine. Mais c'est quoi exactement la tontine et qu'est-ce que ça représente pour les communautés culturelles ?

La tontine est une méthode d'épargne aussi vieille que le monde. On crée une tontine quand des membres d'une communauté, des proches ou des particuliers décident de mettre en commun leur argent pour résoudre des problèmes personnels ou communautaires. Par exemple, 12 personnes cotisent tous les mois un montant qui a été décidé et validé par le groupe. La cotisation se fait à part égale entre les membres, et chaque mois un participant reçoit la somme accumulée. C'est un système qui fonctionne par rotation jusqu'à ce que la dernière personne reçoive sa part. Une fois fait, le cycle recommence. Bref, chacun emprunte donc à son tour à condition de rembourser. On n'accumule aucun intérêt sur le prêt et y'a pas de contrat. Dans la communauté haïtienne, on ne dit pas « tontine », on dit « sol », mais c'est typiquement la même pratique.

- Je pratique le sol depuis des années, je le faisais même quand j'étais en Haïti. Ici, au Canada, l'argent que j'épargne va me permettre de réaliser mon rêve qui est de devenir entrepreneure. Je préfère économiser dans ma communauté que dans une banque parce que j'aime l'aspect entraide.

La tontine est entièrement basée sur la confiance mutuelle, l'entraide, la solidarité. Et puisque c'est un système qui est basé entièrement sur la confiance il n'y a donc aucun recours légal si quelqu'un refuse de rembourser sa part, et dans ce cas-là, le groupe redresse la situation soit en trouvant rapidement un nouveau membre, ou alors la personne qui se désengage devra attendre la fin du cycle avant de recevoir sa part d'épargne. Mais attention, refuser de rembourser, c'est risquer de gâcher sa réputation et peut-être même de se faire exclure de son cercle de proches. Bref, c'est un système d'épargne communautaire qui évite de passer par les banques et de payer des intérêts. C'est parfait pour les petites bourses, pour ceux qui ont des problèmes de crédit et aussi des imprévus financiers parce que dans une bonne tontine, si jamais un membre du groupe a de gros problèmes financiers qui nécessitent rapidement des fonds, les autres membres de la tontine n'hésiteraient pas à lui avancer son tour afin qu'ils puissent bénéficier de l'argent le plus rapidement possible.

Leçon 2

Activité 4
Les enjeux sociétaux nous concernent tous et les gameurs y sont de plus en plus sensibles. En effet, les joueurs de jeux vidéo considèrent les sujets de société comme cruciaux.

Si, au cours de ces dernières années, l'industrie des jeux vidéo n'a pas toujours donné une image exemplaire (les conditions de travail difficiles imposées à ses équipes, notamment dans les derniers moments du développement que l'appelle « crunch », les différentes affaires concernant des cas de harcèlement et d'agressions au sein de certains grands studios) aujourd'hui, une enquête menée par le cabinet de conseil Accenture a montré que ces enjeux étaient au contraire primordiaux aux yeux des joueurs. Plus de 4000 personnes ont été sondées en Chine, au Japon, aux États-Unis et au Royaume-Uni, 4 pays qui, à eux seuls représentent 47 % des gameurs et 64 % des dépenses mondiales consacrées aux jeux vidéo.

Le constat est très clair : 66 % des sondés se sont dits plus enclins à jouer à des jeux développés par des entreprises socialement responsables, alors que seulement 26 % ont adopté une position neutre sur le sujet. Et les entreprises dans tout ça, me direz-vous ? Et bien, les entreprises du secteur sont bien conscientes de leur responsabilité sociale mais aussi, il faut le reconnaître, des conséquences que pourrait avoir en termes d'image un comportement irresponsable ne le sont pas moins. En 2019, l'ONU a lancé l'Alliance Play for the Planet avec 25 d'entre elles. On retrouve Microsoft, Stadia, ou encore Twitch mais aussi des noms célèbres du jeu mobile comme Angry Birds 2, Golf Clash et Subway Surfers. Toutes se sont engagées à encourager leurs joueurs à adopter les bonnes pratiques pour lutter contre le changement climatique. Certaines vont par ailleurs sensibiliser leur communauté à la protection d'espèces animales en voie de disparition. Le projet ne s'arrête pas là et il vise également à améliorer l'empreinte environnementale du secteur, régulièrement pointée du doigt. Sur son site, l'ONU salue notamment l'entreprise Supercell qui s'est engagée à devenir neutre en carbone. Concrètement, la compagnie va compenser intégralement le dioxyde de carbone généré par ses joueurs. Ce n'est pas la première fois que l'ONU s'appuie sur les jeux vidéo pour sensibiliser les citoyens sur les sujets environnementaux. Elle avait lancé un jeu mobile où chacun pouvait donner son avis sur les politiques environnementales à mener à l'échelle globale et locale. Ce qui est sûr, c'est qu'avec 150 milliards de dollars de revenus générés en 2019, l'industrie des jeux vidéo pèse lourd et qu'elle pourrait bien devenir un acteur majeur pour tenter de faire avancer les sujets de société.

Leçon 3

Activité 4
– Il est 6h16, l'*esprit d'initiative*, cette semaine, Lionel Thompson, vous êtes allé à la pêche aux bonnes idées à Reims et dans sa région. Bonjour.

– Bonjour Mathilde.

– Vous avez rencontré par exemple une association de la ville de Tinqueux qui veut promouvoir la lecture, l'écriture,

TRANSCRIPTIONS

mais aussi lutter contre l'illectronisme.

– Et comme toutes les semaines, le mardi après-midi, les bénévoles de La Plume Aquatintienne tiennent une permanence dans une petite salle de la maison des associations de Tinqueux. Didier Sauvage, le président, revient sur l'idée qui a mené au lancement de l'association.

– À l'origine, c'était une prise de conscience d'un réel besoin pour un public isolé, oublié. Je dirais les invisibles, je crois qu'on les a appelés un peu comme ça. Un besoin d'aide à la lecture, à l'écriture et à tout ce qui concerne les démarches de la vie courante.

– L'association propose donc depuis 2019 des activités très diverses pour tout ce qui touche à l'écrit.

– On va leur proposer de l'aide à la lecture, à l'écriture, à la compréhension. On va aider des personnes malvoyantes, par exemple, on va les accompagner dans leurs lectures. Surtout, l'aide à l'informatique : l'utilisation d'un smartphone, l'utilisation d'une tablette, l'utilisation d'internet en général. À l'illettrisme vient s'ajouter donc l'illectronisme, comme on aime à le dire maintenant. Et c'est vrai que, si on regarde en chiffres, ça peut représenter 15 % à 20 % de la population qui, de plus en plus, se trouve en difficulté et de facto va perdre ses droits, on va dire, parce que, on se décourage, on se dit qu'on n'y arrivera pas, on est défavorisé, quoi.

– L'illectronisme touche effectivement 17 % de la population française, selon l'INSEE. Les bénévoles de La Plume Aquatintienne ont rapidement été confrontés à des gens un peu perdus alors qu'internet est devenu quasi indispensable pour de nombreuses démarches.

– Une dame est venue nous voir. Sa fille lui avait laissé un ordinateur, parce que la fille habite très loin dans le Sud de la France. Et puis quand la fille a quitté sa maman, l'écran de l'ordinateur est devenu noir : grosse panique ! Elle est allée voir un prestataire informatique qui lui a fait payer des frais d'antivirus, des choses comme ça. Elle est venue nous voir et grâce à une bénévole, Catherine, ici, cette personne a pu être accompagnée à raison d'une heure ou deux par semaine.

– En fait, les personnes auprès desquelles on intervient généralement sont des personnes soit qui n'ont plus beaucoup de famille soit dont la famille est très éloignée. Donc, il est vrai que pour montrer quelque chose, il vaut mieux être à côté de la personne ; c'est quand même nettement plus simple.

– Des personnes les sollicitent également pour demander une vignette Crit'Air sur internet, ou pour constituer un dossier de retraite. Didier Sauvage, Catherine qui fait les accompagnements informatique et internet comme tous les bénévoles de cette petite association, sont des retraités qui veulent offrir gratuitement ces services.

– On veut juste se rendre utiles, on veut donner de nos savoirs, de nos expériences. La satisfaction, c'est de voir une personne nous remercier. Le fond de notre action, c'est le lien social, en fait. Recréer un lien social et puis remettre les gens au même niveau que tous les autres.

– La crise du Covid a compliqué l'activité de cette association naissante qui fait aussi des lectures auprès des retraités ou des enfants ou des aides en anglais ou en espagnol, pour toucher le plus large public. Si vous habitez près de Tinqueux et voulez être bénévole, n'hésitez pas à les contacter !

– Et le plus simple, peut-être, c'est de mettre le numéro directement sur notre site internet ?

– On le mettra.

– Franceinter.fr, votre chronique Lionel Thompson s'appelle l'*esprit d'initiative*

Leçon 4

Activité 2

Les éléphants, rhinocéros et les hyènes
Ces animaux de la savane africaine
Ils se retrouvent dans la banlieue parisienne
Ils pourraient mourir d'ennui
Ils rêvent de retourner dans leur pays
Mais se meurent dans leurs enclos ternis

Leçon 4

Activité 3

– Des cirques sans lions, sans tigres, sans éléphants, c'est le rêve des défenseurs des animaux, au nom du bien-être animal, mais pas seulement. Selon un récent sondage, réalisé par l'IFOP pour la fondation 30 millions d'amis, 67 % des personnes interrogées sont favorables à l'interdiction d'animaux sauvages dans les cirques. Des circassiens ont même franchi le pas.

– Quand je vois aujourd'hui des circassiens qui ont 25-30 ans, 35 ans, je me dis que moi, à cette époque-là, j'aurais – éféré mourir que de ne plus présenter d'animaux sous mon chapiteau. J'ai eu de la chance de rencontrer des personnes, au cours de ma vie, qui m'ont ouvert les yeux, qui m'ont apporté un point de vue différent du mien.

– Nous venons d'entendre André-Joseph Bouglione, issu d'une grande famille du cirque et c'est vous qui l'avez rencontré Lise Verbeke. Bonjour.

– Bonjour. L'ancien dompteur a pris l'an dernier un virage à 180 degrés.

– Oui, il ne veut plus voir aucun animal sur sa piste, une décision qu'il a longuement mûrie, car depuis la création de son propre cirque au début des années 90, il a toujours eu des fauves.

– En fait, au départ, je n'ai jamais eu l'impression de maltraiter mes animaux, donc si j'ai arrêté c'était pas parce que j'avais l'impression de les maltraiter, mais, en réalité, emprisonner quelqu'un c'est pas forcément une promotion, c'est pas lui rendre service. Quand on met des gens en prison, c'est pour les punir. Et, à partir de là, tenir des animaux en captivité, surtout quand ce sont des animaux en voie d'extinction, et surtout, si la finalité de cette captivité, c'est une exploitation commerciale, une exhibition pour le public, à un moment donné, avec Sandrine, avec mon épouse, on s'est vraiment rendu compte que là on était face à un vrai problème, et que ce problème-là venait de nous et pas des autres.

– La décision prise par Bouglione a été saluée par les associations de défense des animaux, comme Paris Animaux Zoopolis, dont on entend ici la co-fondatrice Amandine Sanvisens lors d'un happening devant le ministère de la Transition écologique lundi. Elle réclame une loi qui interdit purement et simplement les animaux sous les chapiteaux, car cela s'apparente, selon elle, à de la maltraitance.

– Ils ont des troubles du comportement, donc ce qu'on appelle des stéréotypies, c'est-à-dire des mouvements répétés continuellement, donc typiquement les fauves qui tournent en rond comme ça, pendant des heures et des heures dans leur cage. Ou même les éléphants qui font des balancements comme ça de droite à gauche. Et donc, ces troubles du comportement sont des marqueurs forts de dépression chronique. On parle vraiment de dépression chronique. Et ça, on ne le constate jamais dans leur milieu d'origine, on ne le voit que en captivité. »

– Des arguments niés en bloc par une partie du cirque traditionnel. Et notamment le collectif des cirques qui regroupe environ 250 cirques en France. Son représentant Christian Caffy dénonce une pression exercée par les animalistes.

– Il faut qu'on arrête un peu avec ces idées de kilomètres carrés qui sont nécessaires pour les tigres, etc. Oui, c'est nécessaire dans la nature, pour avoir accès à la nourriture, pour avoir accès aux femelles, pour avoir la protection contre les prédateurs, etc. Les animaux dans la nature sont en permanence en danger. Dans les zoos, les parcs animaliers ou même les cirques, l'animal n'a pas du tout cette préoccupation. L'accès aux femelles lui est quasiment garanti, l'accès à la nourriture, il l'a sans avoir à se battre.

– Et retirer les animaux du cirque, c'est renier 250 ans de tradition, selon lui.

Entraînement au Delf B2

– C'est le pronom de la discorde qui nous occupe aujourd'hui parce qu'il intrigue les élèves de première du lycée de L'Hautil à Jouy-le-Moutier dans le Val-d'Oise et les élèves de troisième du collège Jules Ferry à Sainte-Geneviève-des-Bois dans l'Essonne.

– On en a beaucoup aussi parlé ces derniers jours, sur France info, ce pronom, c'est « iel », « I.E.L », utilisé depuis quelques années déjà par des personnes non binaires, c'est-à-dire qui ne s'identifient ni comme un homme ni comme une femme. Jusqu'à présent, son usage était assez peu répandu mais ce pronom a donc fait l'actualité.

– Alors est-ce que le pronom iel, Antoine, a été officiellement ajouté au dictionnaire ?

– Et bien je vais vous faire une réponse qui nous sert un peu près tous les jours à la cellule « vrai du faux », c'est « C'est plus compliqué que ça ». Oui, parce que il existe plusieurs sortes de dictionnaires. Ce qui est vrai, c'est que les éditions Le Robert a bien ajouté ce pronom iel, mais uniquement dans sa version en ligne et pas dans son dictionnaire « papier », en tout cas pas encore. Ça remonte au mois d'octobre, c'est-à-dire avant que ça fasse polémique, cette histoire. Ce qu'explique l'éditeur, c'est qu'ils se sont rendu compte que de plus en plus de monde cherchait une définition sur internet de « iel » et qu'il était, donc de leur devoir d'en donner une définition pour répondre à ces demandes. Après, il faut aussi rappeler qu'il n'y a pas que le Robert comme dictionnaire, l'autre éditeur de référence c'est le Larousse évidemment, qui a pris aussi position sur ce pronom « iel » en expliquant que, pour résumer, son usage n'était pas encore assez répandu pour l'adopter. Et puis, comme le dit Shéryne, il y a aussi le dictionnaire de l'Académie française, et, lui non plus, n'a pas encore prévu d'inscrire le pronom « iel », tout simplement parce que les Académiciens prennent beaucoup, beaucoup de temps pour faire leur dictionnaire, entre 50 et 60 ans. Ils doivent donc bien choisir des mots qui resteront dans la langue française pour être sûrs qu'ils soient toujours utilisés entre deux éditions.

– Utiliser « iel » rendra la langue française encore plus difficile, vrai ou faux, Antoine ?

– Alors là, pour vous répondre, ce qu'on fait souvent d'ailleurs aussi à France info, c'est que je me suis tourné vers un expert. En l'occurrence, il s'appelle Mathieu Avanzi. Il est maître de conférences et chercheur en linguistique à la Sorbonne.

– Ben, c'est effectivement un des risques, quand… À chaque fois qu'on fait des intrusions ou qu'on fait des modifications sur la langue, des modifications qui ne sont pas historiques mais qui sont parfois militantes ou venues de certains mouvements, qu'on ait une certaine complexification de la langue, notamment avec l'ajout d'un nouveau genre qui engendrerait, par exemple, des nouvelles flexions, c'est-à-dire de nouveaux changements sur les adjectifs et les participes passés. Alors le français connaît le masculin, qui est la forme non marquée et le féminin qui est la forme marquée et, si on ajoute un nouveau genre, il va falloir trouver une nouvelle forme ou une nouvelle terminaison pour les formes neutres, ce qui veut dire qu'on ne saura plus s'il faut dire folle, ou fou, ou une forme intermédiaire, s'il faudra parler de « professeure » ou de « professeuse ». Y'a pas vraiment de solutions à l'oral pour marquer ce genre neutre, c'est tout à fait difficile parce qu'il faut choisir entre une forme masculine, une forme féminine alors on peut avoir des formes parfois hybrides « joyeureuse » ou « follou », ou des choses comme ça, « belleau », on a pu l'entendre, mais ça reste très très problématique et très difficile à appliquer.

– Et de toutes façons, Antoine, le pronom iel ne devrait pas apparaître dans les programmes scolaires pour le moment.

– Ça ne veut pas dire pour autant que les questions de genre ne sont pas de plus en plus prises en compte dans les collèges ou les lycées. Par exemple, fin septembre, le ministère a publié une circulaire pour mieux accueillir les élèves transgenres notamment. Cette circulaire, elle permet plus de liberté sur les vêtements, de se choisir un prénom d'usage sur les listes d'appel, les cartes de bibliothèque ou encore à la cantine. Enfin à condition, et c'est pas une petite condition, que les parents soient d'accord.

– Le vrai du faux junior avec Antoine Krempf

UNITÉ 7
Leçon 1
Activité 5

– Aujourd'hui, c'est la journée mondiale du nettoyage, les habitants de la planète terre sont invités à se retrousser les manches, mettre des gants, et aller ramasser tous les déchets sauvages qu'on peut croiser, au coin de sa rue, au coin d'un bois ou sur une plage. Et pour la première fois cette année, ce grand nettoyage d'automne, pour l'hémisphère nord va s'ouvrir au nettoyage digital. La pollution des réseaux virtuels a, en effet, un coût écologique qu'on ignore parfois. Alors on va en parler tout de suite avec notre invité Vincent Courboulay, bonjour.

– Bonjour.

– Vous êtes enseignant-chercheur à l'université de La Rochelle, spécialiste du numérique. Comment est née cette opération de cybernettoyage inédite donc, puisque c'est la première édition cette année.

– Et bien tout à fait. Elle est née il y a un an déjà dans la tête de deux trois personnes qui se sont aperçues, qui ont pris conscience depuis déjà un certain temps, ce que vous disiez, que le numérique a un impact, le virtuel a un impact sur le réel. Alors on commence à bien entendre ce discours de ne pas trop changer ses équipements parce que il y a des extractions de matières premières, parce que il y des conditions de travail vraiment inhumaines dans certaines usines, vous parliez tout à l'heure de Apple, par exemple. Et bien, il y avait aussi une pollution qui était pour l'instant passée un petit peu sous silence, qui était celle des données virtuelles, des données de notre vie numérique, de nos photos qu'on stocke dans le cloud et qui ont un impact non négligeable sur la planète. Et donc on a décidé, l'Institut du numérique responsable, la Rochelle Université et le *World CleanUp Day* ont décidé d'ouvrir un petit peu ce champ de nettoyage à cet univers numérique qui a un coût caché non négligeable.

– Alors pour sensibiliser les utilisateurs du numérique, c'est-à-dire à peu près tout le monde aujourd'hui sur la planète, vous avez co-écrit une BD, publiée par la revue Dessinée, avec les dessins de Loïc Sécheresse, ça s'appelle « Le Poids du clic ». Alors ça pèse combien le clic d'une souris informatique ?

– Alors, le clic en lui-même, on va dire que c'est la goutte d'eau, c'est pas grand-chose, c'est plutôt tout ce qu'il y a derrière qui pèse. On est sur le numérique en général, c'est-à-dire à la fois les data centers, le réseau de communication, c'est-à-dire les autoroutes de l'information et les équipements des utilisateurs, nos box, nos écrans, etc., ça pèse à peu près 4 % des émissions mondiales de gaz à effet de serre.

Leçon 2

Activité 2
a. C'est inimaginable !
b. C'est i-ni-ma-gi-nable
c. C'est in-dé-cent.
d. C'est indécent.
e. C'est incroyable.
f. In-cro-yable !
g. C'est un scandale !
h. Un scan-dale !

Leçon 2

Activité 4
– Une dune de déchets au cœur de la capitale du Ghana. Dans cette décharge improvisée, plus de la moitié des ordures sont des vêtements, venus de l'Occident. Ce pays d'Afrique de l'Ouest est devenu la poubelle textile du monde entier et ses déchets polluent jusqu'aux côtes où on les retrouve par milliers.

– Vous ne pouvez pas les retirer, ils sont coincés, vous devez creuser ! Les vêtements sont ensablés, c'est coincé ! Certains de ces vêtements sont en polyester, ce sont des vêtements synthétiques qui vont aussi dans la mer et qui affectent les poissons et la vie marine là-bas.

– Pour comprendre, direction le port de Accra. Chaque semaine, 15 millions de vêtements usagés arrivent ici, des t-shirts ou des pantalons dont les consommateurs occidentaux ne veulent plus. Le but est de donner une seconde vie à ces produits. Problème, c'est de plus en plus difficile.

– C'est toujours la même chose, il y a toujours des vêtements à jeter dans les paquets.

– Alors ces marchands locaux se battent, littéralement, pour arracher les rares fripes, encore en bon état.

– Mercredi, encore, il n'y avait aucun vêtement de qualité. Aucun.

– Car, ici comme ailleurs, personne ne veut acheter des vêtements de seconde main de qualité médiocre.

– Les vêtements qui arrivent maintenant sont vraiment mauvais pour notre business.

– Résultat, les nombreux invendus deviennent donc des déchets ici et ils alimentent chaque jour cette indescriptible décharge à ciel ouvert.

Leçon 3

Activité 5
– Bonsoir Lionel Thompson

– Bonsoir Mathilde.

– Ce matin, vous braquez les projecteurs sur l'association *Clean my Calanques* qui organise des ramassages de déchets sur le littoral.

– Malheureusement, il n'y a pas qu'au moment où il y a des orages que les plages et les calanques sont polluées. C'est en faisant son footing, il y a un peu plus de 4 ans, qu'Eric Akopian, jeune coach sportif marseillais, a eu l'idée de fonder cette association.

– J'allais très souvent en vadrouille dans les calanques pour m'entraîner et je tombais toujours, toujours sur des déchets, des déchets, que ce soit des anciens déchets dus aux décharges, ou des déchets ménagers, industriels, alimentaires. J'en avais marre alors au lieu de râler je me suis dit : écoute, tu as plein d'énergie, tu peux te baisser pour les ramasser. Donc je me suis dit que le mieux à faire, c'est appeler mes collègues, et on fait une randonnée tous ensemble, avec la même chose c'est-à-dire la musique, le pique-nique, la baignade et tout, juste sur le chemin, on ramasse !

– Ce qui n'était au départ qu'une bonne action entre amis s'est transformé en véritable association qui a collecté à ce jour plus de 4 tonnes de déchets. *Clean my Calanques* réunit une ou deux fois par mois jusqu'à 500 volontaires pour des opérations de nettoyage où les participants ramassent tout ce qu'ils trouvent. Vraiment tout.

– On trouve des choses folles. On a déjà trouvé des cocktails Molotov, des seringues, des pierres tombales, des crânes d'animaux, des pistolets, des lettres de francs-maçons, des lettres d'amour… C'est une chasse au trésor ! C'est triste, en soi, mais on essaie d'en jouer pour sortir le positif là-dedans.

– L'association organise à chaque ramassage un concours du déchet le plus loufoque avec des lots à gagner.

– Le gros des détritus c'est quand même plus ordinaire : beaucoup de bouteilles en plastique, de canettes et de mégots que l'association essaie, si possible, de recycler.

– Déjà, dans le ramassage, on trie : on met les bouteilles, le verre, le carton, etc. Et la plupart des déchets qu'on peut

TRANSCRIPTIONS

revaloriser, on est en association avec des partenaires. Il y a Recyclop qui prend tous nos mégots de cigarette, ils en font de l'énergie, de l'électricité. Il y a Sauvage qui fond tous nos bouchons plastique qui en font des bijoux. Et on essaie de trouver, on a TerraCycle et Corail baskets, on essaie de voir avec eux, pour que justement pour qu'ils prennent nos bouteilles en plastique, parce qu'on en trouve énormément.

– Les ramassages se veulent toujours ludiques. L'association cherche à sensibiliser notamment les jeunes en réalisant aussi des clips, comme ce pastiche de « Bande Organisée », du rappeur marseillais Jul, qui a été regardé des milliers de fois sur internet.

– Nous, on aime le rap, ben on va remixer des chansons de rap. On aime le sport, on va faire des vidéos avec des sportifs. On aime l'art, etc. Tout ça pour qu'à chaque vidéo on arrive à sensibiliser des gens différents. On va aux gens qui s'en foutent, qui ne savent même pas ce que c'est recycler et qui jettent encore par terre. Et c'est là où ça m'intéresse, moi.

– Dans le même esprit, *Clean my Calanques* intervient aussi dans les écoles pour sensibiliser les élèves dont l'écologie n'est pas toujours la première préoccupation. Prochain ramassage, le 12 décembre.

Leçon 4

Activité 3

« Célestine de retour à la terre » est un centre de formation itinérant en permaculture et agroécologie. Il a été créé voilà deux ans par Céline Libouban, qui habite à Romainville, en Seine-Saint-Denis.

Les formateurs, au nombre d'une quinzaine, interviennent dans des écolieux à la campagne comme en ville. Petit rappel d'abord de ce qu'est qu'un écolieu.

– un écolieu, c'est un lieu privé ou public mais qui a une visée écologique, qui veut devenir plus responsable dans ses pratiques, qui souvent veut faire pousser sa nourriture et utiliser moins d'énergie et moins de ressources.

– Les formations organisées par « Célestine » durent de 1 à 4 jours. Elles ont lieu pour la plupart en Seine-Saint-Denis et dans l'Yonne. Le château du Feÿ près de Joigny en a accueilli plusieurs cette année. Idem au jardin punk d'Éric Lenoir et à la Haie de Morgon, un jardin agrinaturel expérimental et collectif situé juste à côté.

Les formations ne se limitent pas au b-a-ba d'une culture en sol vivant. Elles incluent des sorties ethnobotaniques et ornithologiques pour les adultes et les enfants, la découverte d'un jardin forêt ou la construction de fours en terre paille pour faire cuire son pain.

Pour Céline Libouban, il s'agit de répondre à des attentes de plus en plus prégnantes.

– Il y a énormément de gens qui se posent la question : qu'est-ce que je vais faire de mieux, de plus raisonnable, dans ma vie professionnelle dans ma vie privée pour que on puisse offrir un avenir un peu plus radieux à nos enfants. Il y a des gens aussi qui fuient la ville, après le COVID, il y a eu ce phénomène. Je crois qu'il y a une prise de conscience qui a été nette il y a un an, quand on a eu des grosses chaleurs à nouveau, des canicules, ça touche notre corps donc je pense que les êtres humains réagissent quand ça les touche physiquement. Donc là, les intelligences s'éveillent, les consciences bougent, ouais !

– Du côté des prix, Céline Libouban et les formateurs ont choisi une formule souple adaptée à la situation de chacun.

– On a un système de prix libre et conscient avec un prix repère. Ça veut dire que les gens qui peuvent payer le prix repère, le payent et d'autres pourront payer moins.

– Le week-end des 20 et 21 novembre, « Célestine de retour à la terre » organise une conférence autour des jardins de Tchernobyl à la cité maraîchère de Romainville et une journée de balade et d'observation dans les paysages verts urbains et les jardins cachés. Plus d'infos sur celestine-formation.fr

Entraînement au Delf B2

– Le billet Sciences à présent, bonjour Anne Le Gall

– Bonjour à tous

– Le ministre délégué aux Transports, Jean-Baptiste Djebbari, est attendu aujourd'hui près de Valenciennes pour assister à une démonstration du train à hydrogène d'Alstom. Ce train doit bientôt remplacer de vieux trains diesel dans quatre régions françaises, il s'agit donc d'un train propre qui ne rejettera que de l'eau. C'est un peu le rêve, ça, non ?

– Et bien effectivement parce qu'il faut imaginer que grâce à une pile à combustible, un petit boîtier installé sur le toit du train, l'hydrogène se combine chimiquement à l'oxygène de l'air, ce qui permet de produire de l'électricité, tout en ne rejettant que de la vapeur d'eau. On obtient donc des trains zéro émission de carbone, capables de rouler 600 km en toute autonomie, et tout cela sans avoir besoin de faire des travaux pour électrifier les lignes. C'est un peu le graal. D'autant que l'hydrogène a déjà fait ses preuves pour faire avancer des camions, des bus, des flottes de taxis. Airbus parle même d'un avion à hydrogène pour 2035. Bref, l'hydrogène semble idéal pour décarboner les transports dans le futur. Le problème, c'est que la production de cette molécule peut être plus ou moins polluante.

– Ah oui, il y a toujours un « mais », parce que l'hydrogène, il faut le produire, Anne, il ne suffit pas de la capter.

– Et voilà. Sur terre, en fait, l'hydrogène est très peu abondant. Il n'existe qu'à l'état de traces dans l'atmosphère. Donc, pour récupérer des atomes d'hydrogène, il faut casser d'autres molécules qui en contiennent, et, on peut casser soit des molécules d'eau, par exemple, soit des molécules de gaz, de pétrole, de charbon. Et selon la méthode utilisée, on fabriquera un kilo d'hydrogène dont le bilan carbone peut varier de 1 à 10.

– Et aujourd'hui, on utilise essentiellement quelle méthode ?

– Aujourd'hui, l'hydrogène utilisé par l'industrie en France est produit à 95 % à partir d'énergies fossiles, ce qui entraîne l'émission de près de 9 millions de tonnes de CO_2 par an, selon les chiffres de l'ADEME, l'agence de la transition écologique. Alors, l'idéal serait d'utiliser davantage d'hydrogène « vert », fabriqué à partir de molécules d'eau qu'on casse par électrolyse avec de l'électricité renouvelable, donc d'origine solaire ou éolienne par exemple. C'est tout à fait possible mais pour l'instant c'est un procédé qui coûte plus cher. Pour faire baisser les tarifs, il va falloir investir dans ce mode de production. Et si c'est le cas, certains économistes estiment que le coût de la production de l'hydrogène vert pourrait baisser de 85 % d'ici à 2050.

– Merci Anne Le Gall. Il va donc falloir se mettre au vert et la météo va nous aider.

UNITÉ 8

Leçon 1

Activité 4

Bonsoir à tous, bienvenue dans notre chronique culturelle. À la une aujourd'hui, Mohamed Mbougar Sarr, l'écrivain sénégalais qui vient de remporter le plus prestigieux des prix littéraires français, le prix Goncourt, pour son roman, *La plus secrète mémoire pour les hommes*. C'est l'histoire d'un écrivain qui découvre un livre captivant et décide d'enquêter sur son mystérieux auteur. Au fil du texte, l'auteur interroge sur le rôle de l'écriture et les relations entre l'Afrique et l'Europe. En entrant dans les lauréats du prix Goncourt, Mohamed Mbougar Sarr devient le premier africain subsaharien, et le deuxième noir, à recevoir cette récompense. Originaire de Diourbel, une ville située à l'est de Dakar, la capitale du Sénégal, Mohamed Mbougar Sarr est l'aîné d'une famille de sept garçons. Fils de médecin, il a reçu une formation académique traditionnelle et prestigieuse. Il a d'abord étudié au lycée militaire de Saint-Louis puis il est parti pour la France pour continuer ses études en classes préparatoires. Il a ensuite intégré l'École des hautes études en sciences sociales. Alors que tout le destinait à la recherche en sciences sociales, il a préféré le chemin de la littérature avec un premier livre, très remarqué en 2015, alors qu'il n'avait que 24 ans. *Terre Ceinte* raconte l'occupation jihadiste d'un village. Mohamed Mbouga Sarr a ensuite enchaîné avec *Le siilence du chœur*, portraits de migrants en Sicile puis avec un livre *Purs hommes*, qui traite de l'homosexualité. Mohamed Mbougar Sarr est un écrivain productif avec quasiment un livre tous les deux ans. Même s'il garde toujours un lien très fort avec son Sénégal natal, il réside aujourd'hui en France. Pour lui, l'exil peut être heureux, il le décrit comme un voyage où il y a toujours quelque chose à inventer.

Leçon 2

Activité 4

Aujourd'hui, dans notre chronique la petite histoire… du pantalon…

Les tous premiers pantalons ont fait leur apparition dans l'Antiquité chinoise, entre le XIIIe et le Xe siècle avant J.-C. Au départ, ils ont été créés pour libérer les jambes des hommes qui montaient à cheval. On retrouve le pantalon dans toutes les civilisations antiques à l'exception des Grecs et des Romains, même si ces derniers ont fini par l'adopter. Ce n'est qu'au XVIème siècle que l'on retrouve le pantalon en Europe. Au fil du temps, le vêtement a subi plusieurs évolutions, comme par exemple l'ajout de la braguette, cette petite ouverture sur le devant du pantalon. C'est ce qui a donné naissance aux pantalons que nous connaissons aujourd'hui. Pendant la Révolution française, le pantalon est devenu un symbole politique pour les travailleurs habillés en pantalon, par opposition aux nobles qui portaient des culottes. Par la suite, le pantalon s'est imposé comme un vêtement

TRANSCRIPTIONS

indispensable, le bas le plus porté par les hommes. Si les femmes persanes portaient déjà le pantalon dès le VIIe siècle avant J.-C., il est néanmoins longtemps resté un vêtement uniquement masculin. C'est avec la pratique du sport qu'il va se populariser chez les femmes. Les aviatrices et les cyclistes sont les premières à se montrer en public en pantalon, en provoquant souvent de très mauvaises retombées médiatiques. Elles sont bientôt suivies d'actrices célèbres comme Marlène Dietrich, Greta Garbo et Katharine Hepburn qui choquent le public en portant régulièrement des pantalons. Commence alors la démocratisation du pantalon chez les femmes. Après la guerre, les femmes peuvent le porter mais seulement pour leurs activités de loisirs ou de jardinage. En 1960, le pantalon devient un vêtement véritablement féminin grâce notamment à Yves Saint-Laurent. Pourtant, encore aujourd'hui certains pays interdisent le port du pantalon chez les femmes.

Leçon 3
Activité 2
a. Est-ce un mythe ?
b. À qui la faute ?
c. C'est vrai ?
d. Qui voudrait le faire ?
e. Est-ce vraiment réaliste ?
f. Qui est responsable ?

Leçon 3
Activité 3
Dolma, nshima, kimchi, washoku... Ces noms ne vous disent peut-être rien, pourtant, ce sont tous des plats qui figurent dans la liste du patrimoine culturel immatériel. Cette catégorie créée par l'UNESCO en 2003 a pour but de valoriser et de protéger des patrimoines immatériels comme des traditions, des pratiques sociales, des techniques artisanales, des rituels ou des événements festifs. Alors, pourquoi retrouve-t-on dans ce patrimoine des spécialités culinaires ? Parce que la gastronomie rassemble à la fois des techniques liées à l'artisanat et des rituels ou événements festifs. Certains plats traditionnels peuvent donc, à ce titre, être classés au patrimoine culturel immatériel.

À ce jour, parmi les 281 éléments enregistrés au Patrimoine mondial de l'Unesco, figure une douzaine de spécialités et de techniques culinaires. L'une des premières à y entrer a été le repas gastronomique français. Dans la liste, on retrouve aussi le dolma, une recette provenant de nombreuses régions orientales, au Moyen-Orient et en Méditerranée occidentale qui est constituée de feuilles de vignes farcies de légumes ou de riz ; Le nshima un plat africain, une sorte de porridge épais au maïs, que l'on peut accompagner d'une viande ou de légumes, les kimchis, des légumes fermentés coréens ou le menu japonais pour fêter le Nouvel An, le washoku. Après sept ans d'attente, la pizza napolitaine est la dernière tradition culinaire reconnue par l'Unesco grâce notamment à la mobilisation des pizzaiolos et à une pétition signée par 2 millions de personnes.

Comment et pourquoi s'inscrire ?

Chaque État a droit à une candidature par an pour mettre à jour la liste du patrimoine culturel immatériel mondial, toutes catégories confondues. Plusieurs États peuvent également présenter une candidature commune. Plusieurs conditions sont nécessaires pour faire valider le dossier de candidature, comme : correspondre à la définition du patrimoine culturel, être présent sur le territoire de l'État qui porte la candidature, avoir le soutien des acteurs de cette pratique.

Pour les pays, faire reconnaître leurs traditions culinaires au patrimoine immatériel de l'UNESCO représente une grande opportunité pour leur rayonnement culturel à travers le monde. C'est un atout stratégique aux importantes retombées économiques. Il permet non seulement d'attirer les touristes mais aussi de valoriser le pays et d'encourager ainsi les investissements et le commerce.

Leçon 4
Activité 2
– Émilie, comme tous les lundis, tu es avec nous, tu nous parles de mode et cette semaine, tu t'es intéressée à une affaire d'appropriation culturelle.

– Les marques Zara, Anthropologie et Patowl ont reçu un courrier salé du gouvernement mexicain disant qu'elles avaient utilisé les mêmes broderies que les populations indigènes sans les créditer. La lettre est accompagnée de photos pour illustrer tout ça et la ressemblance, elle est assez troublante quand même.

– Alors le gouvernement du Mexique, il demande quoi exactement ?

– Alors, la lettre, elle est signée de la ministre mexicaine de la Culture, Alejandra Frausto Guerrero, qui est connue pour avoir fait la même chose avec Louis Vuitton et Mickael Kors. En gros, elle veut que ces marques clarifient publiquement l'utilisation de ces motifs et demande franco comment elles pensent rémunérer les communautés indigènes.

– Et, les différences de prix elles sont parfois énormes.

– Ouais, ça va de quelques euros au départ et quand c'est repris par une marque comme Louis Vuitton, on peut monter à plus de mille euros et la question de la valeur, elle est hyper importante, parce que le Mexique c'est l'un des pays, c'est un des rares pays dans le monde à faire du brodé à la main. Et pour Élodie Bordat-Chauvin, sociologue spécialiste des cultures latino-américaines, on parle d'appropriation culturelle surtout dans ces histoires parce qu'il y a un rapport de classe sociale. « Quand ce sont des communautés indiennes qui font des pièces d'art, en fait c'est de l'artisanat et cela doit se vendre pas cher. Alors que si c'est des grands artistes européens ou riches latino-américains, là c'est de l'art et ça passe par un autre marché »

– Il y a quelques années, il y a même Isabelle Marant qui s'était excusée pour une histoire du même genre.

– Ouais. C'était en 2015, elle était accusée d'avoir copié une blouse traditionnelle de la communauté Mixe, ça avait fait beaucoup de bruit, il y avait eu même des manifestations devant les boutiques de la marque mais la justice lui a quand même donné raison parce que, légalement, rien ne lui interdisait d'en reprendre les motifs. « Comme c'est des communautés indigènes qui font ça, , des femmes, il n'y a pas de brevet déposé, elles n'ont pas de manière de signer comme une marque leur designs ».

– Pas de brevet, pas de victoire en cas de procès et les marques européennes, elles jouent là-dessus et l'autre problème, c'est le manque de considération pour l'art des amérindiens. Personne ne les cite un peu comme si leur savoir-faire n'existait pas, finalement.

Entraînement au Delf B2

Fabienne Sintes – le 18-20

– Le monde d'après de Jean-Marc Four

– Jean-Marc, c'est un geste à forte portée symbolique donc, ce midi, la France a formellement restitué au Bénin 26 œuvres spoliées au 19ème siècle. Restitution effectuée à l'occasion de la visite à l'Élysée du président béninois Patrice Talon. Cette première entend incarner la refondation des relations entre la France et ses anciennes colonies, pour le geste, il est très fort, c'est vrai, mais selon vous, il reste modeste, et c'est votre monde d'après.

– Alors, la pièce emblématique de cette restitution, c'est le trône du roi Behanzin. C'est une pièce magnifique : un siège tout en bois d'un seul bloc, en forme de rectangle, avec en haut une assise incurvée en croissant de lune, et en bas, une sculpture ajourée un peu comme des moucharabiehs arabes, symbole de la lumière qui éclaire le pouvoir. Je vous mets la photo sur le site de France Inter. Ce trône fait partie des multiples objets pillés par les troupes du général français Alfred Amédée Dodds en 1892. Et il était l'incarnation, ce trône, d'un royaume puissant, celui du Dahomey, dont les emblèmes étaient une armée mixte hommes/femmes et une administration civile très organisée. Outre ce trône, d'autres pièces majeures figurent parmi les 26 objets restitués aujourd'hui : des statues d'homme oiseau et d'homme requin, des bâtons de danse. Autant d'objets spoliés donc il y a 130 ans. Alors évidemment, c'était un autre temps, avec une autre logique. Et pour les conservateurs de musées, cette restitution va à l'encontre du code du patrimoine qui rend les biens acquis inaliénables : ils ne sont plus censés ressortir du territoire français. Mais imaginons un seul instant que, par exemple, le tombeau de Napoléon ne soit pas aux Invalides mais en Allemagne ou en Russie. Nous le réclamerions évidemment. Le Bénin, aujourd'hui, est donc fondé à récupérer ce patrimoine. Et ces objets sont très attendus là-bas : il y a quelques années, lorsqu'ils avaient été prêtés à la Fondation zinsou, plus de 250 000 Béninois s'étaient déplacés pour les voir.

– Et pourtant, Jean-Marc, vous trouvez que ce geste est modeste.

– Écoutez… 26 objets ce n'est même pas la partie émergée de l'iceberg. C'est une goutte d'eau. Le domaine public français, à lui seul, (et notamment le musée du Quai Branly) possède près de 90 000 objets provenant des anciennes colonies africaines. Alors soustraction, moins 26, il en reste donc 89 974 ! Et l'affaire avance au compte-goutte, pièce par pièce, Madagascar a obtenu la restitution de la couronne de la reine Ranavalona, le Sénégal attend le sabre d'El Hadj Omar Tall, la Côte d'Ivoire espère le tambour des Ebriés, etc. Le sujet dépasse évidemment le cas de la France. Il concerne le Royaume-Uni (avec le British Museum), la Belgique (avec le musée Tervuren), l'Allemagne (avec le Humboldt Forum), l'Italie, le Portugal, etc. Au total, des centaines de milliers de pièces. 90 % du patrimoine africain se trouve en dehors du continent africain : 90 % !

TRANSCRIPTIONS

UNITÉ 9

Leçon 1

Activité 4

Il est 9h55, Pauline pénètre dans l'immeuble …

Un matin de 1951, Pauline Dubuisson, 24 ans, tue son amant de trois balles. Un fait divers qui défraie la chronique.

« *Dans la poche droite de son manteau, elle a glissé un révolver.*

J'ai retourné l'arme contre moi, mais il s'est approché en m'insultant encore et encore. »

Sur scène une comédienne incarne Pauline, devant, c'est le narrateur.

« *On s'aperçoit que la jeune femme a déjà plusieurs vies.* »

Cette voix unique, beaucoup d'auditeurs la connaissent « *Aujourd'hui, dans Affaires Sensibles, le chat du bassin* » car Fabrice Drouelle est avant tout journaliste. Chaque jour, son émission *Affaires Sensibles* bat des records d'audience.

« *La police ne fait pas le lien entre les 4 crimes* »

Meurtres, procès, scandales d'état… au total, plus de 700 histoires racontées en six ans. Faits divers retentissants, mais aussi pépites, retrouvées au hasard d'une lecture ou d'une archive.

« J'ai senti qu'il y avait quelque chose de très intéressant à faire et qui allait probablement fonctionner. Je me disais, raconter des histoires aux gens, trouver des résonances avec l'actualité, j'étais optimiste, voilà. Et la réalité a dépassé nos espérances ».

De la maison de la radio au théâtre, pour Fabrice Drouelle, il n'y a désormais qu'un pas.

« *Bonjour ma chère partenaire* »

Pour ce spectacle, le journaliste a choisi trois histoires très différentes, le crime de Pauline Dubuisson mais aussi les 10 mois d'Edith Cresson à Matignon.

« *Bonjour Edith*

Bonjour Monsieur le Président. »

Enfin, la déchirante histoire de Vincent Humbert, devenu tétraplégique, aveugle et muet.

« *La seule issue à ses yeux, c'est sa mère, car elle seule l'aime suffisamment pour commettre un tel acte.* »

– Avec l'émission *Affaires Sensibles*, je me suis amusé à abolir la distance classique d'un journaliste par rapport à son sujet, pour entrer dans la psychologie des personnages de l'histoire que je raconte. Et entrer dans l'histoire, c'est une démarche théâtrale.

« *Pourquoi croyez-vous qu'aucune autre femme n'ait dirigé le pays depuis moi ? Parce que nous sommes en France, un pays épouvantablement machiste.* »

– Les gens se rendent pas compte, en fait, de comment elle a souffert en tant que femme politique, donc ils reçoivent cette chose là et beaucoup de gens disent après « waou, c'est fou ce qu'elle a vécu, parce que, encore une fois, tout ce que je dis, c'est ce qu'elle a dit, elle. »

Alors, que vous soyez amateur de radio ou de théâtre ou des deux, ces affaires-là ne devraient pas vous laisser insensibles.

Leçon 2

Activité 4

Merci aussi à l'Obs. Merci de m'avoir fait découvrir le livre qui cartonne en ce moment, dont on ignorait totalement l'existence, qui se classe cette semaine toujours en deuxième position des romans les plus vendus en France, c'est *Ta deuxième vie commence quand tu comprends que tu n'en as qu'une*, ça c'est le titre, de Raphaëlle Giordano, cette semaine il n'est que 2ème, mais il y a encore 3 semaines, il était premier haut la main, devant Pennac ou Ferrante, et l'Obs tentait de décrypter le succès de ce roman en posant la question : « de l'art ou du coaching » ? C'est une question qu'on peut se poser en effet, comme on va le voir. J'ai commandé le livre, qui est publié par Eyrolles, une maison qui n'édite traditionnellement pas de fiction, mais plutôt des manuels de toutes sortes, et sans surprise il m'est parvenu accompagné d'un petit livret annonçant les publications à venir de la maison dans le domaine, je cite « développement personnel, psychologie, santé, bien-être, parenting ». Sur la couverture en revanche, et à l'intérieur sur la page de garde, c'est bien écrit « roman ». Qu'est-ce que cet objet ? Quand on le retourne, on lit sur la 4ème de couverture : « Raphaëlle Giordano, coach en créativité et développement personnel, artiste peintre et auteure, signe ici son premier roman ». C'est l'histoire de Camille, une jeune mère de famille, son fils l'agace, son travail l'ennuie. Un jour elle a un accident de voiture, elle se réfugie pour téléphoner chez un homme qui l'accueille, devant qui elle craque et commence à raconter tous ses petits problèmes. Il se trouve que l'homme est un grand sage et qu'il lui détecte, je cite : « une routinite aigüe ». Quand on lit les premiers chapitres, la forme est bien celle

de la fiction, les marqueurs temporels sont là : l'imparfait, le passé simple. C'est un récit à la première personne, avec des descriptions de lieux et de personnages, des effets d'attente, en bref, un roman assez classique, en l'occurrence une sorte de récit d'initiation au mieux-être. Sauf que quand on feuillette le roman on remarque des saillies en gras. Ce sont des citations, exemple : (rires)
– Vous n'êtes pas routinologue, vous !

« Nous avons autant besoin de raisons de vivre que de quoi vivre » (L'abbé Pierre), ou « le changement est une porte qui ne s'ouvre que de l'intérieur » (Tom Peters). Je ne sais pas qui est Tom Peters. Le tour de force du livre c'est que toutes ces maximes, qui finissent par forger une sorte de vademecum assez basique du développement personnel sont totalement enchâssées dans les dialogues et dans le récit. D'où la forme globalement romanesque. Une manière en fait de trouver un cadre pour mettre en scène de façon assez rudimentaire l'émergence d'une théorie que Raphaëlle Giordano a inventée, la « routinologie ». Bref, le livre joue sur tous les tableaux, le roman contemporain, mettant en scène une femme active, urbaine, dans un quotidien auquel on peut aisément s'identifier, et le petit guide de développement personnel, aux maximes pas dérangeantes, qui puisent aussi bien du côté de la psychologie de comptoir que d'Aristote ou du magazine féminin. Le public d'ailleurs est essentiellement féminin, on sait que les femmes lisent plus que les hommes de toutes façons, a fortiori des romans, et des guides de développement personnel, et surtout ce public est légion. Lorsque le livre paraît en 2015, *Ta deuxième vie commence quand tu comprends que tu n'en as qu'une*, c'est timidement. Il est tiré à mille exemplaires. Très vite, sans l'aide de la critique qui est globalement inintéressée ou franchement méprisante, le livre trouve son public, il est réédité dix fois, et va atteindre dans les semaines qui viennent les 500 000 exemplaires vendus, soit des chiffres de vente d'un Goncourt dans une bonne année. Qu'est-ce que ce succès dit de ce qu'on attend aujourd'hui de la littérature ?

Leçon 3
Activité 4
Sélectionné pour le Prix Première 2019 *Les exilés meurent aussi d'amour*, de Abnousse Shalmani chez Grasset. C'est au lendemain de la révolution islamique en Iran que Shirin, une fillette de 9 ans débarque à Paris avec ses parents et retrouve une partie de sa famille. Dans cette communauté de réfugiés, où on est plus ou moins communiste, la cohabitation n'est pas facile, la mère de la gamine y retrouve ses sœurs dont l'une, en particulier est une vraie méchante bien décidée à imposer sa loi au reste de la tribu. Chacune des sœurs tente de trouver sa place dans cet univers qui n'a plus rien des fastes de Téhéran. Shirin va faire l'apprentissage de la réalité, celle contre laquelle les idéaux, bien souvent viennent se fracasser. Entre une mère humiliée, mais pleine d'imagination, un père brillant mais dépassé, des tantes égocentriques, des oncles tyrans et un grand-père pas du tout fréquentable, notre héroïne trace son chemin, se rebelle et apprend, en accéléré, les richesses malgré tout de l'exil car oui les exilés éprouvent des sentiments, vivent et meurent d'amour. On rit beaucoup dans cette histoire teintée d'une ironie mordante, d'ailleurs Shirin se liera d'amitié avec une survivante de la Shoah pour qui seul le rire sauve de la folie du monde et qui lui apprendra qu'au passé il faut préférer le désir car quoiqu'il fasse l'exilé aura le visage de l'exil, plus tout à fait celui de ses origines, sans doute jamais celui de son pays d'accueil. *Les exilés meurent aussi d'amour*, de Abnousse Shalmani chez Grasset sélectionné pour le Prix Première 2019.

Leçon 4
Activité 2
a. T'as vu combien de pages il y a ?
b. 670 pages, tu te rends compte, 670 !
c. Oh la la ! 670 pages, c'est long !
d. Qu'est-ce que tu fais au feu rouge ?
e. Au feu rouge tu t'arrêtes, au feu rouge !
c. Tu t'arrêtes au feu rouge, oh la la !

Leçon 4
Activité 3
Quentin Lafay, vous vous demandez si les jeunes générations sont aux avant-postes des transformations de la langue.

– Il ne se passe pas un jour, Guillaume, sans que les jeunes – on verra d'ailleurs que le terme ne signifie pas grand-chose – soient accusés de mettre la langue en transition. Souvent pour le pire, dans leurs façons de parler, de s'exprimer sur les réseaux sociaux, ils appauvriraient la langue, en forgeant des lexiques nouveaux, incompréhensibles. Combien d'articles de presse tentent

TRANSCRIPTIONS

ainsi de créer des ponts entre les générations en lançant : « Comment comprendre le langage de vos ados ? », « Savez-vous parler le langage des jeunes sur les réseaux sociaux ? », « Les 50 termes INDISPENSABLES pour parler avec des lycéens. À en croire ces clichés et ces titrailles, on pourrait penser qu'un langage jeune, dynamique et conquérant, serait en train de remplacer le bon vieux français en déclin. Mais ce langage jeune existe-t-il vraiment ? Auphélie Ferreira, doctorante en sciences du langage et enseignante à l'Université Sorbonne Nouvelle, qui travaille justement sur les pratiques langagières des jeunes, nous donne quelques premiers éléments de compréhension.

« Dans cette idée de langage jeune, il y a derrière une conception homogénéisante de la langue. Tous les jeunes ne parlent pas de la même manière et en plus une personne ne parle pas de la même façon dans toutes les situations, ensuite pour parler d'un langage jeune, il faudrait identifier des traits linguistiques qui soient spécifiques à ces façons de parler, à ces jeunes, or la recherche montre qu'il n'y a pas vraiment de traits linguistiques qui soient propres aux jeunes. On retrouve, en général les mêmes outils linguistiques que parmi les autres façons de parler. Si on reprend l'emprunt, donc c'est la création d'un mot dans une langue donnée en y mettant une autre langue, et ben, par exemple on va avoir des emprunts chez tous les locuteurs et locutrices du français. Chez les jeunes, on va avoir des emprunts, mais aussi, par exemple, si vous êtes justement utilisateur ou utilisatrice des réseaux sociaux, vous allez pouvoir faire des emprunts, par exemple, *follower*, *liker*, si la personne qui utilise l'emprunt, elle a un statut qui est valorisé dans la société, alors son emprunt va être valorisé et inversement.

– Alors me direz-vous Guillaume, il existe bien des mots ou des expressions que les jeunes que nous rencontrons inventent et que l'on découvre ou dont le sens nous échappe. « Le seum », « Vénère », « En sueur » … « De base ». Les énumérer, c'est déjà vieillir.

– Oh, de base, on comprend !

– Je sais que vous n'aimez pas « de base ». Pourtant, s'agit-il vraiment d'un nouveau langage ? Et ces mots nouveaux ou plutôt, ces mots que nos générations n'emploient pas de la même façon, compliquent-ils la communication ?

– Un langage entier, non c'est pas possible. Il y a peut-être des expressions qui vont paraître compliquées à comprendre pour les générations précédentes, mais comme les générations précédentes utilisent des expressions que les nouvelles générations ne comprennent pas toujours, ça va être des phénomènes un peu ponctuels, éventuellement, mais pas un langage entier. Et quand une personne de vingt ans rencontre une personne de soixante ans, les deux personnes arrivent à se comprendre. Y'a peut-être quelques mots qui paraissent un peu complexes mais en contexte, on arrive à se comprendre.

Entrainement au Delf B2

Le carnet de philosophie de Géraldine Mosna-Savoye. Géraldine, vous allez nous annoncer une nouvelle importante : vous avez fini un livre.

– Oui Guillaume et je l'ai tellement aimé. Vous voyez c'est le genre de lecture où on est à la fois heureux d'avoir ça entre les mains mais déjà triste qu'un jour cela se finisse. Et c'est précisément là où j'en suis aujourd'hui. J'ai définitivement refermé ce livre hier après-midi et j'appréhende déjà les semaines qui vont venir, pour ne pas dire les mois : car je le sais, les prochains livres ouverts ne seront jamais à la hauteur. J'aurai beau enchaîner des chefs-d'œuvre ou des romans du même auteur, ça ne marchera pas. Et je vais devoir affronter une sorte de mini-deuil, dire adieu à une intrigue, des personnages, une ambiance. Finir une série que j'ai adorée me fait exactement le même effet : j'ai l'impression d'avoir perdu des amis très proches, comme ça, d'un coup, du jour au lendemain. Et rien ne saurait combler leur absence. En revanche, je dois dire que je n'ai jamais connu ce grand vide après un film, ça doit bien exister, mais j'imagine qu'un minimum de 2h passées avec les mêmes héros aide à déclencher ce sentiment de perte... Un sentiment tel que j'en suis venue à me dire : et si, pour aller bien, il valait mieux renoncer à cette forme de plaisir esthétique ? Il ne s'agit pas d'une concurrence entre mon existence et celle de héros fictifs, d'une échappée ou d'une évasion vers la fiction pour fuir le réel. Il s'agit, au contraire, d'une fusion entre ces deux plans d'existence. Oui, ma vie est faite de ces personnages, de leurs émois, de leurs intrigues, de leurs relations ou de leurs échecs. Ils ne sont pas mieux que moi, ni moins bien, ce ne sont pas des modèles ou des repoussoirs, ils font tout simplement partie d'une sphère que je dirais familière, ils m'interrogent, m'inquiètent, me font rire. En fait, ils sont tout simplement devenus le fond et la forme de mon quotidien. Je sais pourtant bien qu'ils ne sont que fictifs, que je ne pourrai jamais les croiser au détour d'une rue, jamais les appeler ni prendre de leurs nouvelles. Et c'est bien mon drame et tout le paradoxe : mon quotidien est la fusion de deux mondes, l'un réel l'autre fictif, dont je sais pourtant bien qu'ils ne fusionneront jamais véritablement.

– C'est peut-être ça que vous avez du mal à digérer Géraldine ?

– Alors, peut-être. Je suis sûre qu'on peut trouver des explications psychologiques, repérer des mécanismes d'addiction – j'ai lu des articles là-dessus –, élaborer des théories cognitives et esthétiques sur ce rapport réel/fiction, sur, par exemple, la dimension réelle que prend la fiction, et, inversement, sur la part d'imaginaire qui constitue n'importe quel quotidien. Mais le problème reste celui-ci : si la vie est bien cette fusion entre deux mondes, réel et imaginaire, la fusion totale sera toutefois toujours impossible, sans cesse recherchée mais sans cesse rompue, car un chapitre se clôt, une saison s'achève… Et je ne pourrai jamais avoir 100 pages de rab de ce roman qui m'a tant ébloui, il est fini, fermé… Et voilà que je doute : et si je ne sortais pas enrichie par tous ces récits, mais abattue ? et si ma vie n'en était pas augmentée mais diminuée ? Je sais bien que personne ne pourrait soutenir ça. On fait habituellement plutôt les éloges des livres et des récits, des fictions. Le philosophe Jean-Paul Sartre, par exemple, capable de nous sortir ça, en toute simplicité : « J'ai commencé ma vie comme je la finirai sans doute : au milieu des livres. » Mais au milieu des livres, entre les livres, qu'est-ce qu'il se passe ? D'un récit à l'autre ? Est-ce qu'il n'était jamais déprimé, Sartre, à la fin d'une histoire ? Et comment faisait-il ? Et surtout aurait-il pu répondre à cette question : comment se remettre d'une rupture littéraire ?

DELF BLANC 1

Exercice 1

– C'est l'heure du billet sciences, bonjour Anne Le Gall

– Bonjour.

– La musique est un langage universel, ça se confirme. Tous les extravertis du monde aiment les mêmes morceaux de musique et tous les introvertis aussi aiment leurs propres morceaux.

– Oui, les préférences musicales et les traits de personnalité sont très liés quelle que soit notre culture, ce sont les conclusions de chercheurs de l'université de Cambridge. Concrètement, si vous aimez ce morceau d'Ed Sheeran, et bien vous faites a priori partie des personnalités extraverties et ça que vous viviez en France, aux États-Unis, en Chine ou en Afrique et si vous aimez ce titre de Marvin Gaye et bien alors là, peu importe votre âge, votre niveau de richesse, peu importe que vous parliez anglais, chinois ou russe, il est très probable que vous soyez quelqu'un de consciencieux, respectueux des règles et des autres.

– Et comment les chercheurs ont-ils travaillé pour arriver à ces conclusions ?

– Cette étude a été menée auprès de 350 000 personnes dans plus de 50 pays par le docteur David Greenberg, qui est chercheur en neurosciences. Les participants devaient classer leurs préférences musicales parmi 23 genres de musique, ils devaient écouter certains extraits et remplir un test de personnalité. Et, si l'on schématise partout dans le monde, les extravertis aiment les musiques rythmées donc l'électro, dance, rap, les rythmes latino ou la pop européenne. Les personnalités sociables et consciencieuses apprécient plus que les autres les mélodies acoustiques, plus douces : du folk ou du rock romantique. Les amateurs de musiques sophistiquées et intenses – que ce soit du jazz, du lyrique, du classique ou du rock un peu ancien – en général sont curieux et ouverts d'esprit. Alors évidemment, on peut se retrouver dans plusieurs catégories, mais il y en a une qui est clivante : c'est le hard rock. Les personnalités consciencieuses détestent mais les personnalités passionnées, névrosées parfois, ou anxieuses adorent, nous disent ces chercheurs. Le côté intense et provocant ferait écho à des angoisses et des frustrations intérieures.

– Alors quelles applications pratiques pourrait-on trouver à cette étude de l'université de Cambridge ?

– Et bien cela pourrait permettre d'améliorer le bien-être, l'humeur avec des playlists sur mesure, estiment les auteurs. Cela permettrait aussi de dépasser les divisions sociales. Le Dr Greenberg, qui vit en partie à Jérusalem, utilise déjà la musique pour faire de la médiation entre Israéliens et Palestiniens, et surtout, selon lui, le potentiel thérapeutique de la musique est encore sous-exploité actuellement dans le champ de la santé et des neurosciences.

– Merci Anne Le Gall, le billet Sciences

Exercice 2

– Près d'un Français sur 2 est en surpoids alors que 15 % de la population souffre d'obésité. Ce sont les résultats d'une étude de santé publique pilotée par la sécurité sociale qui démontrent qu'en plus nous ne sommes pas

TRANSCRIPTIONS

tous égaux devant l'obésité. Pour nous en parler, Nicolas Dumortier, chef du département nutrition à l'hôpital européen Georges Pompidou et professeur de nutrition à l'université Paris Descartes. Bonjour Nicolas.

– Bonjour. Alors c'est vrai que cette étude démontre clairement que l'obésité touche les populations les plus modestes. Même si ces informations devront être analysée par des sociologues, on retrouve cette caractéristique dans de nombreux pays.

– Comment on peut l'expliquer ? C'est uniquement un problème d'alimentation ?

– Alors non, pas seulement. Dans les zones géographiques, où vivent les populations les plus précaires, il n'y a pas ou peu d'installations sportives, ce qui réduit de beaucoup les possibilités de faire du sport. De la même manière on ne trouve pas d'alimentation saine et variée.

– Est-ce que les hommes sont plus en surpoids que les femmes ?

– Effectivement, il y a plus d'hommes parmi les personnes en surpoids mais inversement, quand on parle d'obésité sévère les femmes sont les plus touchées.

– Alors quand doit-on d'inquiéter ? Je crois que vous avez utilisé l'IMC, c'est-à-dire l'indice de masse corporelle comme repère.

– L'IMC, c'est un marqueur de dépistage qui est utilisé par les médecins mais aussi par des chercheurs pour comparer des populations entre elles et l'IMC est le rapport du poids en kilos sur la taille en mètre au carré, donc pas facile de faire de tête, au-delà de 25 on considère que c'est du surpoids, au-delà de 30 de l'obésité, au-delà de 40 de l'obésité sévère.

– En France, les chiffres de l'obésité stagnent depuis quelques années, on n'assiste pas à un raz de marée comme les plus pessimistes avaient prédit et on entend même de plus en plus de voix qui défendent des rondeurs expliquant qu'il vaut mieux être rond et faire du sport que maigre et sédentaire. C'est vrai ?

– Alors je crois qu'il ne faut pas tout mélanger. C'est vrai qu'historiquement, être rond est signe de bonne santé. On peut citer l'exemple de la France au XIXème siècle ou même de certains pays encore aujourd'hui. Mais d'un autre côté il y a la dimension médicale qui montre qu'avec un IMC au-dessus de 30 il y a des risques clairs pour la santé qui viennent s'ajouter à la diminution de l'espérance de vie et à une qualité de vie inférieure à la moyenne.

– Alors évidemment pour l'industrie du médicament, il s'agit d'un marché porteur. Est-ce qu'il existe docteur Dumortier, un médicament pour lutter contre l'obésité ?

– Alors, non, il n'y a pas de médicament à proprement parler, du moins en France. Aux États-Unis, plusieurs médicaments sont commercialisés, mais en France on privilégie la chirurgie de l'obésité qui est très développée. On est le 3ème pays au monde à pratiquer cette chirurgie.

– Alors justement, est-ce qu'il y a des problèmes liés à cette chirurgie ?

– Il y a un problème principal qui est celui du suivi des patients puisque, au-delà de la partie technique de l'intervention, les patients vont avoir des carences nutritionnelles après cette chirurgie et ils doivent être suivis à vie.

– Quelle est alors la bonne indication pour lutter contre l'obésité ?

– Et bien, malheureusement, le seul conseil, c'est de prévenir et de bien s'alimenter.

Exercice 3 Document 1

La 49e édition du Festival international de la bande dessinée d'Angoulême bat son plein jusqu'à dimanche. Le Grand Prix de la ville d'Angoulême a été décerné à l'autrice canadienne, Julie Douchet. Nous avons recueilli sa réaction cette après-midi.

– Je dédie ce prix à toutes les autrices du passé, du présent et du futur. Quand je pense que ça a commencé dans les années 80 avec un fanzine, avec un titre un peu trash, j'ai du mal à croire que je suis là, à recevoir le Grand Prix, le prix le plus prestigieux au monde de l'industrie de la bande dessinée.

Ce prix est en effet prestigieux, peut-être le plus prestigieux pour les auteurs et autrices de B.D francophones, car ce sont plus de 1 000 auteurs, 1 200 pour être précis, qui votent pour un lauréat. Cette année, leur choix s'est porté sur Julie Douchet, véritable pionnière de la bande dessinée alternative et féministe. Après des débuts dans le milieu de la bande dessinée underground, dans les années 1980, elle créé son propre fanzine *Dirty Plotte*, dans lequel elle raconte sa vie quotidienne de femme et ses aspirations, sans tabou. Ce journal intime est ensuite publié en 1990 sous forme de comic-book et en 2021, une anthologie de 400 pages de ses *Dirty Plotte* voit le jour, intitulée *Maxiplotte*.

Exercice 3 Document 2

Aujourd'hui, presque tout peut se faire en ligne : ses courses, les cours, un rendez-vous médical, et même rencontrer l'homme ou la femme de sa vie. Le marché des sites de rencontre est en pleine expansion. Selon une étude menée par Pew Research l'an dernier, 30 % des adultes américains auraient déjà utilisé un site ou une application de rencontres, et 12 % d'entre eux se seraient mariés ou auraient entretenu une relation amoureuse avec une personne rencontrée en ligne. Toujours selon cette étude, ces sites et applications seraient particulièrement populaires auprès des 18-29 ans ainsi qu'auprès de la communauté LGBTQ. Si ces applications permettent de rencontrer l'amour, il faut savoir les utiliser en connaissance de cause. L'objectif de ces applications est de gagner de l'argent plutôt que de marier ses usagers. Pour cela, elles rendent les utilisateurs accros, en les récompensant et en les encourageant. Ce système de récompenses et d'encouragements, particulièrement efficace entraîne une addiction. Si sur Instagram, on aime vos photos, si sur Facebook, on salue vos propos, sur ces applications on vous aime, vous ! C'est infaillible ! Quand certains me disent que grâce à ces applications on peut rencontrer des gens qui ne font pas partie de nos connaissances, je réponds qu'en fait, ces applications limitent les rencontres à des personnes ayant la même religion, les mêmes valeurs sociales ou centres d'intérêt que nous. En fait, ça ne fait que fermer la porte à des rencontres plus diverses.

Exercice 3 Document 3

Plébiscitées sur toutes les plates-formes de téléchargement du monde, les applications dédiées à l'étude de langues étrangères sont censées révolutionner l'apprentissage des langues. Elles permettent de s'entraîner sur des points de grammaire et peuvent être un moyen très gratifiant d'enrichir son vocabulaire. Mais leur efficacité fait débat, surtout en ce qui concerne des compétences comme l'expression écrite ou orale. Pourtant, quand on interroge les utilisateurs, ils sont très satisfaits des services rendus par ces applications. Ils considèrent à 82 % que ça les a aidés à améliorer leur connaissance de la langue étudiée. L'enseignement des langues mettant de plus en plus l'accent sur la communication, les étudiants se tournent vers des applications de ce genre où ils peuvent s'entraîner et se tromper sans risque, dans un cadre privé. Cet environnement rassurant, où les erreurs ne sont connues que de l'utilisateur peut être une réponse à l'angoisse de performance qu'éprouvent de nombreux élèves quand on leur demande de parler dans une langue étrangère. De ce point de vue, les enseignants ne devraient pas se sentir menacés par ces applications. Au contraire, ils devraient encourager leurs étudiants à les utiliser pour faire les exercices répétitifs de grammaire, ce qui laisserait plus de temps aux échanges en classe.

DELF BLANC 2
Exercice 1

Revenu universel, de base, d'existence : de quoi parle-t-on ?

On attribue traditionnellement l'idée de revenu universel à Thomas Paine, qui a défendu le droit au revenu dans son ouvrage *La justice agraire* publié en 1795. Celui-ci se justifie selon l'auteur par le fait que, alors que la terre avait été originellement donnée à tous les êtres humains, une partie d'entre eux a accaparé cet héritage et en a privé les autres. Le revenu permet en quelque sorte de réparer ce préjudice : il est financé par une taxe pesant sur les seuls propriétaires mais est distribué à tous, riches et pauvres, sans aucune condition. Au cours du XXème siècle, la proposition a refait surface sous deux formes principales. L'une relève prioritairement de considérations de justice et d'égalité, dans la lignée de Paine : c'est par exemple le cas du projet d'allocation universelle porté depuis les années 1980 par Philippe Van Parijs et par le mouvement *Basic Income Earth Network*. Il s'agit de garantir à chacun une somme versée inconditionnellement de la naissance à la mort. L'autre vise à simplifier drastiquement le système d'allocations sociales et plus généralement l'ensemble du système de protection sociale : garantir le versement d'un revenu minimum à tout le monde permet d'éviter des fraudes, des contrôles coûteux, mais aussi de considérer qu'au-delà de cette obligation, la société peut laisser les individus se débrouiller tout seuls. Il est alors possible de supprimer certains pans de la protection sociale ou certaines règles telles que le salaire minimum. Depuis quelques années, la proposition est revenue en force dans le débat public en raison de prévisions très anxiogènes annonçant la disparition d'un grand nombre d'emplois du fait de l'automatisation. Dans la plupart des scénarios considérés, distribuer un revenu à tout le monde coûte cher : entre 350 et 700 milliards par an. La version libérale laisse craindre une réduction de l'État-Providence. La version de gauche pose la question de la concentration

TRANSCRIPTIONS

du poids de l'impôt sur les plus riches. Une proposition de l'économiste Pierre-Alain Muet permet d'éviter ces deux écueils : elle s'inscrit dans le cadre d'une profonde réforme fiscale et consiste à ne verser le revenu universel que lorsque les revenus d'activité – désormais connus en temps réel – ne dépassent pas un certain montant. Quand la personne ne gagne rien, le revenu universel est versé en totalité. Sinon, ce qui est versé (ou prélevé) est la différence entre le revenu universel auquel chacun a droit et l'impôt dû sur les autres revenus. Dans la proposition Muet, l'impôt sur le revenu est payé sur le premier euro de revenu d'activité gagné et est plus progressif qu'actuellement. Ce dispositif présente d'innombrables mérites, dont celui, déterminant, d'accorder enfin l'attention qu'il convient à la question de la précarité des jeunes et à la nécessité de faciliter leur autonomie.

Exercice 2

– À l'heure où rien ne semble échapper à l'informatique, le langage ne fait pas exception. Sans même que nous ne nous en rendions compte, notre langue quotidienne s'est informatisée au cours de ces dernières années et de plus en plus de mots de notre quotidien viennent de la machine, des ordinateurs, ou de l'informatique de manière plus générale. Mais ce phénomène est-il nouveau ou existe-t-il depuis longtemps ? Pour répondre à cette question Yannick Dubrock, psychanalyste, spécialiste de l'inconscient.

– C'est vrai que ça s'est amplifié ces dernières années mais le phénomène n'est pas récent. Il date d'il y a une vingtaine d'années, je dirais. Beaucoup de mots qui jusque-là étaient réservés aux « geeks », c'est-à-dire aux initiés, aux techniciens de l'informatique, sont passés dans notre langage courant sans que l'on s'en rende toujours compte. Des expressions comme « je suis connecté » ou « je suis déconnecté(e) de ma famille », ou « notre groupe doit changer de logiciel » font partie de notre quotidien.

– D'accord. Et ce phénomène, vous l'observez aussi dans votre pratique professionnelle ?

– Bien sûr ! Dans ma consultation, les patients utilisent cette terminologie et selon moi, ça peut poser problème.

– Quels problèmes exactement ?

– Prenons un exemple. Avant, on disait « on programme un rendez-vous », maintenant on dit « je vous programme ». Donc, on est de plus en plus déshumanisés. On est comme identifiés à des logiciels, à des algorithmes.

Et je crois que ça peut avoir des conséquences sur notre position, notre place dans la société. Un des risques aussi, c'est de ne plus distinguer parole et communication. Parler et communiquer ce n'est pas la même chose, communiquer c'est échanger des informations. Alors, vous me direz que quand on parle, on échange aussi des informations. C'est vrai aussi. Mais on ne peut pas réduire la parole à la communication. Quand je communique, mon rôle se limite à celui de l'émetteur ou du récepteur, alors que quand je parle, je suis plus que ça. Je pense qu'à terme ça peut changer notre position citoyenne ou politique.

– Et pourquoi d'après vous Yannick, avons-nous de plus en plus recours à ce langage informatique ?

– Je pense que la langue informatique est synonyme d'efficacité, de rapidité, de pragmatisme. Je pense que l'on s'identifie à ces mots-là. Pas seulement pour faire moderne, mais aussi parce que ça nous fait gagner du temps d'utiliser des sigles ou des mots techniques ou informatiques. Se faire comprendre, c'est gagner du temps. À l'heure où la performance est le mot d'ordre dans les entreprises, il n'est pas étonnant que l'on cherche en permanence à gagner en efficacité et en rapidité, comme nos machines et nos logiciels.

– Et qu'est-ce qu'on peut faire pour peut-être ne pas supprimer mais réduire l'utilisation de ce langage ?

– Je dirais que comme dans toutes les thérapies, la première étape c'est de reconnaître que l'on utilise ces mots-là pour ensuite prendre du recul et pourquoi pas s'en amuser. C'est important aussi de ne pas dramatiser. Par exemple, un de mes jeunes patients m'a dit « Je suis un enfant TDAH » au lieu de me dire qu'il était un enfant agité. Au départ, ça m'a terrifié, mais très vite il m'a rassuré en transformant les sigles et en s'en amusant. Je pense que cet enfant est un exemple de ce qu'on pourrait faire.

– Merci Yannick.

– Merci à vous.

Exercice 3 Document 1

Il est plutôt rare, voire impossible, de voir un film sans actrice. Mais comment sont représentées les femmes sur le grand écran ? Une étude réalisée par le Collectif « Toussego » a tenté de répondre à cette question en mesurant la représentation des femmes sur le grand écran. L'enquête a analysé plus de 100 films, parmi lesquels figurent ceux ayant les plus gros budgets et le plus d'entrées en salle. On y apprend que les femmes ne sont que 40 % dans les films (38 % lorsqu'il s'agit du personnage principal) alors qu'elles représentent 52 % de la population totale. Ce chiffre chute à 7 % lorsqu'il s'agit de personnages âgés de 50 à 64 ans, c'est 3 fois moins que ce qu'elles représentent en réalité dans la population. L'étude s'est aussi intéressée à la consistance et à la qualité des rôles qui leur sont offerts en se basant sur le test de Bechdel, du nom de son inventrice, la dessinatrice de bande dessinée Alison Bechdel. Pour le réussir, c'est-à-dire pour assurer une parité des représentations, l'œuvre doit réunir plusieurs critères, parmi lesquels, contenir au moins deux personnages féminins nommés dans le long métrage et les faire parler entre elles, sans que leur conversation porte sur un homme. En France, 64 % des films passent le test. Par contre, toutes les franchises célèbres échouent : *Star Wars, Le Seigneur des Anneaux*... Même constat pour de nombreux chefs-d'œuvre du septième art, parmi lesquels : *Psychose, 2001 L'Odyssée de l'espace*...

Exercice 3 Document 2

L'argent rend-il heureux ? On dit souvent que si l'argent ne fait pas le bonheur, du moins il y contribue. Si cette affirmation nous semble à tous plus ou moins exacte, que pense la science du bonheur ? Le bonheur est une notion abstraite et un peu floue. Pourtant, il existe des scientifiques du bonheur et plus particulièrement des chercheurs en sciences sociales qui depuis une quarantaine d'années parlent d'économie du bonheur. Ça a l'air un peu léger comme ça, mais c'est loin de l'être. L'économie du bonheur est une discipline scientifique à part entière qui a même déjà été honorée par un prix Nobel. Alors comment ça marche ? C'est très simple, l'économie du bonheur fait des connexions entre des données objectives, comme par exemple le niveau de revenus, la situation de travail, les biens, etc. et des données plus subjectives sur le bonheur. Comme on pouvait s'y attendre, les études scientifiques menées démontrent une relation évidente entre l'argent et le bonheur. Ainsi, à un moment donné, les plus hauts revenus sont plus heureux que les plus bas revenus. Mais attention à ne pas tirer de conclusions trop vite ! Augmenter ses revenus n'est pas nécessairement la garantie d'augmentation du bonheur. C'est ce qu'on appelle le paradoxe d'Easterlin : à partir d'un certain revenu, l'enrichissement supplémentaire est sans influence sur l'évolution du bonheur. On revient donc à notre affirmation de départ, l'argent ne fait pas le bonheur, mais c'est sûr qu'il y contribue !

Exercice 3 Document 3

Pour les fumeurs, c'est un geste anodin, mais jeter un mégot de cigarettes par terre est un fléau pour l'environnement. Imaginez : dans le monde, chaque minute on n'en jette pas moins de 8 millions. Ça représente 845 000 tonnes de déchets par an. S'il a l'air tout petit, un mégot de cigarette ne contient pas moins de 4 000 substances chimiques : du plomb, du mercure, du benzopyrène et surtout du plastique. Lâché dans la nature, il met environ 15 ans à se dégrader. Alors à Marseille, un fumeur, Abdel, tente de faire changer les choses en menant des actions sur les plages ; avec d'autres bénévoles et un porte-voix ils offrent des cendriers de poche aux usagers et les incitent à ramasser les mégots. Et ça marche ! Ils parviennent à motiver les plagistes, que ce soit des familles ou des touristes. Au bout de quelques heures de collecte, ce sont plus de 5 000 mégots qui sont ramassés. À l'intérieur, 80 % de plastique, qui est ensuite revalorisé dans une usine bretonne. L'année dernière, elle a transformé 9,5 millions de mégots en supports de téléphone ou en règles. Un tout début pour une filière de recyclage qui tente de s'organiser.

Achevé d'imprimer en Mai 2022 par ELCOGRAF en Italie - N° éditeur : 10270124